핑거북, 나를 말하는 손가락

핑거북, 나를 말하는 손가락

존 T. 매닝
이은숙 옮김 | 김현택 추천

고즈윈
God'sWin

고즈윈은 좋은책을 읽는 독자를 섬깁니다.
당신을 닮은 좋은책 ― 고즈윈

핑거북, 나를 말하는 손가락

존 T. 매닝
이은숙 옮김
김현택 추천

1판 1쇄 **인쇄** | 2009. 8. 5.
1판 1쇄 **발행** | 2009. 8. 10.

발행처 | 고즈윈
발행인 | 고세규
신고번호 | 제313-2004-00095호
신고일자 | 2004. 4. 21.
(121-819) 서울특별시 마포구 동교동 200-19번지 오비브하우스 202호
전화 02)325-5676 팩시밀리 02)333-5980

값은 표지에 있습니다.
ISBN 978-89-92975-29-2

고즈윈은 항상 책을 읽는 독자의 기쁨을 생각합니다.
고즈윈은 좋은 책이 독자에게 행복을 전한다고 믿습니다.

차례

• 일러두기

1. 내용의 이해를 위해 보다 상세한 설명이 필요한 경우에는 해당 페이지 안에 옮긴이가 각주를 달아 두었다. 각주는 각 장별로 새로 시작하며 '1, 2, 3…' 식으로 일련번호를 붙였다.

2. 본서의 내용과 연관된 참고문헌 및 출처는 따로 '1), 2), 3)…' 식으로 표시하여 274페이지 이후에 미주로 모아 두었다.

3. 본문에 실린 손 사진은 축소된 것으로, 실제 크기와 다름을 밝혀 둔다.

사람들이 예나 지금이나 관심을 가지는 것들은 크게 다르지 않은데, 그중에는 금전적인 것도 포함된다. 올해는 유난히 세계적으로 경제 상황이 좋지 않다. 우리나라도 예외가 아니어서 많은 사람이 주식 투자에서 손해를 보았다는 말이 들리고 있다. 이런 와중에 지난 유월에 사람들의 관심을 끌 만한 기사 하나가 소개되었는데, 그 기사의 제목은 다음과 같다. "두 번째 손가락과 네 번째 손가락 길이 비율을 보면 누가 높은 투자 수익을 올릴지 알 수 있다(Second-to-fourth digit ratio predicts success among high-frequency financial traders)."

이 기사는 권위 있는 학술지인 미국 국립과학원 회보(PNAS)에 발표된 논문을 인용한 것이었다. 케임브리지 대학의 신경과학과 · 의학과 · 경제학과 · 경영학과에 근무하는 저자들은, 검지와 약지의 비율이 출생 전에 태내에서 남성호르몬인 테스토스테론의 영향을 얼마나 많이 받았는지를 나타내는 지표라고 소개했다. 저자들은 검지에 비해서 약지가 길수록 주식 투자에서 높은 수익률을 올리며, 이런 경향은 약지가 길수록 경쟁적인 스포츠에서 승리하는 경향이 높다는 이전의 다른 연구들과 맥을 같이한다고 말했다. 이 기사는 보도되자마자 여러 모임의 화젯거리로 등장했고, 많은 사람들이 자신의 검지와 약지의 길이에 어떤 차이가 있는지 몰래 살펴보기도 했다. 여러분의 두 손가락 길이 비율은 어떤가? 검지가 더 긴가, 약지가 더 긴가? 그리고 그 차이는 얼마나 되는가?

두 손가락 길이의 차이가 태내의 테스토스테론 수준을 반영한다는 선구적 연구를 한 이들 중 한 사람이 바로 이 책의 저자인 존 매닝이다. 매닝은 「여성의 아름다움을 둘러싼 미스터리(The mystery of female beauty)」(1999)라는 논문을 『네이처(Nature)』지에 발표한 것을 비롯해서 지금까지 140편 이상의 논문을 저명한 학술지에 게재해 온 학자이다. 고상한 연구 주제도 많은데 하필이면 매닝 같은 사람이 관심을 가진 주제가 손가락 길이라니, 동료들의 농담거리로 등장하기 쉽지 않은가? 손가락 길이야 일반인도 바로 알 수 있는 것인데.

하지만 흔한 현상들 속에서 감추어진 새로운 사실을 캐어 내고 어떤 법칙을 만드는 것이 학문이다. 게다가 말릴 수 없는 호기심이야말로 과학자들이 연구를 하게 되는 최대의 동기라는 것은 잘 알려진 사실이다. 뉴턴은 연금술에 대한 호기심 때문에 그를 잘 아는 사람들 사이에서 '마지막 연금술사'로 불렸으며, 전기현상을 연구한 불세출의 천재 테슬라가 신비주의자였다는 사실은 잘 알려져 있다. 이에 비하면 매닝의 호기심은 온건한 학문적 자유분방함을 나타내는 정도인 것 같다.

그런데, 이런 자유분방한 연구 주제들은 과학을 빙자하는 이들의 표적이 되기도 쉽다. 과학자들이 개인적으로 흥미를 가지고는 있지만 언뜻 통속적으로 보이는 주제를 학문적으로 연구해서 발표하기를 주저하는 데는 그만한 연유가 있다. 실제로 인터넷에서 '손가락 비율(the finger ratio)'을 키워드로 검색해 보면 손금 보는 사이트를 여러 개 만날 수 있고, 그중에는 매닝의 연구를 소개해서 자신들이 하는 일이 과학적 근거를 가지고 있다고 주장하는 사이트들도 있다. 매닝의 연구가 손금과 아무 관련이 없다는 것은 두말할 필요도 없다. 한편으로는 매닝이 그렇게 이용될 소지가 있음에도 불구하고 관심 분야에 대한 연구를 적극적으로 해 나가는 것을 보면, 그가 자신의 연구에 대해 자신감을 가진 사람이라는 것을 짐작할 수 있다.

대중적 관심과 학자들 사이의 학문적 관심은 약간은 별개의 것이라는 점을 감안할 때 어떤 연구 주제가 두 방면 모두에서 성공을 거두는 경우는 그렇게 많지 않다. 몇 가지 성공적인 예로 뇌의 좌반구와 우반구의 기능차에 대한 발견이나 유전자의 발견 등이 있을 것이다. 내가 이 책을 접하기 이전부터 손가락 길이와 투자 수익률에 대한 기사를 기억하고 있었던 것을 보면, 매닝의 연구도 두 방면 모두에서 성공을 거두었다고 감히 말해도 좋을 듯싶다. 저자는 자신이 이 연구에 뛰어든 이유를 "직관으로부터 샘솟듯 분출하는 생각의 흐름에 저항할 수 없었기 때문"이라고 표현하고 있는데, 그의 주체할 수 없는 호기심과 학문에 대한 열정을 잘 나타내 주고 있는 말이라고 생각된다.

매닝이 손가락 길이 비율을 통해서 알고자 했던 것은 무엇일까? 과학자들은 이전부터 '생물학적 지표'를 찾기 위해 노력해 왔다. 이런 생물학적 지표는 혈액 내 특정 단백질의 유무나 특정 유전자의 변형 유무에서부터 신체상에 나타나는 특정 변이에 이르기까지 다양하다. 따지고 보면 예전에 우리 어르신들이 우시장에서 이빨이 튼튼하고 털에 윤기가 흐르며 발과 엉덩이가 큼지막한 소를 고른 것도 일종의 생물학적 지표를 관찰한 것이라고 하겠다. 외견상으로 나타나는 신체의 변이가 어떤 질환의 발병 가능성을 나타낸다는 연구 하나가 생각난다. 『총, 균, 쇠(Guns, Germs and Steel)』라는 책으로 유명한 재레드 다이아몬드 박사는, UCLA 강연에서 겨드랑이 안쪽 햇빛에 노출되지 않은 피부 색소의 양에 대한 인종별 차이를 간단하게 측정해서 당뇨병의 유전성에 절약 유전자[1]가 관련되어 있음을 밝혔다. 매닝이 제시한 손가락 길이 비율도 그러한 종류의 과학적 근거를 가진 생물학적 지표라고 이해하면 좋겠다.

생물학과 심리학의 역사는 오늘의 우리를 만든 것이 유전인지 환경인지(nature vs nurture)에 대한 논쟁의 역사라고 해도 과언이 아니다. 학문의 역사는 이 두 가지 견해 사이를 시계추처럼 왔다 갔다 해 왔다. 지난 세기의 전반부는 환경 또는 양육(nurture)에 힘이 실린 기간이었다. 미국에서 시작된 행동주의는 인간의 행동과 사고가 후천적 학습과 환경에 의해서 결정된다는 증거를 보여 주었고, 그러한 학문적 사조는 지금까지도 강력한 영향을 미치고 있다. 이는 역사적인 맥락에서 이해할 수 있다. 20세기에 들어 학문적으로도 세계 강국으로 부상한 미국은 이민자들로 이루어진 나라였다. 그들은 여러 가지 사정 때문에 본국을 떠나(그들 대부분이 자신의 나라에서 사회경제적으로 낮은 지위에 있었던 사람들이었을 것이다) 새로운 세계로 가는 이민선에 가족과 더불어 또는 홀로 몸을 실었을 것이다. 따라서 그들이 세운 새로운 나라에서는 과거의 혈통이나 집안 등이 더 이상 발목을 잡지 않아야 했을 테니, 사람은 오직 환경에 의해서 결정된다는 학문적·사회적 합의가 도출된 것은 어쩌면 당연한 귀결이었을지 모른다.

그런데 유전자의 발견과 더불어 환경의 영향은 축소되고, 유전 또는 본성(nature), 즉 타고난 성향이나 소질이 중요하다는 쪽으로 학문의 시계추는 옮겨 가고 있다. 하지만 근래에는 유전자의 발현도 환경의 영향하에서 일어난다는 연구 보고들이 나오고 있고, 결국 유전이냐 환경이냐 하는 양자택일이 아니라 유전과 양육이 어떻게 상호작용하는지를 아는 것이 현실적으로 중요하다고 받아들여지게 되었다. 매닝의 손가락 비율 연구도 그런 학문적 흐름 위에 놓여 있다. 따라서 저자가 제시하는 태내 호르몬에 의한 성차에 더해서, 환경에 의한 성차 역시 우리의 행동과 사고에 심대한 영향을 미친다는 것을 잊어서는 안 될 것이다.

그러나 모든 일에는 그 기초가 중요하듯이, 태내에서 경험한 호르몬이 이후 생애의 성차와 그에 따르는 여러 현상들에 얼마나 중요한 영향을 미치는지는 새삼 강조할 필요조차 없을 것이다. 이런 맥락에서 저자는 살아가면서 경험에 의해 변하는 신체적 특성들의 기초가 되는, 출생 전에 호르몬의 영향에 의해 생긴 신체적 특징을 찾아내고 싶었을 것이다. 그리고 그가 발견한 생물학적 지표가 바로 검지 대 약지의 비율이다.

---

1 앞으로 닥칠지도 모르는 기근에 대비해 대사 효율, 지방 축적, 음식 확보 행동을 극대화하는 유전자. 비만의 원인으로 자주 거론된다.

유전학자들은 손가락의 발육과 생식기관의 발육을 담당하는 공통 유전자를 발견했다고 보고한다. 진화적으로 물고기와 같은 수서생물이 육지로 올라오면서 적응해야 할 과업이 여러 가지가 있었는데, 그중 하나가 지느러미가 손과 발(특히 손가락과 발가락)로 변모하는 것이었고, 다른 하나는 체외수정이 체내수정으로 바뀌는 것이었다. 지느러미는 물속에서 헤엄치는 데 필요한 반면, 손과 발은 육지에서 신체를 이동시키고 물체를 잡는 역할을 한다. 어류의 체외수정에는 신체 외부로 나와 있는 생식기가 중요하지 않지만 육지동물은 체내수정을 위해서 가능한 한 암컷의 체내 깊숙이 도달할 수 있는 긴 생식기가 필요하다. 그러므로 진화의 역사에서 손가락 또는 발가락의 출현과 외부 생식기의 출현은 동일한 시기에 이루어졌을 가능성이 많고, 두 기능을 담당하는 유전자가 어떤 형식으로든 관련이 있었을 것이다. 이런 아이디어가 저자의 발견에 과학적 근거를 제공한다.

저자가 손가락 비율을 성의 발달과 관련해서 주목한 이유는, 성의 생물학적 기능인 번식이 물질대사와 더불어 생명을 정의하는 두 가지 특성 중에 하나이기 때문이리라. 생각해 보자, 자동차는 왜 생명체가 아닌가? 자동차는 연료를 가지고 물질대사를 하지만 번식은 못하기 때문이다. 독자 여러분들도 중형차가 밤사이에 소형차를 낳았다는 뉴스를 들어본 적이 없을 것이다. 하지만 박테리아 같은 미물조차도 자기 복제를 통해 번식을 한다. 그래서 성의 발달과 남녀의 성차는 생명체, 특히 우리 자신을 이해하기 위한 중요한 테마이다. 생명과학에서 성 선택, 성 행동의 차이 등은 이렇게 중요한 연구 주제임에도 불구하고 어떠한 기전에 의해서 인간에게 이러한 현상이 나타나는지는 잘 알려져 있지 않았었다. 그러나 최근에 그런 비밀의 베일들이 서서히 벗겨지고 있다.

남아의 경우에 태아기의 성 발달은 'SRY'라고 하는 Y염색체 위에 있는 단일 유전자에 의해서 시작된다고 한다. 성 발달은 그 유전자를 시발로 단계별로 이루어진다. 분화가 되지 않은 태내의 생식선이 SRY가 만들어 내는 특정 물질에 의해 고환이 되고, 고환에서는 남성호르몬인 테스토스테론이 분비된다. 남자의 신체는 일생에 두 번 다량의 테스토스테론의 영향을 받게 되는데, 한 번은 태내에서이고 다른 한 번은 사춘기 때이다. 남자 태아는 태내 테스토스테론에 의해서 남성의 뇌와 생식기를 발달시키게 된다. 이를 바탕으로 생후에 남성적 사고와 신체, 그리고 행동이 나타나는 것이다. 이것을 성호르몬의 '조직화 효과'라고 한다. 그리고 사춘기에 다시 한 번 테스토스테론의 강한 영향하에 놓여 신체적·심리적으로 2차 성징이 나타나는데, 이를 성호르몬의 '활성화 효과'라고 한다. 그 과정을 거쳐서 한 명의 성인 남성이 탄생하는 것이다. 한편, 여아의 경우는 별도의 성호르몬 영향이 없어도 태내에서 여아의 신체로 발달하며, 사춘기에 여성호르몬에 의해서 임신과 출산이 가능하게 된다. 매닝은 진화적 관점에서 볼 때 손가락과 생식기의 출현이 관련이 있으며, 태아기의 성호르몬의 영향으로 생식기 발달이 일어난다면 손가락의 특징적 발달에도 태아기 성호르몬의 영향이 나타나 있을 것이라고 생각한 것이다.

저자의 생각은 최근에 소개되고 있는 진화심리학이나 진화의학과 맥을 같이하고 있다. 우리들이 자신을 심리적·신체적으로 더 잘 이해하기 위해서는 진화적 관점을 알아야 한다는 것이다. 저자는 이 책의 9장에서 성적 매력을 손가락 비율과 관련짓고 있는데, 이는 진화심리학에서 말하는 '성 선택'을 다른 각도에서 조명해 주는 것이라 할 수 있다. 성 선택이란 겉으로 드러난 특징으로 우수한 유전자를 가진 개체를 찾는 행동을 말한다. 예를 들어, 진화심리학자들은 여성들이 성적 상대를 선택할 때 신체적 대칭을 이루는 상대를 매력적으로 느낀다는 점을 발견했다. 원시 시대에는 기생충에 감염되면 신체가 어떤 방식으로든 비틀어졌을 것이므로, 대칭을 가진 상대는 기생충에 감염되지 않아 충분한 생식력과 먹이 획득력을 가졌다고 간주하게 되었다는 것이다. 한편 남성들이 성적 상대를 선택할 때 허리가 잘록하고 엉덩이가 큰 여성을 선호하는 것은, 허리 대 엉덩이의 비율이 여성호르몬인 에스트로겐의 활동과 여성의 출산력을 나타내는 유력한 생물학적 지표이기 때문이라고 한다. 이런 것들은 출생 후 호르몬의 영향을 나타내는 것이지만, 저자는 출생 전 태내에서의 호르몬의 영향을 나타내는 지표를 손가락에서 찾은 것이다. 이 점에 근거해서, 저자는 손가락 비율과 관련된 성별, 계층, 민족적 차를 소개하고 개인의 성격과 다양한 능력, 몇 가지 질병의 발병 가능성, 그리고 동성애 경향까지도 설명하고 있다.

이렇게 생물학이 실험실을 나와서 현장에서 기초적 이론에 대한 검증과 더불어 학문의 실용화와 대중화를 추구하는 것이 현재의 추세이다. 하지만 이런 추세가 검증되지 않은 것들을 소망적 사고로 맹목적으로 받아들여도 된다는 것을 의미하지는 않는다. 과학적 절차는 믿음이나 희망을 만드는 작업이 아니며 객관적 증거를 발견하는 과정이다. 생명체와 관련된 과학적 발견에서 우리가 잊지 말아야 하는 사실들이 있다.

첫째, 과학적 발견이란 궁금해하는 어떤 현상에 대해서 가설을 세운 뒤에 기준에 따라 전체 집단에서 소수의 표본 집단들을 뽑아 그 평균들을 비교하고, 평균들 사이에 큰 차이가 있으면 그 차이가 전체 집단에 있다고 일반화하는 활동이다. 그러므로 과학적 발견의 절차에는 단계마다 착오나 오차가 개입될 수 있다는 것을 잊어서는 안 된다. 그러나 현재로서는 과학적 진실을 알아내는 데 일반화보다 더 좋은 절차가 없는 듯하다. 일반화를 너무 어렵게 생각할 필요는 없다. 우리가 1+1=2라는 것을 알고 나면 10+10=20이라는 것을 쉽게 아는 것이 바로 일반화이다. 일반화는 우리가 살아가면서 흔히 하는 활동이며 이것 없이는 생활 자체가 영위될 수 없다. 일반화가 없다면 우리는 삶의 모든 걸음에서 만나는 새로운 상황에서 모든 것을 새로 배워야 할 것이다. 과학적 절차라는 것도 기본적으로는 삶에서 일어나는 일들과 같다고 생각하면 된다. 오차도 있지만 그것을 바로잡을 기회도 있다는 말이다.

둘째로, 생명체에서는 집단 내 개체의 차이가 집단 간 평균의 차이보다 크다. 예컨대 남녀의 평균 키 차이가 10센티미터라고 하면 집단 내 개체들의 차이, 즉 키가 가장 큰 여자와 가장 작은 여자의 신장 차이는 10센티미터보다 더 크다는 것이다. 이 말의 의미는 어떤 남자보다 키가 큰 어떤 여자가 반드시 존재한다는 것이다. 손가락 비율에 이 원칙을 적용하면 저자가 이야기하는 손가락 비율에 따른 여러 가지 신체적·심리적 차이에도 얼마든지 예외가 존재한다는 말이 된다. 이런 사실이 우리가 손가락 비율의 차이를 기계적으로 받아들여서는 안 된다는 것을 이야기해 준다. 하지만, 그렇기 때문에 저자의 주장은 과학적 진리일 가능성이 더 많은 것도 사실이다. 과학이란 시간과 비용이 많이 들고 때로는 틀릴 수도 있지만, 그런 모습 때문에 과학은 쉬지 않고 발전한다는 것을 이 책을 읽을 때도 잊지 말아 주기를 바란다. 즉, 이 책이 과학적으로 검증된 사실들을 말하고 있다는 것을 말이다.

끝으로 이 책의 원서 제목인 『핑거북(The Finger Book)』은, 1894년에 발표된 키플링의 『정글북(The Jungle Book)』을 떠올리게 한다. 인도의 정글을 배경으로 펼쳐지는 이 소설은, 출간된 지 100년 이상이 훌쩍 지난 지금까지도 독자들을 매혹시킨다. 열대의 정글이라는 미지의 세계를 과감히 열어 보인 『정글북』처럼, 『핑거북』도 손가락 비율 연구라는 미지의 세계를 야심차게 소개하고 있는 연구서라고 한다면 지나친 비약일까? 제1장의 제목인 '두 손가락 이야기(A Tale of Two Fingers)' 역시 1859년에 찰스 디킨즈가 쓴 『두 도시 이야기(A Tale of Two Cities)』[2]의 제목을 패러디한 것이리라. 두 도시가 정치적으로 그렇게도 달랐듯이, 두 손가락 역시 호르몬적으로 크게 다르다는 것을 발견한다면 이 책을 읽는 재미를 더하게 될 것이다.

이 책의 마지막에서 저자가 유럽인이 태내의 테스토스테론의 영향을 가장 적게 받아 여성화된 높은 손가락 비율을 가지고 있고, 인

---

2 프랑스 혁명 당시의 런던과 파리를 배경으로 쓴 역사소설.

도 부족과 접시는 평균 정도의 손가락 비율을 가지고 있으며, 동아시아, 자메이카 흑인, 아프리카 흑인은 가장 남성화된 낮은 손가락 비율을 가지고 있다고 소개한 부분이 눈길을 끈다. 그리고 저자는 영장류가 인간에 가까워질수록 테스토스테론에 대한 민감도가 낮아지는 경향이 있음을 보여 주면서 인간은 '에스트로겐화한 원숭이'라는 해석을 내리는데, 은연중에 유럽인이 가장 진화된 원숭이라는 결론을 도출하고 있는 듯하다. 요컨대 이 책은, 단단한 과학적 증거와 저자의 자유로운 상상력(그리고 약간의 인종적 우월감)이 어우러진 흔치 않은 재미를 주는 교양 과학서이다. 이 책에 나오는 내용들은 자신과 타인, 그리고 인간 사회에 대한 이해를 증진시키는 데 도움이 되는 생물학적 콘텐츠로 쓰여진 인문사회과학적 발견이다. 좋은 포도주를 음미하듯이 짬을 내어 느긋하게 즐거운 마음으로 읽어 보기를 강력히 추천한다.

2009년 8월

김현택

• 머리말 •

　과연 손가락과 성에 어떤 공통점이 있을까? 이 책에서 제기하는
주장들은 나의 개인적인 탐구 여정 끝에 얻은 것들이다. 제대로 된
지도 한 장 없이 떠나온 그 여정엔, 잘 다듬어진 길이라고는 없었으
며 때로는 목적지가 어딘지조차 확실하게 알 수 없었다. 이 점을 염
두에 두고 나를 이처럼 특별한 길로 이끈 의문들의 기본 틀을 간략
하게 기술하고자 한다. 그리고 일련의 의문에 이끌려 시작한 여정
속에서, 비틀거리면서도 한 걸음 한 걸음 나아온 이야기 또한 하고
자 한다.

　이 책에서 나는 손가락에 나타나는 성차(性差)에 주목한다. 남자는
여자에 비해 약지가 검지보다 긴 경향이 있다. 나는 이 '손가락 비
율'을 이용해 인간의 행동 습성이나 질병 소인에 관한 여러 의문들
에 대해 해답의 실마리를 찾는다. 손가락 비율의 성차는 그것이 비
롯되는 시점이 태아기라는 점에서 중요하다. 이 차이는 어린아이들
사이에서도 발견되고, 사춘기에도 눈에 띄는 변화가 생기지 않으므
로 태아기에 결정된다고 볼 수 있다. 이런 단순한 관찰로부터 여러
가지 의문들이 꼬리를 물고 이어진다. 손가락 비율은 태내에서 테스

토스테론이나 에스트로겐과 같은 호르몬에 노출된 정도를 반영하는 것인가? 그렇다면 손가락 비율을 이용해 태내의 성호르몬이 어떻게 태아기, 아동기, 성인기에 나타나는 성차의 중심에 놓이게 되는지 알아낼 수 있을까? 성별에 따라서 발병률이나 진행 속도에 차이가 나는 주요 질병들이 많은데, 그런 것들은 성호르몬의 영향으로 출생 전에 결정되는 것일까? 그런 차이들이 어떻게, 그리고 왜 생기는 것인지 손가락 비율을 통해 알아낼 수 있을까? 남자와 여자의 행동 습성에서 나타나는 차이들은 단지 사회적 압력의 결과일 뿐일까? 아니면 태내에서 경험한 성호르몬의 영향 때문일까?

성 지향성에 대한 의문도 있다. 동성애는 특수한 가정 환경의 결과일까? 생활방식에 대한 개인적 선택일까? 아니면 태아기에 노출된 호르몬에 그 뿌리를 두고 있는 걸까? 우리 생활의 창의적인 측면에 대해서도 의문을 가질 수 있다. 호르몬의 '태아 프로그래밍'이라는 신비로운 과정이 우리 문화에 지워지지 않는 어떤 흔적을 남긴 걸까? 가령 음악이 남자의 성적 과시 행동의 한 형태일 뿐이라고 하자. 음악가들이 실제로 여자들에게 과시하고 있는 것이 무엇인지 손가락 비율을 통해 알 수 있을까? 남성이 여성보다 두드러진 능력을 발휘하는 스포츠는 또 어떤가? 태아기의 발육 환경을 공공연히 드러내는 것일까? 마지막으로, 인간의 진화라는 거센 흐름도 손가락 비율을 통해 이해할 수 있을까? 태내 성호르몬들의 상대적인 양의 변화로 인간의 진화를 부분적으로나마 설명할 수 있을까?

손가락 비율 연구를 통해서, 나는 태아기의 성호르몬들 중 테스토스테론과 에스트로겐이 태아의 발육 과정에서 어떤 역할을 하는지 살펴보면 이러한 의문들에 대한 해답을 찾을 수 있다는 결론을 얻었다. 내가 주장한 의견들 중에는 논란의 여지가 있는 것들도 있다. 또 아직 공식적으로 검증되지 않아 시기상조라는 평을 듣는 것들도 있다. 그럼에도 불구하고 내가 이 기본 틀을 제시한 데는 두 가지 이유가 있다. 첫 번째는 나 자신이 입증된 사실과 간접 증거와 직관으로부터 샘솟듯 분출하는 생각의 흐름에 저항할 수 없었기 때문이다. 두 번째는 독자들에게 사실과 생각과 열정으로 구성된 연구 체계를 선보이고, 독자들 나름대로 의견을 형성해 주기를 바라는 기대 때문이다.

나는 이 책 속으로 독자를 안내할 것이며 흥미롭지만 아직 검증이 안 된 것들을 기술할 때는 맹목적으로 받아들여선 안 된다는 경고도 잊지 않을 것이다. 궁극적으로 바라는 것은, 내가 제시한 모델을 동료들과 함께 자세히 검토함으로써 각각의 가설을 검증하고 이론 체계를 세우는 것이다. 그러나 지금으로선 이 책이 내가 제공할 수 있는 최선의 해석이다.

우선 어떻게 이 주제를 다루게 되었는지 설명하고자 한다. 나의 첫사랑은 동물들을 향한 것이었다. 1960년대 말 런던 대학교의 학부생이었던 나는 리처드 오언(Richard Owen), 찰스 다윈(Charles Darwin), 앨프리드 러셀 월리스(Alfred Russel Wallace), 토머스 헨리 헉슬리(Thomas Henry Huxley) 같은 빅토리아 시대의 위대한 생물학자와 분류학자들의 연구를 접하고 기쁨에 취했다. 동물이 어떻게 진화해 왔는지 알게 된 것도, 발생학과 해부학의 연구를 통해 진화의 증거를 찾는 방법을 알게 된 것도, 모두 이들을 비롯한 여러 학자들의 연구 덕이다. 그들의 연구가 성공을 거두는 데 중추 역할을 한 것이 바로 비교연구법이다. 잠시 동물계가 얼마나 다양한 형태와 기능의 동물들로 이루어져 있는지 생각해 보자. 그토록 다양한 것들을 어떻게 이해할 수 있을까?

간단히 말하자면 연체동물문, 척추동물문과 같은 용어를 사용하는 것이 비교연구법이다. 우리보다 앞선 학자들은 비교연구법을 이용해 유사성과 상이성을 토대로 동물들을 문(門)으로 분류하고, 각각의 동물문은 원형이 되는 하나의 조상에서 비롯되었다는 것을 밝혀냈다. 단일한 조상은 모든 후손의 종에 흔적을 남겼다. 이는 물고기, 개구리, 도마뱀, 새, 포유동물을 비교해 봄으로써 증명할 수 있다. 이 동물들은 모두 척추를 갖고 있다. 즉 척추를 갖고 있던 단일한 조상의 후손들인 것이다. 개구리, 도마뱀, 새, 포유동물은 모두 사지(四肢)를 갖고 있다. 이런 사지동물은 다섯 개의 발가락을 가진 단일한 네발동물종의 후손들이다. 전형적인 포유동물군에 속하는 동물들은 체내수정을 하고, 자궁 안에서 태아가 발육된다. 이러한 특성은 약 7천만 년 전에 존재했던 단일한 선조의 종으로부터 유래한 것이다. 인간은 이 기본 틀에 꼭 들어맞으며, 포유동물군 중에서도 '가장 중요하다'라는 뜻을 가진 영장류에 속한다.[1] 다른 영장류 동물들과 마찬가지로 사람의 몸에는 우리의 선조가 나무에서 살았음을 보여 주는 증거가 남아 있다. 비교연구법을 통해 한층 더 깊이

---

1 영장류를 뜻하는 영어 primates는 '우두머리'를 뜻하는 라틴어 primas에서 유래했다.

들어갈 수도 있다. 인간은 영장류 치고는 몸집이 큰 편이며, 꼬리가 없고, 항상 나무에서 살지는 않는다. 그러므로 대형 유인원이라고 할 수 있다. 현존하는 생물 중 인간과 가장 가까운 친척으로 보이는 두 종의 동물은 침팬지(보통 침팬지와 피그미침팬지라고도 불리는 보노보)와 고릴라이다. 오늘날 이 세 종류의 유인원은 모두 아프리카에서 찾아볼 수 있다. 그중에서도 주로 그레이트 리프트 밸리 서쪽에서 발견된다. 화석 증거는 초기의 인간이 리프트 밸리[2] 동쪽에서 출현함으로써 가까운 친척 종들과 직접적인 경쟁은 하지 않았음을 보여 준다. 이와 같이 비교연구법을 통해 네발동물, 포유동물, 영장류의 틀 안에서 인간의 기원을 찾을 수 있다. 이는 손가락 비율의 진화를 살펴보는 데 있어 중요한 사항이다.

내 첫사랑이 동물들이었다면, 두 번째 사랑은 성의 진화였다. 이과 학사 학위를 받은 후 나는 리버풀 대학교에서 진화론으로 석사 과정을 밟았다. 리버풀 대학교의 생명과학 관련 학과들은 아서 케인 (Arthur Cain), 필립 셰파드(Phillip Sheppard), 토니 브래드쇼(Tony Bradshaw) 같은 학자들 덕에 명성이 높았다. 그 셋 중 나에게 가장 큰 영향을 준 사람은 동물학 교수인 아서 케인이었다. 케인은 진화론에 대한 열의가 대단했고, 자연 선택의 힘이 진화의 주요 원동력이라고 믿는 학자였다. 그가 강의 중에 성서와 진화, 신의 천지창조와 자연 선택, 신의 의지와 종잡을 수 없는 우연 사이의 격한 대립에 관해 설명할 때면 19세기 생물학계의 거성들이 되살아난 듯했다.

그런 환경에서 성의 진화에 대한 나의 관심은 점점 커졌고, 급기야 손가락과 성을 연결 지어 생각하기에 이르렀다. 동물들의 생식,

특히 고등 동물의 생식에는 암수가 필요하고 암수 각각은 생식 세포를 생성한다. 모든 후손은 두 생식 세포의 융합이 낳은 결과물이다. 암컷과 수컷은 모두 두 세트의 유전자를 갖고 있는데, 그 유전자들이 복제되고 뒤섞인다. 그리고 한 세트의 유전자 복사체가 각각의 생식 세포 안에 자리를 잡는다. 그 두 생식 세포의 융합으로 두 세트의 유전자를 가진 새로운 개체가 생기는 것이다. 나는 성에 관한 두 가지 의문을 품으로써 생물학의 궁극에 도달할 수 있다고 생각했다. 첫째, 왜 한 개체의 유전자들이 생식 세포 안에 자리를 잡기 전에 뒤섞이는가? 둘째, 암컷과 수컷의 본질은 무엇인가? 나는 약 35년 동안 이 두 가지 의문에 대한 답을 찾기 위해 궁리에 궁리를 거듭했다. 이 책에서 나는 두 번째 의문에 집중할 것이며, 바로 이 두 번째 의문에 대한 해답을 찾는 과정에서 성과 손가락 사이의 관계를 밝혀 나갈 것이다.

수컷의 본질은 정자라는 생식 세포를 생성하는 것이다. 정자는 크기가 작고 그 수가 무수히 많으며, 수컷의 몸은 거의 아무런 희생을 치르지 않고 정자를 만들어 낸다. 이는 수컷이 잠재적으로 엄청난 수의 후손을 만들어 낼 수 있음을 뜻한다. 여기서 잠재적이라고 말한 것은 수컷이 생식을 위해 고군분투하는 과정에서 다른 타입의 생식 세포, 즉 난자에 접근해야 하기 때문이다. 암컷은 난자를 만들고

---

2 중동의 시리아에서 시작해 남쪽으로 홍해, 에티오피아, 케냐, 탄자니아를 거쳐 말라위, 짐바브웨, 모잠비크까지 이어지는 광대한 단층 지구대. 약 2,500만 년 전에 시작된 지각 활동으로 생겨난 것으로, 30~50킬로미터 폭의 계곡 양쪽으로 험준한 절벽이 치솟아 있다.

그것을 철저히 지킨다. 난자는 크기가 큰 반면 수가 많지 않은 데다 난자를 생성하는 데 많은 희생이 따르기 때문이다. 이것은 여성을 포함한 모든 종의 암컷에게 적용된다. 이처럼 단순한 생물학적 사실에서 남녀가 서로에게 끌리고, 또한 주기적으로 갈등하는 이유를 찾을 수 있다. 여자도 남자도 자신들의 유전자 복사체를 다음 세대에게 물려주기 위해 생식을 하려 애쓴다. 그러려면 서로 협력해야 한다. 남자는 손쉽게 정자를 생성할 수 있어 많은 후손을 만들 수 있지만, 그러기 위해서는 그만큼 많은 여자들의 협조가 필요하다. 여자들에게 아기란 큰 희생을 치르고 생성한 난자와 아홉 달의 임신, 그리고 신진대사 면에서 큰 대가를 요구하는 수유를 상징하기 때문이다. 이러한 요소들이 여자의 생식 산출력을 제한하고, 여자들로 하여금 후손의 양보다는 질을 중시하는 전략을 선택하게 한다. 따라서 남자는 여자를 얻기 위해 남자들끼리 경쟁하고, 여자는 가장 우수한 남성 유전자와 자원을 아기들에게 물려주기 위해 여자들끼리 경쟁한다.

이것이 성 선택 이론이다. 1972년 무렵, 나는 이 이론의 틀 안에서 인간의 성차와 성 행동을 설명할 수 있다고 믿었다. 성과 손가락의 관계를 향한 기나긴 탐구의 여정을 시작한 것이 바로 그때였다. 그리고 리버풀에서 시간제 연구원으로 갑각류 동물, 곤충, 새, 원숭이, 유인원에 대한 연구를 계속하면서, 생물학적 동인에 따라 수컷은 생식 능력이 있는 암컷을 얻기 위해 경쟁하고, 암컷은 우수한 수컷 유전자와 자원을 필요로 한다는 것을 확신하게 됐다. 그즈음 나는 박사 학위를 받고 리버풀 대학교에서 상임 연구원 자리를 얻었다. 그리고 1990년에 성과 대칭성 연구를 시작했다.

나는 8년 동안 연구를 계속하면서, 우수한 유전자임을 나타내는 간단한 신체적 단서로 보이는 동물의 대칭성에 몰두했다. 인간을 비롯한 여러 동물은 외형적인 특징으로 볼 때 대칭 구조를 이루는 경향이 있다. 그래서 인간의 오른쪽 귀는 왼쪽 귀와 크기나 모양이 비슷하고, 오른쪽 손목은 왼쪽 손목과 비슷하며, 오른쪽 발목은 왼쪽 발목과 비슷하다. 그렇지만 이렇게 짝을 이루는 신체 부위들을 측정해 보면, 오른쪽과 왼쪽 사이에 몇 밀리미터 정도의 작은 차이가 있음을 흔히 발견하게 된다. 여자들은 완벽한 대칭 구조에서 벗어나는 미세한 차이들을 인지할 수 있는 듯 보인다. 이러한 비대칭은 결함이 있거나 손상된 유전자에 의해 초래된 발달상의 불안정성을 반영하는 것일 수 있다. 그래서 여자들은 비대칭적인 남자의 접근은 거부하지만, 대칭 구조와 우수한 유전자를 가진 남자의 접근에는 호의를 보인다.

8년 동안 신체의 사소한 비대칭성들을 측정한 뒤, 나는 대칭 이론이 인간에게 기본적으로 들어맞는다는 결론을 내렸다. 대칭성이 기능의 효율성과 관련이 있다는 것을 뒷받침해 주는 자료 또한 상당량 수집했다. 대칭적인 남자와 비대칭적인 남자를 비교해 보면 대칭적인 남자가 지능지수도 더 높고, 더 빨리 달리며, 다른 남자들과의 싸움에서 움츠러들 가능성이 더 적고, 더 빨리 헤엄치는 정자를 많이 생산한다는 것을 알 수 있다. 여자들은 남자의 대칭성을 놀랍도록 정확하게 알아채는 능력이 있는 듯싶다. 그래서 완벽한 대칭을 이루는 얼굴과 체형을 가진 남자를 매력적으로 생각하고, 그런 파트너들과 자주 오르가슴을 느끼며, 심지어 그런 남자들의 체취까지도 선호한다고 한다. 이런 것들이 모두 성인들의 배우자 선택과 관련이 있다. 그러나 나는 아이들의 대칭성과 초기 발육의 중요성에 관심을 돌려, 당시에 진행 중이던 '자메이카인의 대칭성 프로젝트'에 연구진으로 참가했다.

1998년 1월, 나는 자메이카 남부에 있는 시골의 한 초등학교에서 많은 시간을 보냈다. 러트거스 대학교의 로버트 트리버스(Robert Trivers)가 주도한 자메이카인의 대칭성 프로젝트는 아이들의 비대칭에 초점을 맞춘 것이었다. 우리는 다섯 살에서 열한 살 사이의 아이들 300여 명의 신체 부위를 귀, 손가락, 손목, 팔꿈치, 무릎, 발목, 발에 이르기까지 세밀하게 측정했다. 자메이카에서의 더없이 행복했던 시간을 뒤로하고 리버풀로 돌아왔을 때, 제자인 티나 윌슨(Tina Wilson)이 리버풀 아이들의 비대칭성에 관한 자료를 상당량 수집했음을 알게 되었다. 이러한 자료들을 통해서 나는 다음과 같은 패턴이 있음을 발견했다. 두 살 난 여아와 남아들은 심한 비대칭성을 보이지만, 자라면서 비대칭성이 점점 줄어든다. 그러다 사춘기가 되면 비대칭성이 갑작스레 두드러졌다가 또다시 서서히 줄어든다. 그리고 열여덟 살쯤 되면 대칭을 이루면서 가장 매력적으로 보이게 된다. 나는 이런 패턴이 성호르몬들, 그중에서도 특히 테스토스테론과 에스트로겐으로 설명될 수 있다고 생각했다.

사춘기 하면 성호르몬이 요동치면서 체형에 많은 변화가 생기는 시기임을 사람들은 잘 알고 있다. 그렇다면 태아기에 경험한 성호르몬의 양을 알려 줄 만한 단순한 신체적 특성은 없을까? 출산 전문가인 이완 루이스존스(Iwan Lewis-Jones)와 함께 리버풀 아동 병원에서 불임 관련 비대칭성 프로젝트를 진행하고 있을 때, 나는 검지 대 약지의 비율을 떠올렸다. 우리는 남성들과 그 배우자들의 귀, 손목, 손가락의 비대칭성을 측정했다. 그 결과 비록 그 관련 정도가 미미하기는 했지만, 비대칭이 심한 남자들이 대칭인 남자들보다 더 적은 수의, 활동성이 미약한 정자를 생산한다는 것이 발견되었다. 당시 나는 손가락의 발육을 통제하는 유전자를 알아내기 위해 새로운 유전 정보들을 읽고 있었다. 흥미롭게도 손가락의 발육을 통제하는 유전자들이 생식기관의 형성 또한 통제하는 것으로 밝혀졌다. 손가락과 정자에 대한 자료를 살피면서 나는 남자의 손가락이 여자의 것보다 평균적으로 좀 더 길다는 점에 주목했지만, 그것은 단순히 신체 크기와의 함수 관계 때문이었다. 그래서 더욱 세밀한 관찰을 통해 남자들은 여자들에 비해 약지가 검지보다 길다는 사실을 발견했다.

나는 새로운 특성을 찾아내기 위해서, 검지 길이를 약지 길이로 나눔으로써 개개인의 손가락 비율을 산출했다. 과연 남자들이 여자들보다 평균적으로 손가락 비율이 낮았다. 그렇지만 그보다 더 중요한 것은 손가락 비율이 정자의 측정치들과 관련이 있는가 하는 문제였다. 나는 컴퓨터를 통해서 정자의 수, 정자의 운동 속도, 테스토스테론과 에스트로겐의 수치, 성호르몬의 농도를 통제하는 호르몬 등을 관찰했다. 테스트를 거듭한 결과, 손가락 비율이 비대칭성보다 남성의 생식력에 관한 주요 측정치들과 밀접한 관계가 있음을 확인할 수 있었다.

그러나 손가락 비율이 태내에서 경험한 태아기의 호르몬 수치를 반영하는 것인지는 여전히 확신할 수 없었다. 그래서 한 가지 테스트를 더 해야 했다. 아주 어린 아이들도 손가락 비율에 성차가 있는가 하는 것이었다. 리버풀과 자메이카의 아이들과 성인들을 대상으로 한 연구를 통해 모든 연령대에서 손가락 비율에 비슷한 성차가 나타난다는 것을 확신할 수 있게 되었다. 어린아이들에서 나이가 지긋한 노인들에 이르기까지 손가락 비율에 비슷한 성차가 있는 것으로 나타났다. 손가락 비율을 태아기의 성호르몬 수치를 반영하는 지표로 삼을 만한 충분한 근거를 찾은 것이다. 손가락 비율은 태아기에 강력하면서도 위험한 영향을 미치는 성호르몬에 노출된 정도를 말해 주는 것으로, 손가락 속에 숨은 살아 있는 화석이라고 해도 과언이 아니다.

나는 이렇게 성과 손가락을 관련짓게 되었고, 흥미진진한 탐구 여정을 이어 오고 있다. 이 책을 쓴 목표는 손가락 비율이 우리의 생식 능력과 행동 습성, 그리고 질병 소인에 대해 무엇을 말해 주는지 설명하기 위한 것이다.

1장 두 손가락 이야기

카사노바는 약지가 검지보다 짧게 그려진 손을 보고 멩스의 그림이 잘못되었다고 지적했다. 그러자 멩스는 자신의 긴 검지와 짧은 약지를 보여 주며 사람의 손가락 길이가 원래 그렇다고 반박했다. 그 말에 카사노바는 소리 내어 웃으며, 출생 전부터 남자다움의 상징으로 발달된 자신의 긴 약지를 보여 주었다. 그리고 아담의 후손 대대로 전해지는 전형적인 손가락은 자신처럼 약지가 긴 모습이라고 말했다.

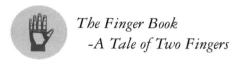

The Finger Book
-A Tale of Two Fingers

카사노바의 긴 약지

남성과 여성은 행동 습성이나 건강에 관한 거의 모든 측면에서 다르다. 언어 능력, 수리 능력, 공간 지각 능력, 음악 능력은 물론이거니와 체력, 달리기 속도, 수영 속도, 높이뛰기와 멀리뛰기 능력, 오른손과 왼손 중 잘 쓰는 손이나 정확하게 멀리 던지는 능력도 다르다. 심장병이나 심장발작 위험률이 다를 뿐 아니라 암, 천식, 류머티즘성 관절염, 자폐증, 난독증, 정신분열증, 신경 질환, 정신 질환, 과잉행동, 주의력결핍 장애, 말더듬이, 편두통, 우울증, 열대병 등의 병에 걸리기 쉬운 체질 또한 다르다. 이를 비롯해 그 외에도 많은 것들이 남성과 여성의 발달 강도가 다름을 보여 준다. 또한 이 모든 것들이 한쪽 성에 비해 다른 한쪽 성에 더 흔하거나 더 일찍 증상이 나타나며, 증상이 나타날 때에도 발달 패턴이나 발달 속도가 다르다.[1] 남녀의 차이는 매우 사소한 것에서도 나타난다. 일례로 산모의 양수 속을 자기공명영상법(MRI)으로 촬영해 보면, 남자 태아와 여자 태아가 입을 벌렸다 오므렸다 하는 속도가 다름을 알 수 있다. 성차는 이렇듯 사소한 것에서 때 이른 죽음을 초래할 수 있는 것에 이르기까지 거의 모든 영역의 특성들에서 나타난다.

이런 성차는 어떻게 생기는 것일까? 왜 어떤 남성들은 소위 여성적인 특성으로 일컬어지는 면을 보이고, 또 어떤 여성들은 남성적인 특성을 보일까? 좀 이상하게 들릴지 모르겠지만 우리의 손가락, 정확히 말해서 약지와 검지가 그런 의문을 풀어 줄 수 있다. 우리의 손가락은 남성과 여성이 어떻게 다른지, 남성과 여성이 출생 전에 어떻게 프로그래밍되어서 성과 관련된 특정한 행동 습성이나 질병 소인을 보이는지에 관한 정보들을 제공한다. 이 책에서 나는 출생 전 약지의 발육이 태내의 테스토스테론 수치에 민감하게 반응해서 이루어진다는 것을 증명해 보이려 한다. 이 책을 통해 이른바 남성호르몬으로 알려진 테스토스테론에 반응해서 형성된 약지가 길수록 남성적이 특성이 강하다는 것을 밝힐 것이다.

한편 손가락 길이는 신체의 크기에 영향을 받을 수도 있으므로 약지의 길이와 다른 손가락들 중 하나의 길이를 비교할 필요가 있다. 그중에서도 검지와 약지를 비교할 때 가장 명확한 결과를 얻을 수 있을 것이다. 태아기의 검지의 발육이 여성호르몬인 에스트로겐에 좌우되기 때문이다. 그러므로 약지와 검지의 상대적 길이는 우리의 몸과 마음이 남성다운지 여성다운지를 말해 준다. 남자 중에서도 가장 남자다웠던 남자, 자코모 카사노바(Giacomo Casanova)의 검지와 약지를 실례로 들어 설명해 보자.

카사노바는 18세기의 음악가이자 도박꾼이었으며, 군인이고 철학자였다. 또한 작가이자 사서인 동시에 야심만만한 성직자였다. 물론, 소문난 바람둥이였던 것은 말할 것도 없다. 카사노바의 일기를 보면 그의 약지가 검지보다 눈에 띄게 길었다는 것을 알 수 있는데, 이는 어찌 보면 너무나도 당연한 이야기이다.[2]

모험심이 강한 카사노바는 유럽 전역을 여행했다. 카사노바의 상대적인 손가락 길이가 밝혀진 것은 그가 스페인에 머물고 있을 때였다. 당시에 카사노바를 환대한 사람이 있었으니, 그가 바로 독일 출신의 신고전주의 화가 안톤 라파엘 멩스(Anton Raphael Mengs)였다. 오늘날에는 멩스의 작품을 차갑고 인위적이라고 평하기도 하지만, 그 당시에는 많은 사람들이 멩스를 생존하는 유럽 최고의 화가로 꼽았다. 고야도 멩스를 따르는 많은 학생들 중 한 명이었다.

카사노바가 멩스의 집에 머물기는 했지만 두 사람이 진심 어린 우정을 나누는 사이는 아니었던 듯싶다. 멩스는 드러내 놓고 카사노바가 종교적 의무를 소홀히 한다고 비난했다. 카사노바가 부활절에 성찬을 받지 않은 뒤로는 아예 집에서 쫓아내려고까지 했다. 카사노바 역시 멩스에 대한 불만을 토로했다. 음탕하며 성미가 까다롭고 시기심이 많은 데다 아이들을 학대하는 탐욕스러운 주정뱅이라고.

카사노바의 일기에 서로에 대한 반감이 그토록 커진 배경에는 한 차례의 말다툼이 있었다고 적혀 있다. 말다툼을 하게 된 계기는 멩스의 한 작품 속에 그려진 어떤 인물의 손 때문이었다. 카사노바는 약지가 검지보다 짧게 그려진 손을 보고 멩스의 그림이 잘못되었다고 지적했다. 그러자 멩스는 자신의 긴 검지와 짧은 약지를 보여 주며 사람의 손가락 길이가 원래 그렇다고 반박했다. 카사노바는 그

말에 소리 내어 웃으며 출생 전부터 남자다움의 상징으로 발달된 자신의 긴 약지를 보여 주었다. 그리고 아담의 후손 대대로 전해지는 전형적인 손가락은 멩스의 것과 달리 자신처럼 약지가 긴 모습이라고 말했다. 두 사람은 100피스톨[1]을 걸고 내기를 했다. 그리고 멩스의 하인들을 불러 모아 약지와 검지의 길이를 비교했다. 결과는 카사노바의 패턴이 더 흔한 것으로 나타났다. 그 일은 멩스가 자신의 손가락은 세상에 둘도 없는 모양이라며 농담으로 일소함으로써 일단락됐다.

카사노바와 멩스는 카사노바형의 손가락 길이가 보편적인 것이 아니라, 태아기에 남성화한 특징이라는 것을 몰랐다. 그런 사실을 알았더라면 카사노바는 더욱더 크게 기뻐했을 것이다. 그러나 기쁨도 잠시, 카사노바형 손가락은 인간이 겪어 온 진화 단계 중에서 먼 옛날 동물적 성향이 강했던 조상들을 연상시킨다는 학설에 곧 진정이 됐을 것이다.

'카사노바형 손가락' 과 '멩스형 손가락' 은 각각 남성적인 손과 여성적인 손의 전형이지만, 성별에 상관없이 남성에게서도 여성에게서도 뒤섞여 발견된다. 그러나 좀 더 세밀히 관찰해 보면, 카사노바형 손가락이 의미하는 정보들이 남성들에게 더 흔하다는 걸 알게 된다. 멩스형 손가락 역시 남성들에게서도 발견되지만, 전반적으로 여성들에게 많이 나타나는 특징이다. 카사노바형이니 멩스형이니 하는 것은 남성과 여성을 거대한 두 개의 그룹으로 보고 일반화한 것이다. 그러나 그런 일반화는 한 걸음 더 나아가 개개인의 손가락 비율에 대해서도 궁금증을 불러일으킨다. 손가락 비율이 개인의 성격,

능력, 본능적 욕구 등을 이해하는 데 도움이 될까? 아니면 오히려 더 혼란스럽게 할까?

손가락 비율을 구하는 방법

이따금 정자의 수, 성호르몬, 동성애, 운동 능력 등과 손가락 비율 사이의 관계를 연구한 논문들이 매체에 등장한다. 손가락 비율을 얻는 방법에 대해 논하기 전에 주의할 점 두 가지를 먼저 짚고 넘어가고자 한다. 첫째, 손가락 비율은 어휘 능력이 부족하다거나 정자 수가 많다거나 하는 특정한 경향과 관계가 있다. 손가락 비율을 통해 얻은 결론들을 다수의 사람들로 구성된 대규모 표본에 결부시킬 때는 큰 무리가 없을 것이다. 그러나 개개인에게 대입시킬 때는 일반적인 것에서 특수한 것으로 변한다. 그러므로 수많은 규칙에는 수많은 예외가 있음을 염두에 두어야 할 것이다. 손가락 비율이 심장발작이나 불임증, 또는 질병에 대한 면역성 등의 명확한 척도가 된다고 생각해서는 안 된다. 둘째, 자신의 손가락 비율이 특수한 것인지 보편적인 것인지 알아보기 위해서는 같은 성별, 같은 지역, 같은 인종에 속하는 다른 사람들의 손가락 비율 또한 알아야 한다. 그래야만 자신의 손가락 비율이 평균에 가까운 것인지 극단에 가까운 것인지

---

1 스페인의 옛 금화.

확실하게 알 수 있다.

　그럼 이제 손가락 비율을 구해 보자. 전문가들은 인간의 신체 부위를 측정할 때, 컴퓨터에 수치가 입력되는 디지털 판독기가 달린 금속 버니어 캘리퍼스[2]를 이용해서 0.01밀리미터 단위까지 측정한다. 그러나 우리가 손가락 비율을 얻기 위해 손가락 길이를 재는 데는 보통 자로도 충분하다. 손가락들을 곧게 펴고 손바닥을 보라. 길이를 재야 할 손가락은 두 번째와 네 번째 손가락, 즉 검지와 약지다. 검지와 약지가 손바닥에서 갈라지는 손가락 아랫부분을 보면 선이 있다. 검지 아랫부분에는 하나의 선이 있고, 약지 아랫부분에는 두 개의 선이 있을 것이다. 그중 손바닥에 가까이 있는 선을 선택하고, 그 중간쯤에 한 지점을 선택하라. 원한다면 펜으로 표시를 해도 좋다. 그 점에서 손가락 끝까지 길이를 재서 밀리미터 단위까지 알아 두라. 오른손과 왼손 모두 길이를 잰 뒤에 검지의 길이를 약지의 길이로 나누면 손가락 비율을 얻게 된다.

　먼저 오른손 비율을 내어 보라. 손가락 비율을 얻었을 때, 얻은 비율이 1.00이면 검지와 약지의 길이가 같은 것이고, 1.00보다 낮다면 약지가 검지보다 긴 경우이다. 수치가 낮을수록 남성의 손가락 비율 분포도의 끝부분에 위치할 것이다. 그것이 바로 카사노바에게서 볼 수 있는 손가락 비율이다. 영국 서북부에 거주하는 백인 남성들의 평균 손가락 비율은 0.98이다. 0.92는 극단적인 비율의 한 형태로 여성보다는 남성의 손에서 발견될 가능성이 높다. 손가락 비율이 1.00보다 크다면 검지가 약지보다 길다는 말이다. 영국 서북부에 거주하는 백인 여성의 평균 손가락 비율은 1.00이다. 1.06의 비율이 나왔다면, 그것은 남성보다는 여성의 손에서 발견될 가능성이 높다. 이제 같은 과정으로 왼손의 비율도 구해 보라. 그럼 양손의 손가락 비율을 모두 얻게 될 것이다.

지금까지 측정 절차를 제대로 따랐는지 확인해 보기 위해 [그림 1.1]과 [그림 1.2]의 손에 대해서도 손가락 비율을 계산해 보라. [그림 1.1]은 남성의 손이고, [그림 1.2]는 여성의 손이다. 남성의 경우 약지가 검지보다 긴 것이 전형적이다. [그림 1.1]은 손가락 비율이 양손 모두 0.92라는 점에서 '카사노바형'이라고 할 수 있다. 이렇게 손가락 비율이 낮은 것은 태아기에 에스트로겐보다 테스토스테론에 많이 노출되었다는 것을 의미한다. 한편 여성의 손은 오른손 비율이 1.00으로, 지극히 여성적인 타입의 비율이다. 이것은 이 손의 주인공이 태아기에 에스트로겐에 많이 노출되었다는 것을 의미한다. 이 여성의 오른손 비율은 영국 서북부에 거주하는 백인 여성들의 평균 비율과 일치한다. 그러나 왼손의 비율은 0.94로 남성형 비율을 갖고 있다. 이렇듯 왼손과 오른손의 비율이 서로 다른 것은 흔히 있는 일이다.

오른손과 왼손의 비율이 비슷해 보인다 할지라도, 남성들의 경우 오른손 비율이 왼손 비율보다 낮은 경향이 있다. 이것은 성별 간에 다소 묘한 차이가 있음을 보여 주는 예이다. 남자의 경우 남성적인 특성은 몸의 오른쪽에 잘 나타나고, 여자의 경우 여성적인 특성은

---

2 정밀한 길이 측정 기구.

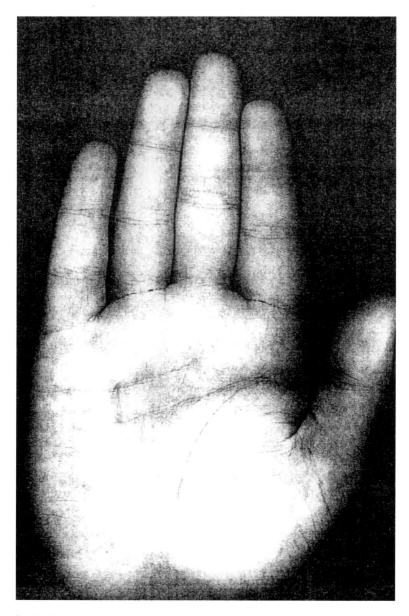

[그림 1.1]
백인 남성의 손. 손가락 길이를 측정했을 때, 오른손의 검지는 69.43밀리미터, 약지는 75.86밀리미터로 오른손의 손가락 비율은 0.92이다. 한편 왼손의 경우 검지는 68.30밀리 미터, 약지는 74.46밀리미터로 왼손의 손가락 비율은 0.92이다.

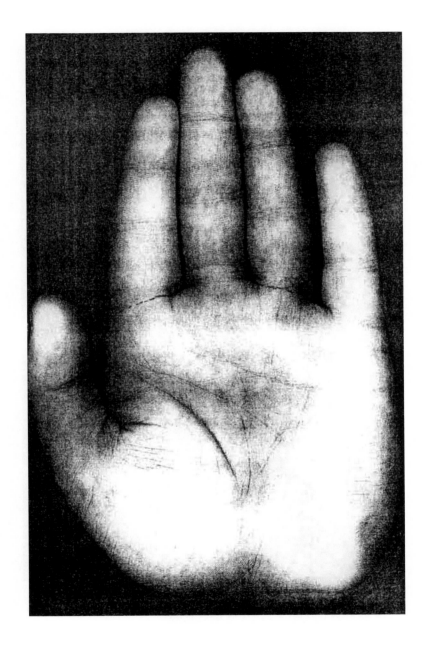

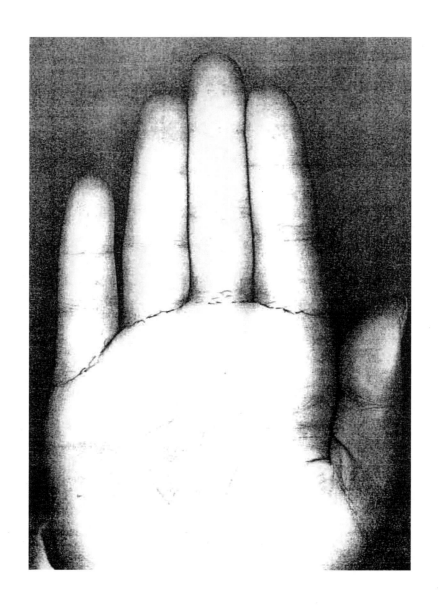

[그림 1.2]
백인 여성의 손. 이 손에서 오른손의 검지는 67.77밀리미터, 약지는 67.67밀리미터로 오른손의 손가락 비율은 1.00이다. 그리고 왼손의 검지는 65.79밀리미터, 약지는 70.25밀리미터로 왼손의 손가락 비율은 0.94이다.

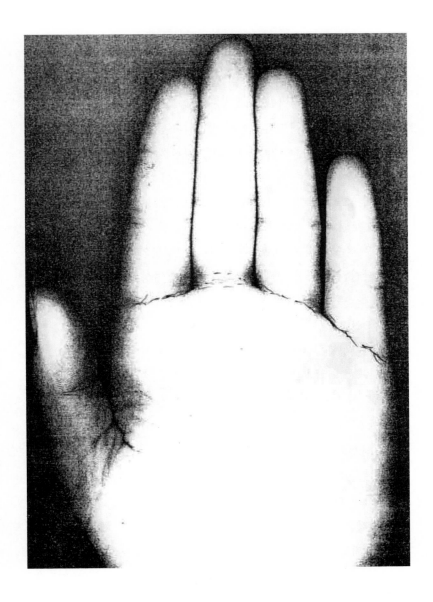

왼쪽에 잘 나타난다. 그런 차이는 고환과 난소의 형성에서도 나타난다. 한 개의 고환과 한 개의 난소를 동시에 갖고 태어나는 자웅동체 동물은 그리 많지 않지만, 자웅동체인 동물들에게서도 고환은 보통 '남성 쪽', 다시 말해 오른쪽에서 발견되고 난소는 '여성 쪽'인 왼쪽에서 발견된다. 표준적인 생식기관을 가진 사람들 중에서도 남성은 오른쪽 고환이 더 크고, 여성은 왼쪽 가슴이 더 큰 경향이 있다. 또한 언어 능력처럼 일반적으로 여성이 남성보다 우월한 특성들을 테스트해 보면 왼쪽 가슴이 큰 여성들이 오른쪽 가슴이 큰 여성들보다 더 높은 점수를 받는 것으로 나타난다. 남성들의 경우엔 그 반대 현상이 발견된다. 공간 지각 능력처럼 남성이 여성보다 우월한 특성에 대한 테스트에서는 오른쪽 고환이 큰 남성이 더 높은 점수를 얻는 경향이 있다.

손에는 성차를 보이는 특성들이 많이 들어 있다. 지문을 예로 들어 보자. 손가락과 발가락의 끝마디, 그리고 손바닥과 발바닥에는 융선[3]들이 있다. 손가락 끝마디에 있는 융선 수는 남성이 더 많다. 그리고 남녀 모두 왼손에 비해 오른손에 융선이 더 많은 경향이 있지만, 남성의 경우에는 오른손과 왼손의 차이가 더 크게 나타난다.

손가락 비율에 있어서, 왼손과 오른손의 차이가 무엇을 의미하는지는 아직 확실하게 밝혀진 바가 없다. 그러나 남성들의 경우 처음 심장발작을 일으키는 나이나 운동 능력 등을 예측할 때, 오른손 비율의 신뢰도가 더 높다는 증거들이 있다. 또한 오른손의 손가락 비율이 더 낮은 것은 태아기에 더 많은 테스토스테론에 노출되었기 때문임을 암시하는 증거도 있다. 그런 경향들을 확신할 수 있으려면,

더 많은 증거를 확보해야 할 것이다. 그러나 현재로서는 오른손의 손가락 비율을 활용하는 것이 최선인 듯싶다. 이런 손가락 비율을 통해서 남성적인 특성이나 여성적인 특성이 태아기에 테스토스테론 같은 성호르몬의 영향을 받아 결정된다는 사실이 밝혀질 것이다. 카사노바와 관련된 특질 중 음경의 형성을 예로 들어 살펴보자.

손가락의 발육을 통제하는 유전자가 생식기의 형성을 통제한다

음경의 길이를 결정하는 것은 무엇일까? 손가락과 음경을 관련지어 생각할 수 있을까? 첫 번째 질문에 대한 답은 간단하다. 남자 태아에 의해 생성되는 테스토스테론이 음경근과 음경체, 그리고 음경 귀두로 알려진 음경 끝부분에 복잡한 구조가 형성되도록 함으로써 음경을 차별화시킨다. 음경은 대부분 발기성 조직으로 되어 있다. 음경의 세 부분 중, 음경귀두와 음경체는 생식기관의 윗부분에 나란히 있고, 음경근은 아래쪽에 있다. 이 세 부분에 혈액이 최대한으로 채워지면 음경이 발기한다. 연구에 따르면 평상시 음경의 평균 길이는 9~11센티미터이고, 발기한 상태의 평균 길이는 13~15센티미터이다.

음경은 테스토스테론의 영향하에 형성된다. 신장이나 발의 크기

---

3 지문을 나타내는 하나의 지문 곡선. 융기된 땀구멍이 서로 연결되어 밭고랑 모양을 이루고 있는 부분이다.

등도 테스토스테론과 관련이 있지만 음경의 길이에 비하면 그 관련 정도는 극히 미미한 편이다. 그러므로 큰 키에 큼직한 발을 가진 사람이 음경도 평균보다 클 것이라고 보기는 어렵다.[3] 성 지향성도 테스토스테론이나 음경의 길이와 관계가 있을 수 있다. 많은 연구를 통해서 게이들의 음경이 이성애자 남성들의 그것보다 길다는 것이 밝혀졌다.

음경의 길이를 판단하는 가장 손쉬운 방법은 손가락 길이를 척도로 삼는 것이다. 손가락 길이가 길수록 음경의 길이도 길다. 아테네의 해군 재향군인 병원에서 에방겔로스 스피로풀로스(Evangelos Spyropoulos)가 이끄는 연구팀이 52명의 젊은 남성들을 대상으로 키, 몸무게, 허리와 엉덩이 둘레, 검지의 길이 등과 관련한 음경의 길이를 조사했다.[4] 측정치들을 이용해 음경체와 음경귀두의 길이 및 음경의 크기를 평가했을 때, 모든 변수들이 검지의 길이와 관계가 있었다. 스피로풀로스 연구팀은 다른 손가락의 길이는 측정하지 않았기에 다른 손가락들과 음경의 길이 사이에 어떤 관계가 있는지는 확실하게 알 수 없다. 추측컨대 다른 손가락의 길이도 측정했더라면, 그중에서도 약지가 가장 강력한 예측 변수라는 사실을 알았을 것이다. 그리고 약지가 검지에 비해 길면 음경 길이 역시 길다는 것도 발견했을 것이다.

손가락과 음경이 서로 관련되어 있는 이유를 찾기 위해서는 척추동물이 육지에 정착하기 시작한 먼 과거까지 거슬러 올라가야 한다. 양서류의 시조들은 석탄기에 두툼한 갑옷 껍데기로 무장한 몸을 이끌고 네발로 느릿느릿 늪지를 떠다녔다. 발가락 수는 종마다 달랐다. 원시 양서류는 허파로 호흡을 했지만 살아 있는 내내 거의 물속에서만 지냈다. 여기서 중요한 것은 현대의 양서류인 개구리, 영원[4], 도롱뇽 등처럼 원시 양서류도 물속에서 생식을 했다는 점이다. 그런 생활방식을 가진 동물들은 음경을 필요로 하지 않는다. 간단하게 난자 위에 정자를 직접 분출하거나, 물속에 '정포'라는 정자 다발을 생산해 놓은 뒤에 암컷이 그것을 받아들이기만 하면 된다. 음경은 육지에서 생식을 하기 위한 진화적 반응으로 생긴 것이다. 암컷의 체내에서 수정을 하는 데 필요했기 때문이다.

그와 비슷한 것이 또 하나 있다. 다섯 손가락이나 다섯 발가락도 육지에서 효율적으로 이동하기 위한 진화적 반응으로 생긴 것이다. 손가락과 발가락은 진화적·발달적 차원에서 생식기와 밀접한 관계가 있다. 남성의 음경과 복잡한 생식 도관뿐 아니라 체내수정에 필요한 질과 자궁 같은 여성의 생식기와도 관계가 있다. 그러므로 손가락과 발가락의 형성을 통제하기 위해 획득된 유전자들이 복잡한 생식기가 발달하는 데에도 필수적이라는 사실은 조금도 놀라울 것이 없다. 음경과 생식 도관, 질과 자궁은 효율적인 네발을 가진 육지동물들에게만 의미가 있다. 요컨대 손가락은 성적 특질과 밀접한 관계가 있는 것이다. 그 관계는 인류의 조상이 인간이 아니었던 수백만 년 전부터 계속되어 왔다. 그렇다면 성과 손가락 사이의 관계를 보여 주는 증거들이 있지 않을까?

---

4 도롱뇽목 영원과의 동물을 이르는 말. 넓적한 머리에 세로로 납작한 긴 꼬리를 갖고 있으며 네발은 짧고 물갈퀴가 있다. 태어나서 약 1~4년간은 땅 위에서 생장하다가 수중 생활로 돌아간다.

약지와 검지 중 어느 쪽이 더 긴가 하는 문제와, 이것이 인간의 해부학적 구조나 행동 습성에 미치는 영향들을 둘러싸고 과학자들뿐 아니라 비과학자들도 논쟁을 거듭하고 있다. 어떤 사람들은 카사노바형의 손가락을 못생긴 손의 상징으로 여기기도 한다. 야수 같은 본능과 행동을 연상시키고, 유인원이나 원숭이의 손가락 형태를 떠올리게 하는 원시적인 손이라는 것이다. 그래서 우리 인간 안에 있는 '야수성(beast)'은 약지에 나타나고, '아름다움(beauty)'은 검지에 나타난다고도 한다. 그런 생각을 바탕으로 여성화된 멩스형 손가락이야말로 보다 순수한 형태이며, 인간이 영장류 조상으로부터 벗어났음을 뜻하는 손이라는 주장까지 나오고 있다.[5]

예술 작품이나 수상술(手相術)에서는 모호하긴 하지만 남성적인 것과 관계가 있는 성적 매력, 창의력, 음악적 재능, 원시적인 속성 등을 모두 긴 약지 탓으로 돌렸다. 그런 특성들을 가장 확실하게 보여 주는 실례가 피아니스트이자 작곡가인 프란츠 리스트(Franz Liszt)이다. 그의 오른손 약지는 매우 길었고, 약지가 그 구조에 큰 영향을 미친 몸의 가운데 부분 또한 아주 길었다.

검지와 약지의 비율에 있어서 극단적인 변형은 쉽게 눈에 띈다. 만일 테스토스테론의 영향으로 길어진 약지가 음악적 재능과 관계가 있다면, 재능이 뛰어난 음악가들의 약지가 긴 것은 당연한 일일 것이다. 음악이 성적인 구애 행동을 위한 것이라고 처음으로 주장한 사람은 다윈이다. 훌륭한 음악은 테스토스테론과 관련된 특성들, 예를 들어 많은 정자의 수나 튼튼한 심장혈관계를 드러내 보이는 것일 수 있다. 그다지 로맨틱한 이야기는 아니지만 자신의 자녀가 그런 특성을 갖기를 원하고, 그래서 그들이 손자 손녀를 많이 낳아 주길 바라는 여성이라면, 음악을 열심히 듣는 것이 도움이 될 것이다.

약지와 생식 능력 사이의 관계는 시간을 초월해 여러 문화권에서 끊임없이 논의되고 있는 주제이다. 네 번째 손가락은 반지를 끼는 손가락으로 알려져 있다. 로마 시대부터 네 번째 손가락은 반지를 끼는 것과 관련이 있었다. 네 번째 손가락에 반지를 끼면 그 사람이 결혼한 상태이거나 생식 가능한 상태임을 나타냈다. 어떤 문화권에서는 약지가 심장과 바로 연결되어 있기 때문에 약지의 길이로 심장이 튼튼한지 아닌지를 판단할 수 있다고 생각하기도 한다. 역사적으로 손가락과 성, 그리고 질병 사이에는 어떤 관계들이 있는 것처럼 보인다.

그렇지만 과학의 발달은 그런 관계의 중요성을 입증할 수 있을 만큼 빠르지 않았다. 약지와 검지의 상대적 길이에 성차가 있다는 것이 알려진 지 1세기가 넘었지만, 사춘기에 생기는 성차들에 비해서 차이가 크게 나지도 않고 눈에도 띄지 않는다는 이유로 경시되어 왔다. 그러나 손가락 안에는 태아가 태내에서 발육되는 기간이 얼마나 중요한지를 보여 주는 증거가 담겨 있다. 이제 과학적으로 손가락 비율을 통해 알 수 있는 것들을 살펴보자.

2장 손가락과 성별, 계층, 민족

곤도 다카시가 이끄는 연구팀은 1997년 과학 잡지 『네이처』에 「손가락과 발가락 그리고 음경에 관해」라는 제목의 논문을 발표했다. 그 논문은 손가락과 발가락, 그리고 생식 계통이 유전적으로 연관되어 있다는 증거를 제시했다. 그 연결 고리는 혹스 유전자로 알려진 일단의 유전자들이었다. 혹스 유전자는 머리, 가슴, 복부, 팔다리, 비뇨기 및 생식 계통을 포함한 신체 기관과 조직의 형성을 통제한다. 팔다리와 비뇨 생식기의 차별화를 통제하는 것 또한 혹스 유전자들이다. 왜 한 종류의 유전자가 손가락과 발가락, 그리고 음경과 같이 전혀 다른 조직의 형성을 통제하는 것일까?

The Finger Book
-Fingers, Sex, Class and Ethnicity

손가락에서 태아기 프로그래밍의 흔적을 찾다

손가락 길이는 뇌와 생식 계통, 심장과 혈관이 어떻게 기능하는지에 대해 중요한 정보를 제공한다. 언뜻 이 말은 재미 삼아 보는 손금이나 점술처럼 믿음도 가지 않고 설득력 없게 들릴지도 모른다. 이전에 나는 네덜란드의 한 과학부 기자에게 성, 생식 능력, 운동 능력, 심장병, 유방암, 정신분열증 등이 모두 손가락과 관련되어 있다는 것을 설명한 적이 있다. 그때의 정황이 아직도 생생하게 기억난다. 내가 설명을 끝낸 뒤 잠깐 동안 침묵이 흘렀다. 그 이유는 언어장벽 때문이기도 했지만 무엇보다 그 기자가 내 말을 믿지 않았기 때문이었다. (전화 통화였기에) 얼굴을 직접 볼 수는 없었지만, 기자가 마침내 마음을 먹고 자신이 이해한 내용을 영어로 번역하기 시작했을 때 전화선 너머로 동요하는 소리들이 들려왔다. 결국 그는 "너무 대단한 건데요!"라는 말로 통화를 마무리했다. 나는 기자의 말이 뜻한 바를 정확히 알았다. 나 역시 어떤 면에서는 그토록 중요한 사실들을 손가락 비율을 통해 알 수 있다는 것에 적잖이 당황하곤 하니까.

앞에서 살펴본 것처럼 검지에 비해 약지가 유별나게 긴 남자들은 매우 남성적이다. 그들은 태내에서 처음 석 달이 지날 무렵 다량의 테스토스테론을 경험한 이들이다. 한편 검지가 긴 여성은 태내에서 다량의 에스트로겐, 즉 여성화 환경을 경험한 사람들이다. 또한 검지와 약지의 상대적 길이는 태아기에 여성화 환경을 경험한 남성들이나, 남성화 환경을 경험한 여성들이 많다는 사실도 말해 준다.[1]

이 책을 읽어 나가면서 알게 되겠지만, 손가락 비율은 그 외에도 많은 정보를 제공한다. 짐작하다시피 일생 동안의 생식 능력 또한 손가락 비율과 관계가 있다. 더욱 놀라운 것은, 성과 관련된 특성들로부터 눈길을 돌리면 검지와 약지를 통해서 출생 전에 뇌 발달이 어떻게 이루어지는지에 대한 단서들까지 얻을 수 있다는 것이다. 이 말은 결국 왼손잡이, 오른손잡이, 언어의 유창성, 시공간 지각 능력, 자폐증 등이 모두 손가락 비율과 관계가 있다는 뜻이다.

또한 손가락 비율은 중거리 달리기가 필수적인 축구 경기나 슬라알럼[1] 같은 스포츠, 음악적 재능과도 관계가 있다. 건강한 심혈관계가 요구되는 운동의 효율적인 훈련에 관해서, 손가락 비율은 심장발작을 일으킬 가능성이 있는지, 있다면 몇 살 정도에 일으킬 수 있는지에 대한 정보까지 제공할 수 있다. 심장발작은 여성보다 남성에게 더 자주 일어난다. 반면에 유방암은 여성의 주요 사망 원인이 된다. 검지와 약지의 상대적 길이가 유방암이 발생할 위험률을 알려 준다는 증거도 있다. 게다가 어느 연령대에서 유방암 종양이 나타날 가능성이 높은지에 대한 정보까지 제공한다. 면역 기능 분야로 이야기를 옮겨 보자. 손가락 비율을 통해 천식이나 에이즈에 걸리기 쉬운 성향인지를 예측할 수 있고, 사상충증[2]을 옮기는 열대성 회충 등의 기생충에 감염될 가능성이 높은지 낮은지도 예측할 수 있다.

두 손가락과 관련된 것들도, 그리고 이를 통해 알 수 있는 것들도 너무나 많다는 사실에 놀랐을 것이다. 그러나 아직 얘기가 끝난 것이 아니다. 검지와 약지의 상대적 길이에는 성 지향성, 계층, 그리고 인종적 태생과 관련된 정보까지 담겨 있을 수 있다. 그게 정말이라면, 손가락 비율은 생물학계와 의학계의 꿈이 될 것이다. 불임, 심장 발작, 유방암, 에이즈, 기생충 감염을 예방하는 도구로 이용할 수 있고, 아주 쉽고 간단하게 측정할 수 있으며, 뇌가 형성되는 과정에 대한 지식까지 손가락 비율을 통해 얻을 수 있을 테니 말이다.

물론 성 지향성, 계층, 인종 같은 민감한 주제에 대해서 논할 때는 세심한 주의가 필요하다. 그렇지만 태아기의 환경이 그런 것들과 관련되어 있다는 걸 알게 됐다고 해서 동성애, 계층, 인종에 대해 편견을 갖게 되지는 않을 것이다. 또 그런 자료들에 의해 극단적인 이데올로기가 반드시 강화되는 것도 아닐 터이다. 먼저 자료를 검토하고 과학적 진실을 올바르게 이해해야 한다. 그런 다음 필요하다면 정치적 논쟁을 할 수도 있을 것이다. 우선, 신비한 태내의 세계가 우리 생활사에 뿌리 깊은 '프로그래밍' 효과를 갖고 있다는 것을 어떻게

---

1 장애물인 깃대 사이를 빠른 회전 동작으로 빠져나가는 스키 경기.
2 사상충과의 기생충이 림프관이나 혈관 속에 기생해 일으키는 병.

해서 파악하게 되었는지 알아보자.

태아의 생리 기능이나 생화학 현상을 직접 측정하는 일은 결코 쉽지 않다. 가령 태아의 혈액 속 호르몬 농도를 측정한다고 해 보자. 그와 관련해서 윤리적·방법론적 문제들이 수없이 제기될 수 있다. 이처럼 태아를 측정하는 데는 어려움이 많아서 그 대신 아이나 성인을 대상으로 연구하는 경우가 종종 있다.

성인들을 괴롭히는 만성 질환 중 하나인 관상심장병을 예로 들어 보자. 다른 사람들에 비해 심장병 발생률이 특히 높은 사람들이 있다는 것은 이미 알려진 사실이다. 그런 사람들은 흡연을 하거나 비만일 가능성이 많고, 혈압과 콜레스테롤 수치가 높을 가능성이 있다. 1960년대와 1970년대에는 심장병의 위험을 없애기 위해서 많은 사람들이 식이요법을 하거나 조깅이나 에어로빅 같은 운동을 했고, 그 결과 심장발작 발생률이 줄어들었다. 그렇지만 1980년대 중반에도 마른 체형에 비흡연자인 사람들이 계속해서 심장발작으로 사망했다. 사실 생활방식 요인은 성인의 관상심장병으로 인한 사망 원인의 25퍼센트밖에 차지하지 않는다. 정말 중요한 요인은 태아기의 생물학적 프로그래밍이라는 증거가 계속해서 나오고 있다.

1980년대 후반, 사우샘프턴 대학교의 데이비드 바커(David Barker)와 그의 동료들은 출생 시 측정한 체중, 신장, 머리 둘레 등이 태내 환경을 알려 주는 민감한 지표가 될 수 있다고 지적했다. 실제로 태아기의 성장률이 저조하면, 특히 남성들의 경우엔 치명적인 관상심장병에 걸릴 가능성이 높은 것으로 알려져 있다. 혈관 문제와 관계가 있는 당뇨병 또한 출생 시 저체중이었던 성인들에게 많이 나타나고, 고혈압도 마찬가지이다. 보다 깊이 들어가 보면, 콜레스테롤 수치가 높거나 혈액의 응고 인자 수치가 높은 것도 태아의 성장률이 저조한 것과 관계가 있음을 보여 주는 연구도 있다. 이는 결국 심장병이 생물학적으로 프로그래밍된 모델이며, 심혈관계의 특성과 기능 중 많은 부분이 출생 전에 이미 결정된다는 것을 뜻한다. 규칙적인 생활과 신중한 먹을거리 선택, 그리고 운동을 통해서 심장 기관을 건강한 상태로 유지할 수는 있다. 그러나 그 효과에는 한계가 있다.

튼튼한 심장과 혈관계가 형성되는 데 영향을 주는 요소는 무엇일까? 영양 상태, 호르몬, 니코틴이나 알코올 등의 화학 물질, 심지어 스트레스까지 태아의 심장에 영향을 준다는 주장이 제기되고 있다. 유전적 요인과 환경적 요인이 심장 형성에 복합적으로 영향을 준다는 것이다. 그러므로 생물학적 프로그래밍이 반드시 유전적 프로그래밍을 의미하지는 않는다는 점을 이해해야 한다. 그러나 무엇보다 중요한 것은 태아가 발육되는 초기 단계의 태내 환경이 성인기에 발생하는 주요 질병들의 요인이 될 수 있다는 점이다.

성차에 관심이 많은 진화생물학자들이 관상심장병의 양상에 관해 가장 놀라워하는 점은 남성 환자가 압도적으로 많다는 사실이다. 폐경 전의 여성에게는 심장발작이 잘 일어나지 않는다. 그래서 관상심장병으로 인한 사망률은 남성이 여성보다 두 배에서 세 배가량 더 높다. 이런 사실은 태내에서 노출된 성호르몬이 성인기의 관상심장병의 발병에 강한 영향을 미칠 수 있음을 뜻한다. 이 책에서 주로 다룰 내용 중 하나는 많은 질병들이 처음 발생하는 시기나 진행 속도에 있어서 성차를 보인다는 것이다. 그런 성차는 테스토스테론이나 에스트로겐 같은 성호르몬이 태아에게 영향을 끼친다는 것을 보여주는 표시이다. 또한 손가락 비율에도 성차가 나타나는데, 손가락 비율의 성차 역시 태아기에서 비롯된다. 이것은 손가락 비율이 태내의 환경과 관련된 중요한 정보들을 많이 담고 있음을 의미한다. 이제 우리가 할 일은 손가락 비율을 측정해서 그런 정보들에 접근하는 것이다.

성은 '남성과 여성 사이에 구별되는 생물학적 특징'으로 정의될 수 있다. 남성과 여성 사이에 다른 생물학적 특징에는 염색체라고 하는 유전자군, 생식 세포, 생식 도관, 외부 생식기 등이 포함된다. 염색체의 경우 남성은 X염색체 한 개와 Y염색체 한 개를 갖고 있는 반면 여성은 두 개의 X염색체를 갖고 있다. 생식 세포의 경우 남성은 정자를, 여성은 난자를 생산한다. 그리고 생식 도관으로 남성은 부정소, 정관, 정낭을 갖고 있고, 여성은 나팔관과 자궁을 가지고 있다. 외부 생식기로는 남성은 음경을, 여성은 음핵, 대음순, 소음순을 갖고 있다.

태아는 발육 단계에서 처음 6주 동안, 남성 혹은 여성으로 발육될 잠재 가능성을 가진다. 6주 무렵부터 고환이나 난소의 발육이 시작된다. 발육 중인 고환 안에서는 여성의 생식 도관이 발달하지 못하도록 억제하는 물질이 생성된다. 즉 고환이 테스토스테론을 생성하기 시작하는 것이다. 테스토스테론은 놀라운 호르몬으로서, 심장발작의 위험 인자로 거론되기도 하는 콜레스테롤로 만들어진다. 테스토스테론은 19개의 탄소 원자로 이루어진 비교적 단순하고 작은 분자이다. 그것은 여성호르몬인 에스트로겐과 같은 18개의 탄소 원자 형태로 쉽게 변환될 수 있다. 남자 태아의 테스토스테론 합성은 임신 8주 정도에 시작해서 13주에 절정에 이른다. 그 후 농도가 서서히 낮아져 출생 후 몇 개월이 지나면 낮은 수치로 떨어진다. 테스토스테론은 남성의 생식 도관, 음경, 음낭이 형성되는 데 필수적이다. 테스토스테론이 결핍되면 남자 태아는 여성의 생식 도관과 외부 생식기를 발육시키게 된다. 태아기 테스토스테론의 주요 원천은 태아의 고환이다. 그러나 테스토스테론은 신장 옆에 있는 부신이라는 한 쌍의 분비선에서도 생성되고 난소에서도 생성된다. 이것은 남자 태아나 여자 태아 모두 테스토스테론에 노출된다는 걸 의미한다. 그러나 일반적으로 남자 태아가 더 높은 수치의 테스토스테론에 노출된다. 테스토스테론이 태아의 태반을 통과해 엄마에게 흘러가거나, 엄마의 혈류로부터 태아에게 흘러들어 가는 현상은 거의 일어나지 않는다. 그런 현상은 테스토스테론을 에스트로겐으로 전환시키는 아로마타제라는 강력한 효소에 의해 저지된다. 그렇지만 아주 드물게 아로마타제가 부족한 태아를 임신한 임산부들은 태아가 생성하는 테스토스테론의 영향을 받기도 한다. 그래서 목소리가 낮아지거나 얼굴에 수염이 자라기도 하는데, 그런 현상은 출산 후에 없어진다. 또한 태반에서 발견되는 아로마타제는 태아의 난소에도 있다. 그러므로 태아는 아로마타제를 통해 테스토스테론을 에스트로겐으로 만들 수도 있다.

다양한 발육 단계에 있는 56명의 태아를 조사한 결과, 놀랍게도 손가락의 상대적 길이가 발육 초기에 확립된다는 사실이 밝혀졌다.

태아는 7주쯤에 어른과 거의 같은 비율의 손가락과 손을 구성하는 뼈를 형성하게 된다. 그런 다음 손가락 끝의 뼈들이 상대적으로 자람으로써 어른과 비슷한 비율을 이어 간다. 그리고 13주 무렵 태아는 성인과 같은 비율의 손가락들을 갖게 된다. 테스토스테론과 에스트로겐이 그렇게 이른 시기에 손가락의 발육에 영향을 미치는 것이다. 어린이들과 청소년들의 손가락 비율에 관한 연구를 살펴보면, 일찍이 두 살 무렵부터 성차를 보이고 그 차이는 사춘기에도 크게 바뀌지 않는다는 걸 알 수 있다. 결국 손가락의 상대적 길이는 출생 전에 정해지고, 검지와 약지의 상대적 길이 또한 아주 어릴 때부터 성차가 나타나는 것이다. 그런 발육 속도는 정자 생산과 테스토스테론 사이의 관계가 출생 전에 결정된다는 것을 뜻한다. 마찬가지로 남녀를 불문하고 여성형 손가락 비율을 갖고 있는 사람은 성인기에도 에스트로겐의 수치가 높은 것으로 나타났다. 손가락 비율이 출생 전에 정해지기 때문에 이런 관계 또한 태아의 발육 단계에서 비롯되는 것이라고 할 수 있다.

약지와 검지가 테스토스테론이나 에스트로겐에 특히 민감하거나 둔감하다는 어떠한 증거가 있는지 궁금할 것이다. 약지의 피부는 테스토스테론에 민감한 반면, 검지는 둔감하다는 것을 보여 주는 간접적인 증거가 있다. 유럽, 나이지리아, 나미비아, 남아프리카공화국, 티베트, 솔로몬 제도 등에서 남녀의 손가락에 나는 털을 주제로 한 연구가 있었다.[2],[3] 각각의 손가락에는 지골(指骨)이라고 하는 세 개의 뼈가 있다. 손등 쪽에서 손가락을 볼 때 손등에 가장 가까운 부분이 손바닥뼈와 관절을 이루는 지골에 해당한다. 털이 난다면 이 부분에 많이 난다. 손가락의 가운데 부분은 가운데 지골에 해당하는데, 이 부분에도 털이 어느 정도 있을 수 있다. 그러나 손가락 끝, 다시 말해 말단 지골에는 털이 거의 나지 않는다. 우리가 관심을 갖고 봐야 할 것은 손가락의 가운데 지골에 나는 털의 패턴이다. 가운데 지골 부분에 털이 나고 자라는 것은 테스토스테론의 영향을 받는다. 특히 생물학적으로 가장 활성이 강한 디하이드로테스토스테론(dihydrotestosterone, DHT)의 영향을 받는다. 만약 모든 사람의 모든 손가락이 디하이드로테스토스테론에 똑같이 반응한다면, 손가락에 난 털의 수도 서로 비슷할 것이다. 그렇지만 가운데 지골 부분에 털이 없는 사람은 아주 흔하다. 가운데 지골 부분에 털이 있다면 약지에 가장 많을 것이다. 중지에도 약간 있을 수 있지만 소지에는 좀처럼 없을 것이고, 검지엔 아마 하나도 없을 것이다. 이것은 두 번째부터 다섯 번째 손가락 중에서 네 번째 손가락인 약지의 피부가 디하이드로테스토스테론에 가장 민감하고, 두 번째 손가락인 검지는 가장 둔감하다고 해석할 수 있다. 테스토스테론에 대한 민감도와 그 파생 효과는 태아 손의 연골질 지골을 둘러싸고 있는 조직에까지 미친다. 테스토스테론이 연골 조직의 성장을 더욱 빠르게 하고, 그로 인해 약지가 검지보다 더 빨리 자라게 된다.

이와 같이 손가락들은 태내에서 성별이 분화되는 중요한 과정을 엿볼 기회를 제공한다. 그러나 손가락 비율과 가운데 지골 부분에 난 털의 분포가 태내 환경을 보여 주는 유일한 특성인 것은 아니다. 손가락 끝과 손바닥에는 융선이 있는데, 그것은 태아의 발육 기간 중 19주 이전에 확립된다. 아치 모양, 소용돌이 모양, 고리 모양 등 여러 가지 복잡한 형태로 된 지문에 대한 연구는 19세기 말에 처음으로 시작되었다. 사람마다 제각기 다른 지문 패턴의 독특한 속성은 태아기의 테스토스테론 수치를 반영하는 것일 수 있다. 지문의 융선을 세어 보면 왼손과 오른손의 개수가 다른 것을 알 수 있다. 보통 오른손에 융선이 더 많다. 왼손과 오른손의 차이는 남성들에게 더크게 나타난다. 융선의 수는 일찍 결정되므로, 왼손과 오른손에서 보이는 융선의 성차는 태아기의 테스토스테론이 어느 쪽에 더 많이 집중되었는지를 나타낸다고 볼 수 있다. 성인기의 테스토스테론과 융선 수 패턴 사이의 관계를 보여 주는 연구가 하나 있다.[4] 그 결과를 통해 태아들 사이의 테스토스테론 차이가 성인이 되어서도 그대로 유지된다는 것을 알 수 있다. 이렇듯 손가락에는, 일찍이 태아기에 노출된 성호르몬의 농도에 따라 정해진 성차의 근거들이 풍부하게 담겨 있다. 그런데 왜 손가락이 성과 관련되어 있는 걸까?

진화가 남긴 지문, 손가락 길이의 성차

그 답은 간단하다. 손가락과 성기의 발달을 좌우하는 유전자들이 같기 때문이다. 곤도 다카시(Takashi Kondo)가 이끄는 연구팀이 1997년 과학 잡지 『네이처(Nature)』에 「손가락과 발가락 그리고 음경에 관해(Of Fingers, Toes and Penises)」라는 제목의 논문을 발표했다.[5] 새로운 자료는 거의 없었지만, 그 논문은 손가락과 발가락, 그리고 생식 계통이 유전적으로 연관되어 있다는 증거를 제시했다. 그 연결 고리는 호메오박스, 또는 혹스 유전자로 알려진 일단의 유전자들이었다. 혹스 유전자는 보존성이 높아 오랫동안 주위에 존재하며, 해로운 효과가 발생할 가능성 때문에 쉽게 변하지도 않는 중요한 유전자들이다. 쥐나 인간처럼 전혀 다른 생물체들에서도 유사한 혹스 유전자들이 발견된다. 혹스 유전자는 머리, 가슴, 복부, 팔다리, 비뇨기 및 생식 계통을 포함한 신체 기관과 조직의 형성을 통제한다. 팔다리와 비뇨 생식기의 차별화를 통제하는 것 또한 혹스 유전자들이다. 왜 한 종류의 유전자가 손가락과 발가락, 그리고 음경과 같이 전혀 다른 조직의 형성을 통제하는 것일까?

이 문제에 대해 논의하려면 우리의 아주아주 먼 옛날의 조상이라고 할 수 있는 총기어류[3]에 대해 잠깐 살펴보고 넘어가야 한다. 오늘날 총기어류를 대표하는 것은 폐어(肺魚)다. 폐어는 말라붙을 가능성이 높은 수역에 살면서 폐가 진화되었고, 호흡을 아가미에만 의존하지 않는다. 폐어는 또한 일시적이든 장기적이든 지표수가 마를 경우, 물을 찾아 진흙 속으로 파고들 수 있는 능력을 획득했다. 그런 환경에서는 폐가 아주 유용하다. 폐어는 또한 전적응[4]으로 알려진 현상을 보이기도 한다. 그것은 수륙 생활에 맞게 진화하기 위한 하나의 기반이 된다.

양서류는 민물에 적응하도록 진화했다. 원시 양서류들은 주기적

---

3 입천장에 있는 한 쌍의 구멍이 콧구멍과 연결된 어류.
4 어떤 형질이 장래의 환경 변화에 적응할 수 있는 계통적 변화를 미리 나타내는 것. 생물이 다른 생활 환경에 처했을 때, 이미 그것에 적합한 성질을 갖고 있어 적응 효과를 나타내는 현상.

으로 가뭄이 들 때마다 강이나 호수에서 살았을 것이다. 주로 작은 물고기를 잡아먹고 사는 육식동물들이었으니까. 고여 있던 물이 급속도로 말라 가는 곳을 떠나 먹이가 좀 더 많은 수심이 깊은 곳으로 가야 하는 상황이 빈번할 때, 걸을 수 있는 능력은 생존에 매우 유리한 특성이 된다. 그러므로 네발을 발달시켜야 하는 강한 선택적 압력이 있었을 것이다. 네발이 생기자 원시 네발동물들이 급속히 증가했고 다양한 육지동물군을 이루어 개울이나 물웅덩이에 갇혀 오도 가도 못하게 된 물고기들을 잡아먹었을 것이다. 육지에 있는 수많은 벌레들도 그들의 먹이가 됐을 테고. 그런 생활 양식은 또 다른 주요한 진화적 특성을 야기했다. 그래서 생겨난 것이 불침투성의 외피에 둘러싸인 알이다. 그 외피는 물을 함유하고 있어서 외부로부터 물이 공급되지 않아도 알이 발육된다. 이것이 바로 양막류의 알로, 새로 나타난 동물군인 파충류의 특성이기도 하다. 그다음 단계는 육지 생활에 적응하기 위해 네발이 진화하는 것이었다. 원시 양서류들은 무겁고 거추장스럽기만 한 네발을 갖고 있었다. 처음에 시험적인 기간을 거친 후 초기 양서류들은 다섯 개의 발가락 혹은 손가락이 달린 원시적인 네발을 획득하게 되었다.[6] 왜 다섯 개가 되었는지는 밝혀지지 않았지만, 그 이후로 기본적인 틀은 계속 유지되고 있다.

초기 양서류의 네발은 이동하기에 효율적인 구조가 아니었고 육지 생활을 위주로 하기에도 적합하지 않았다. 그러나 양서류에서 파생된 파충류는 효율적인 네발과 양막류의 알을 둘 다 갖추고 있었다. 양막류의 알은 주변에 물이 없어도, 정자가 들어가도 손상되지 않는다. 그러나 수정은 알이 외피로 둘러싸이기 전에 내부에서 일어나야 한다. 체내수정은 일련의 복잡한 생식 도관과 암컷의 생식기관 속에 삽입할 수 있는 수컷의 생식기관을 필요로 한다. 그러므로 척추동물이 육지 생활에 성공적으로 적응하기 위해서는 잘 발달된 네발과 음경(혹은 적어도 암컷의 몸속에 정자를 삽입할 수 있는 생식기관), 그리고 복잡한 생식 도관과 양막류의 알을 필수적으로 갖추어야 했다. 혹스 유전자는 손가락과 발가락, 그리고 음경의 발육에 영향을 미친다. 그러므로 그런 것들이 생긴 것은 육지 생활에 적응하기 위해서였다고 볼 수 있다.

우리가 아는 한 발가락에는 손가락 비율과 같은 성차가 없다. 그렇지만 어쨌거나 발가락의 상대적 길이에도 성별에 따른 흥미로운 차이가 있다. 발가락도 손가락과 같은 방식으로 엄지발가락은 첫 번째, 그다음 발가락은 두 번째, 하는 식으로 번호가 매겨진다. 백인들 중 절반 정도는 첫 번째 발가락과 두 번째 발가락의 길이가 비슷하고, 나머지 절반은 두 번째 발가락이 첫 번째 발가락보다 길다. 어느쪽 성별에서 첫 번째 발가락이 두 번째 발가락보다 더 긴 경향이 나타나는지 알아보는 것도 재미있을 것이다. 8주 내지 9주쯤 된 태아는 세 번째 발가락이 가장 길다. 그것은 손가락의 상대적 길이와 비슷한 패턴이다. 그 점에 있어서 인간의 태아는 다 자란 성인 유인원과 비슷하며, 그것은 과거의 진화 형태를 반영하는 개체 발생의 패턴으로 설명될 수 있다.

손가락 비율과 사회경제적 지위

손가락 비율은 성차를 이해하는 데 많은 도움이 된다. 그렇다면 사회경제적 지위에 영향을 주는 요인들을 밝히는 데에도 도움이 될까? 지배계급과 피지배계급 사이의 갈등에 관한 마르크스(Karl Marx)의 이론에 대해서는 대부분 들어봤을 것이다. 마르크스는 지배계급인 부르주아가 피지배계급인 프롤레타리아로 교체될 때 계층 간 갈등이 마침내 해결될 것이라고 주장했다. 또한 혁명적 권력 이동은 농경 사회에서보다는 산업 사회에서 더 쉽게 이루어질 것이라면서 사회주의 사회에서는 계급투쟁이 없을 거라는 주장을 폈다. 그토록 자신 있게 미래를 예측하다니 참으로 대담하고도 고무적인 이론이다. 그러나 오늘날의 여론은 마르크스의 주장에 공감하지 않는 듯하다. 대부분의 사회에 여전히 불평등이 존재하니 말이다.

시장 중심 사회의 소득분배 분포는 비대칭의 '종 모양'을 이루는 것이 보통이다. 다시 말하면 소수의 부유층에 의해 한쪽 끝부분이 길게 늘어나는 정상분포 곡선을 보인다. 그런 사회에서 수입은 노동시장에 의해 결정되고, 개인의 지위는 특별한 직업을 수행하는 능력에 따라 좌우된다. 부모의 환경이 어느 정도 영향을 미치기도 하지만 말이다. 영국의 잉글랜드와 웨일스에서 노동자 계층 출신 중 3분의 1가량이 이른바 중산층 직업을 갖고 있다. 그것은 중산층의 직업 수에 큰 변화가 없고 계층 간 출생률이 대략 비슷하다고 할 경우, 비슷한 수치의 중산층 아이들이 결국 노동자 계층의 직업을 갖게 되리라는 것을 의미한다.[7]

부모의 계급 이외에 개인의 직업 역할을 결정하는 요인에는 어떤 것들이 있을까? 인간은 누구나 어떤 일이든 수행할 수 있는 능력과 열정을 갖고 태어난다. 사실 어떤 직업군에 공석이 생기면, 그 자리는 즉시 사람들의 지원서나 우리 사회의 광범위한 인맥을 통해 채워질 것이다. 1920년대와 1930년대의 행동주의 심리학자들은 보상과 처벌로써 개인을 어떤 역할에든 맞게 훈련할 수 있다고 믿었다. 다시 말해 건강한 아이라면 훈련을 통해서 의사나 변호사, 과학자, 상인도 될 수 있고 범죄자도 될 수 있다고 믿었던 것이다. 이와 비슷한 맥락에서 에밀 뒤르켕(Émile Durkheim) 같은 사회학자들은 사회의 '집합 의지'에 의해 사람들이 어떤 역할에든 적합하게 만들어질 수 있다고 주장했다.

한편 직업 역할은 그 역할에 적합한 능력을 타고난 사람들로 채워진다고 주장한 사람들도 있다. 이 말의 의미는 신중하게 파악해야 한다. 인간이 어떤 직업을 선택하도록 만들어지는 게 아니라, 생물학적으로 타고난 성향이 어떤 직업을 손쉽고 즐겁게 수행할 수 있도록 한다는 것이다. 특히 이런 입장은 직업에 따라 남녀의 비율이 달라지는 이유에 적용될 때 논란의 소지가 커질 수 있다. BBC의 자연 과학 웹사이트에서 최근에 실시한 온라인 조사 결과를 한번 살펴보자. 150여 개국에서 255,000명이 이 온라인 조사에 응했다. 응답자들은 총 25개의 직업군 중에서 자신의 직업을 선택하고, 검지와 약지의 길이를 측정했다. 남녀 비율은 직업에 따라 다양했다. 엔지니어, 기술자, IT 업계에 종사하는 노동 인구는 남성이 전체의 80퍼센트 이상으로 현저하게 많았다. 반면에 가사 도우미나 관리자, 간호 및 작업요법 같은 건강관리에 종사하는 노동 인구는 여성이 전체의 70퍼센트 이상을 차지했다. 여성의 손가락 비율 조사에서, 엔지니어나 기술자 또는 IT 업계에 종사하는 여성들은 주로 남성형 손가락 비율을 갖고 있는 것으로 나타났다. 그리고 가정부, 관리자, 건강관리 직업에 종사하는 여성들은 대부분 여성형 손가락 비율을 갖고 있었다. 확실하게 단언할 수는 없지만 이런 결과는 태내 환경이 직업 역할과 관계된 하나의 요인임을 말해 준다고 볼 수 있다.

직업 선택에 영향을 미치는 것으로 보이는 한 가지 또 다른 요소가 있다. 논란의 뜨거운 중심에 있는 '지능'이 바로 그것이다. 리처드 헌스타인(Richard Herrnstein)과 찰스 머리(Charles Murray)는, 거센 논란을 불러일으킨 『종형 곡선(The Bell Curve)』이라는 책에서 20세기 미국 사회는 '인지 능력'에 따라 사회 계층화가 확산되었다고 주장했다.[8] 그들이 측정한 인지 능력이란 '지능지수(Intelligence Quotient, IQ)'를 말한다. 지능지수는 일정한 표본이나 모집단에 비례하는 개인의 지적 수행 능력을 나타내기 위해 20세기 초에 개발된 개념이다. 지능지수의 의미가 있느냐 없느냐에 대해서는 여전히 논쟁 중이지만, 직업의 예측 변수라는 점은 확실시되고 있다. 법률가, 대학교수, 회계사, 엔지니어, 건축사, 과학자들의 평균 지능지수는 120 정도이다. 이것은 모집단의 평균인 100보다 훨씬 높은 것이다. 이 사실이 말해 주는 것은 그런 전문직에 종사하려면 반드시 높은 지능지수가 필요하다는 것이 아니라, 높은 지능지수에 대한 집중적인 선택 때문에 그런 직업군 안에 인지적으로 뛰어난 개인의 비율이 점점 높아진다는 점이다. 이것이 유전적 특징과 어떤 관련이 있을까? 헌스타인과 머리는 지능지수가 적어도 부분적으로 유전된다는 증거가 있다고 주장한다. 성공을 하려면 높은 지능지수가 필요하고, 수입이 성공 여부에 따라 달라진다면, 사회적 지위가 유전적으로 생긴 차이들과 어느 정도 관계가 있다는 것이다.

남녀 사이에 확연히 차이가 나는 능력들은 아이큐 테스트에서 제외되기 때문에, 지능지수와 성별 사이에 강한 연관성은 없다. 그러므로 손가락 비율이 단순히 지능지수와 상호 관계가 있다고 보기는 어렵다. 그렇지만 태아기의 테스토스테론 수치는 지능지수와 무관하게 성인기의 직업 역할에 영향을 줄 수 있다. 사회경제적으로 지위가 낮은 직업 역할들은 고된 육체노동과 관련이 있다. 그런데 테스토스테론이 남성들의 심혈관계의 기능을 향상시켜 준다는 증거가 계속해서 나타나고 있다. 남성들의 치명적인 심장병이 높은 수치의 테스토스테론이나 직장에서 받는 스트레스와 관련이 있다고 알려진 상황에서 그런 증거가 쌓인다는 것은 놀라운 일이다. 한편 에스트로겐은 심장병을 막아 주는 역할을 하는 것으로 보인다. 폐경 전 여성이 심장병에 걸리는 일은 좀처럼 없기 때문이다.

테스토스테론과 에스트로겐 모두 혈관계의 건강에 중요하다는 것은 부정하기 어렵다. 테스토스테론은 남성의 혈관 기능이 저하되는 것을 막아 주고, 에스트로겐 역시 비슷한 기능으로 여성을 보호한다. 심장발작을 일으킨 적이 있는 남자들은 비슷한 나이, 비슷한 체중의 건강한 남자들보다 테스토스테론의 수치가 더 낮은 경향이 있다. 테스토스테론은 혈관을 확장시켜 혈액의 흐름이 저항을 덜 받게 하며, 동맥이 두꺼워지는 것을 막는다. 그에 반해 높은 수치의 에스트로겐은 젊은 남성들의 심장발작 증가율과 관련이 있다.

테스토스테론이 남성의 심혈관계 기능을 향상시킨다고 가정하면, 높은 수치의 테스토스테론이 반복적인 육체노동을 중시하는 남성의 사회경제적 역할과 관계가 있는 것도 당연한 일일 것이다.

그 관계를 밝히는 일이 어렵다는 건 누구나 짐작하겠지만, 성인기의 테스토스테론과 낮은 사회경제적 수준 사이의 관계를 밝히기 위한 연구를 한 적이 있었다.[9] 영국 서북부에 거주하는 사람들 중에서 심장발작이나 협심증 중에서 한 가지라도 경험한 적이 있는 272명의 남성을 대상으로 한 연구였다. 연구 표본의 나이 분포는 29세에서 90세까지였고, 평균 나이는 63세였다. 표본의 사회경제적 수준은 '타운센드 박탈 점수(Townsend Deprivation Scores)'로 평가됐다. 그것은 어떤 사람이 자신이 거주하는 지역 사회의 통상적인 생활양식을 누리고 있지 못하면 그 상태를 빈곤한 것으로 간주하는 평가 방법이다. 평가되는 통상적인 생활양식에는 실직 빈도, 자동차 소유 여부, 임대 시설 거주 여부, 가구 구성원의 과밀 정도 등 네 가지가 포함되었다. 점수 범위는 5점에서 10점까지였는데, 5점은 가장 풍족한 상태이고 10점은 가장 빈곤한 상태였다. 이 표본에 있어서 높은 박탈 점수와 관계가 있는 두 가지 변수는 낮은 손가락 비율과 젊은 나이였다. 나이의 효과를 제거한 채 손가락 비율과 박탈 점수 사이의 관계를 조사할 수도 있고, 손가락 비율의 효과를 제거하고 나이와 박탈 점수 사이의 관계를 조사할 수도 있었다. 손가락 비율과 나이는 둘 다 독립적으로 사회경제적 상태를 예언했다. 다시 말해서 손가락 비율과 박탈 점수의 관계는, 나이의 영향이 제거될 때 더 뚜렷하게 나타난 것이다.

어째서 낮은 손가락 비율이 높은 박탈 점수와 관계가 있을까? 이런 특성이 출생 전에 경험한 다량의 테스토스테론과 관계가 있고, 그 결과로써 튼튼한 심혈관계를 갖게 된다고 가정해 보자. 그런 사람들은 성인기에도 다량의 테스토스테론을 생성할 수 있고, 힘든 육체노동을 손쉽게, 심지어 즐기기까지 하면서 할 수 있을 것이다. 그러므로 자연히 육체적인 힘을 요구하는 일에 끌릴 것이다. 이런 논리에 대해선 주의를 기울여야 한다. 손가락 비율과 박탈 점수의 관계에 대한 근거가 불충분할뿐더러 연구된 적이 현재까지 단 한 번밖에 없었기 때문이다. 설령 그 관계가 보편적인 것으로 인정된다고 해도, 태아기의 테스토스테론이 사회경제적 수준을 결정짓는 유일한 요인이 아니라는 것만은 분명하다.

태아기의 테스토스테론과 사회 계층에 대해 좀 더 깊이 있게 검토해 보자. 손가락 비율이 유전임을 암시하는 증거는 이미 나와 있다. 그것은 출생 전 테스토스테론의 수치는 물론 힘든 육체노동을 지속적으로 할 수 있는 능력 또한 유전될 수 있음을 뜻한다. 그러나 높은 수치의 테스토스테론이나 높은 지능지수와 관련된 능력은 시대마다, 사회마다 다르게 평가되었을 가능성에 주목해야 한다. 헌스타인과 머리는 미국 노동 시장에서 지능지수와 고급 인력 사이의 관계가 뚜렷하게 나타난 것은 20세기 후반부터라고 강조한다. 인지 능력에 대한 계층화가 심하지 않은 사회에서, 육체적으로 힘든 일을 꾸준히 오래 할 수 있는 사람들은 높은 지위와 수입을 즐길 수 있었을 것이다. 이것은 테스토스테론을 생성하는 유전자와 지능지수에 관련된 유전자에 영향을 주는 선택적 힘이, 시대와 사회에 따라 그 강도를 달리할 수 있다는 것을 뜻하기도 한다. 그렇다면 지리적·민족적으로 다른 인구 집단의 손가락 비율을 살펴볼 필요가 있다.

손가락 비율의 민족 간 차이

성인기의 테스토스테론 수치는 인구 집단마다 다르다. 아프리카 칼라하리 사막의 쿵산족 남자들과, 나미비아와 앙골라 사이의 국경 지대에 살고 있는 카방고족 남자들을 비교한 결과 테스토스테론 수치에 큰 차이가 있었다.[10] 쿵산족은 키가 작고, 코밑과 턱 측면에 수염이 별로 없다. 그리고 몸에도 털이 거의 없다. 카방고족은 쿵산족에 비해 키가 크고 건장하다. 그리고 거의 대부분의 남자들에게 턱수염이 있고, 가슴, 복부, 음부, 팔다리에 발모 현상이 발달해 있다. 당연히 이것은 카방고족이 쿵산족보다 더 높은 수치의 테스토스테론과 디하이드로테스토스테론을 갖고 있고, 테스토스테론의 활성도 또한 더 높다는 것을 의미한다.

흑인과 백인의 테스토스테론 수치도 다르다고 밝혀졌다. 캘리포니아의 흑인 학생들과 백인 학생들을 조사한 결과에 따르면, 흑인의 테스토스테론 수치가 백인보다 15퍼센트 정도 높은 것으로 나타났다.[11] 그 연구는 사회경제적 지위를 알아보기 위한 것으로 생활방식 요인을 고려한 것이었다. 그러나 우리는 성인기의 테스토스테론보다 태아기의 테스토스테론 수치가 훨씬 더 중요하다는 견해에 보다 관심을 갖는다. 사실 태아기의 테스토스테론과 성인기의 테스토스테론 사이에는 상관관계가 없을 수도 있다. 태아의 테스토스테론 수치를 측정하기란 결코 쉬운 일이 아니다. 그래서 태아기 성호르몬의 민족 간 차이에 대해서는 알려진 바가 거의 없다.

현재 이용할 수 있는 자료는 영국, 스페인, 독일, 폴란드, 핀란드, 헝가리(헝가리 민족과 헝가리 집시 둘 다 포함), 인도 남부, 남아프리카 공화국의 줄루족, 그리고 자메이카에서 추출한 표본 집단의 손가락 비율을 측정한 것이다. 이 표본 조사 결과를 보면 여느 그룹을 막론하고 남녀의 손가락 비율에 일정한 차이가 있음을 알 수 있다. 남자들은 여자들에 비해 약지가 검지보다 긴 경향이 있는데, 그러한 차이의 평균은 약 0.02이다. 예를 들어 영국 서북부 백인들 중 남성의 평균 손가락 비율은 0.98이고, 여성의 평균 비율은 1.00이다. 자메이카의 흑인들로 구성된 표본은 남성의 평균 손가락 비율이 0.93이고, 여성의 평균 비율은 0.95이다. 이런 수치들은 성별 간에, 그리고 민족 간에 손가락 비율의 차이가 있다는 것을 실제로 입증하는 것이다. 그러나 더 뚜렷한 차이는 민족 간의 비교에서 더 자주 볼 수 있다. [그림 2.1]이 그런 차이를 보여 준다. 폴란드의 중부와 포즈난 교외, 영국 서북부와 스페인의 그라나다에서 추출한 표본들은 높은 손가락 비율을 갖고 있는 것이 발견됐다. 그리고 헝가리의 남부 도시인 페치에서 추출한 헝가리 민족과 집시들의 표본, 독일의 빌레펠트, 함부르크, 하노버, 카셀, 킬 등의 도시에서 추출한 표본, 인도에서 추출한 수갈리족과 야나디족 표본은 중간 정도의 손가락 비율을 갖고 있는 것으로 나타났다.

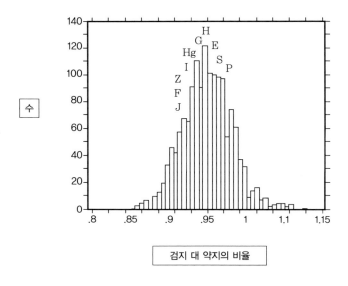

[그림 2.1]

10개국의 남녀 1,516명을 대상으로 한 이 표본 조사에서 검지 대 약지의 평균 비율은
0.97이고, 분포 범위는 0.87에서 1.12이다. 손가락 비율 분포는 생물학적 변인의 전형
인 종 모양의 정상분포 곡선의 형태를 보인다. 국가별 평균 비율은 국명 첫 글자를 딴
부호로 표시되어 있다. 폴란드(P), 스페인(S), 영국(E) 표본들이 가장 높은 평균 비율
을 갖고 있고, 비율 분포대는 0.98에서 1.00이다. 이 그룹은 남녀 모두 약지에 비해 검
지가 긴 경향을 보여 준다. 이들은 전체 표본 집단 중 다른 국가의 표본들보다 출생 전
에 더 낮은 수치의 테스토스테론에 노출됐을 것이다. 평균 비율이 0.96에서 0.97인 중
간 그룹은 헝가리(H=헝가리 민족, Hg=헝가리 집시), 독일(G), 인도(I)의 표본들이
다. 이들은 폴란드, 스페인, 영국 그룹보다는 출생 전 테스토스테론의 수치가 높고, 그
다음 그룹들보다는 낮았을 것이다. 평균 비율이 0.93에서 0.95으로 약지의 길이가 가장
긴 그룹은 줄루족, 핀란드인, 자메이카인 참가자의 표본들이다. 이들은 출생 전에 높은
수치의 테스토스테론을 경험했을 것이다.

남아프리카공화국의 흑인 거주 지역인 줄루, 핀란드의 헬싱키, 자메이카의 남부에서 추출한 표본들에선 낮은 손가락 비율이 관찰되었다. 여기서는 단순히 백인과 흑인 사이의 차이는 나타나지 않는다. 그러나 자료를 보면, 흑인 그룹이 백인 그룹보다 일률적으로 좀 더 낮은 남성형 손가락 비율을 보이는 경향이 있었다.

최근에 입수한 중국의 베이징과 일본의 도쿄에서 추출한 표본 조사 자료는, 놀랍게도 동아시아인들이 남성형 손가락 비율을 갖고 있음을 보여 줬다. 중국과 일본의 남자들은 신장, 체모, 턱의 크기 등과 같은 사춘기 특성에서 테스토스테론의 영향을 받은 특징들을 뚜렷하게 보이지 않는다. 그럼에도 불구하고 조사에서 나타난 결과는 동아시아인 그룹이 출생 전에 높은 수치의 테스토스테론을 경험했다는 것을 암시한다.

이런 자료들은 인구 집단들마다 출생 전에 테스토스테론과 에스트로겐에 노출되는 정도가 크게 다르며, 태아기의 성호르몬에 대한 민감도 또한 크게 다르다는 것을 보여 준다. 그러나 여기서 성급한 결론을 내려서는 안 된다. 민족 간에 출생 전 성호르몬의 수치가 다르다는 것을 보여 주는 직접적인 자료가 없기 때문이다. 손가락 비율에 관한 자료에서 볼 수 있는 것처럼, 영국 남성들이 자메이카 여성들보다 출생 전에 더 낮은 수치의 테스토스테론에 노출된 것이 사실일까? 민족 그룹들 사이에 나타나는 손가락 비율의 편차를 완전히 이해하려면 태아기의 성호르몬 수치에 관한 좀 더 많은 자료가 필요하다.

민족 간의 손가락 비율 차이는 아이들에게서도 뚜렷이 나타난다.

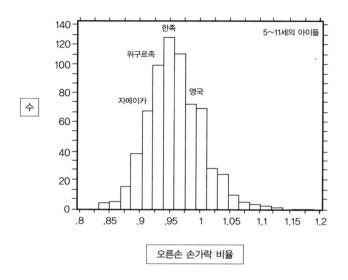

[그림 2.2]

5세에서 11세까지 남녀 아이들로 이루어진 네 표본 집단의 손가락 비율. 조사 대상자들은 영국 서북부의 백인, 중국 서북 지방의 한족과 위구르족, 자메이카 섬 남쪽의 아이들이다. 각 민족의 평균 손가락 비율이 도표로 표시되어 있는데, 영국 표본의 평균 비율은 0.99, 한족은 0.95, 위구르족은 0.93, 자메이카 표본은 0.93이다.

〔그림 2.2〕는 영국, 중국의 한족과 위구르족, 자메이카에서 추출한 5세에서 11세까지의 아이들 1,010명의 손가락 비율을 도표로 나타낸 것이다. 영국 표본은 서북부의 백인 아이들이고, 자메이카 표본은 자메이카 시골의 흑인 아이들이다. 이 두 표본이 분포도의 양극단을 차지한다. 영국 아이들의 평균 손가락 비율은 0.99이고, 자메이카 아이들의 평균 손가락 비율은 0.93이다. 손가락 비율의 최고치와 최

저치 사이에는 중국 서북 지방에서 추출한 중국 아이들의 표본이 있다. 한족은 아시아의 한 민족으로 중국에서 그 수가 가장 많은 지배 그룹이다. 그러나 서북 지방의 한족은 영향력이 있지만 수적인 면에서는 소수 그룹에 속한다.

중국 서북 지방의 민족 중 그 수가 가장 많은 위구르족은 코카서스인의 특징인 검은 피부와 머리카락, 까만 눈을 갖고 있으며 아라비아 문자와 터키어와 흡사한 언어를 사용한다. 한족과 위구르족의 관계가 늘 우호적이지는 않다. 평균 손가락 비율은 한족이 0.95로 에스트로겐에 더 많이 노출된 높은 비율을 보여 주고, 위구르족의 손가락 비율은 0.94로 테스토스테론에 더 많이 노출된 낮은 비율을 보여 준다. 네 표본 집단의 평균 비율 분포는 0.93에서 0.99까지 이르는데, 성별 간에 작지만 의미 있는 차이가 있다. 이런 자료는 아이들의 손가락 비율에도 성별 간에, 또 민족 간에 차이가 있다는 것을 보여 주는 한편, 그런 차이들이 사춘기 이전에 생긴다는 것을 의미한다. 그렇다면 민족 간의 이동으로 같은 지역에 두 민족 이상이 거주할 경우, 그들의 손가락 비율은 어떨까?

서로 다른 민족들이 같은 지역에서 함께 살고 있지만 생식적 격리가 유지되는 곳에서는 출산율과 사회경제적 수준에서 종종 차이가 나타난다. 일례로 헝가리 민족과 집시들로 구성된 헝가리 표본은, 집시들의 생활 형편이 헝가리 민족보다 더 궁핍하다는 것을 보여 준다. 어떤 집시들은 시내의 빈민가나 집시촌에서 살았는데, 그들 중 일부는 지독하게 형편이 어려웠다. 이 표본에서 집시 성인 한 사람당 평균 자녀 수는 3.48명이었고, 헝가리 민족의 평균 자녀 수는

2.41명이었다. 또한 집시들의 손가락 비율이 헝가리 민족보다 더 낮았다. 집시의 평균 손가락 비율은 0.96이고, 헝가리 민족의 평균 비율은 0.97이었다. 자녀가 많은 대가족의 경우, 부모가 자녀 한 명당 투자하는 액수가 적어져 집시와 집시가 아닌 아이들 사이에 이미 존재하고 있던 빈부의 차이가 더욱더 심화된다. 헝가리의 집시나 중국의 위구르족이, 한곳에 살면서 경제적으로 우위에 있는 다른 민족들보다 테스토스테론에 더 많이 노출된 손가락 비율을 갖고 있는 건 그저 우연의 일치가 아닐 것이다. 그런 사실은 경제적 우위에 있는 그룹이 같은 지역에 거주하는 빈곤층 그룹에 비해 전반적으로 좀 더 여성화된 손가락 비율을 보인다는 것을 뜻한다. 이를테면 영국의 백인은 아시아인보다 더 높은 손가락 비율을 갖고 있을 것이며, 아시아인은 흑인보다 더 높은 손가락 비율을 갖고 있을 것이다. 또 미국에서는 백인이 히스패닉[5]보다 더 높은 손가락 비율을 갖고 있고, 히스패닉은 아프리카계 미국인보다 더 높은 손가락 비율을 갖고 있을 것이다.

지금까지 살펴본 바와 같이 손가락 비율은 성별에 따라, 사회경제적 수준에 따라, 그리고 민족에 따라 차이가 있다. 이제 성별, 계층, 민족 간의 차이들을 상세히 알아보자.

---

5 전 세계에 퍼져 있는 스페인어권 이민자. 오늘날에는 주로 미국에 거주하는 중남미 출신의 사람들을 지칭한다.

3장 손가락과 성호르몬

두 차례의 연구에 의해 카사노바형의 낮은 손가락 비율을 가진 남성들이 손가락 비율이 높은 남성들보다 자녀를 더 많이 두는 경향이 있다는 것이 밝혀졌다. 가족의 크기와 손가락 비율 사이의 연관성은, 가족의 단위가 작고 피임 기구가 널리 사용되는 영국 서북부에서도 관찰되었고, 가족 단위가 크고 효과적인 피임법이 없는 남아프리카공화국의 흑인 거주 지역 줄루에서도 마찬가지로 관찰되었다.

*The Finger Book
-Fingers and Sex Hormones*

성호르몬, 손가락 길이의 지배자

이 책을 통해 끌어내게 될 결론은 손가락 비율이 태내에서 노출된 테스토스테론과 에스트로겐의 농도를 반영한다는 사실에 토대를 두고 있다. 그런 주장을 하려면 증거가 뒷받침되어야 할 것이다. 그래서 이 장에서는 태아기의 성호르몬이 '카사노바형'이나 '여성형'의 손가락 비율로 발달하는 것과 관계가 있음을 보여 주는 증거들에 대해 논하고자 한다.

남성과 여성의 손가락 비율 차이는 고환에서 생성되는 테스토스테론에 기인한다는 것이 나의 지론이다. 남자 태아는 약 8주 무렵부터 고환에서 테스토스테론을 만들기 시작하고, 그 생산량은 13주쯤에 절정에 이른다. 또한 부신에서도 소량의 테스토스테론이 생성되며, 여성의 경우에는 난소에서도 생성된다. 그렇지만 고환이 있음으로 해서 남성들은 더 많은 테스토스테론을 만들어 낼 수 있고, 그 결과 전반적으로 여성들보다 더 낮은 손가락 비율을 갖게 된다.

손가락 비율의 성별 간, 민족 간 차이도 중요하지만, 같은 성별과 민족 내의 개인들 사이에도 차이가 있다는 사실 역시 중요하다. 부부의 손가락 비율이 비슷할 확률은 높지 않다. 그러나 손가락 비율은 유전적인 영향을 받기 때문에 남성형 손가락 비율을 가진 부모에게서 태어난 아이들은 부모와 마찬가지로 손가락 비율이 낮은 경향이 있고, 여성형 손가락 비율을 가진 부모에게서 태어난 아이들은 손가락 비율이 높은 경향이 있다. 그런 유전이 남녀 아이들 모두에게 적용되므로 성별 사이에 겹치는 부분도 상당히 있다.

낮은 손가락 비율은 태내에서 노출된 높은 수치의 테스토스테론과 안드로겐[1] 수용체 유전자 구조 속의 테스토스테론에 대한 민감도에 의해 형성된다고 볼 수 있다. 마찬가지로 여성형의 높은 손가락 비율은, 태아기에 노출된 높은 수치의 에스트로겐과 에스트로겐 수용체 유전자 구조 속의 에스트로겐에 대한 민감도가 높은 것과 관계가 있다.

손가락 비율이 임신 3개월 무렵 태아가 자궁 속에서 경험한 테스토스테론과 에스트로겐의 상대적 양에 좌우되어 형성된다는 견해를 발표했던 1998년 이후로, 그런 내 생각이 옳다는 증거가 계속해서 나오고 있다. 그렇지만 아직은 확인해야 할 것들이 많이 남아 있다. 손가락 비율이 형성되는 데는 성호르몬 외에 다른 중요한 요인들이 있다. 그중 하나가 스트레스에 반응해서 분비되는 호르몬인 코르티

---

1 남성호르몬.

솔이다. 코르티솔은 두려움이나 불안정한 감정 상태와 관련되어 있다. 테스토스테론 수치가 낮을 때 코르티솔 수치는 높아지는 경향이 있다. 그러므로 자신감이 높고 경쟁심이 강한 성격과 관련 있는 테스토스테론의 수치가 높을 때, 코르티솔과 관련된 두려움 따위의 감정은 별로 느끼지 않을 것이다.

임신 기간 동안 산모가 받는 스트레스로 인해 생성되는 코르티솔이 손가락 비율의 형성에 영향을 미치는지 아닌지는 아직 확실하게 밝혀지지 않았기에, 현재로서는 테스토스테론과 에스트로겐이 손가락 비율의 형성에 가장 큰 역할을 한다고 볼 수 있다. 이렇게 말한 것은 손가락 비율 패턴이 여성의 체형과 관련이 있고, 태내에 있는 동안 다량의 테스토스테론을 만들어 내는 아이들과도 관련이 있으며, 테스토스테론에 대한 민감도에 있어서 유전자 변이와도 관계가 있기 때문이다.

어머니의 허리둘레와 자녀의 손가락 비율의 상관관계

여성의 체형은 에스트로겐과 테스토스테론의 상대적 양에 영향을 받는다. 여성은 남성에 비해 허리가 잘록하고 엉덩이는 큰 모래시계 체형을 갖고 있다. 그런 체형은 허리둘레와 엉덩이 둘레 사이의 비율(waist-to-hip ratio, WHR), 다시 말해서 허리둘레를 엉덩이 둘레로 나눈 수치로써 표현할 수 있다. 여성의 허리둘레와 엉덩이 둘레의 비율은 임신과 출산이 가능한 상태인지 아닌지에 따라 변한다. 아이들의 경우, 평균 허리 비율이 남녀 모두 0.8에서 0.9 사이이다. 바꿔 말하면 허리둘레가 엉덩이 둘레의 약 80퍼센트 내지 90퍼센트라는 말이다. 여성들은 사춘기에 다량의 에스트로겐을 생성하는데, 그것이 엉덩이와 허벅다리의 지방 축적을 촉진하지만 복부에는 지방의 축적을 촉진하지 않는다. 그래서 모래시계 체형 혹은 여성형 체형이 되는 것이다. 출산 능력이 있는 모래시계 체형의 젊은 여성들은 약 0.7 정도의 허리 비율을 갖고 있다. 테스토스테론 또한 지방의 축적에 영향을 주지만, 그 영향은 주로 허리둘레에 미친다. 그 결과 젊은 남성들은 평균 비율이 약 0.9에서 1.0에 이르는 통모양의 체형을 갖게 된다. 평균 허리 비율은 나이가 들면서 변하기도 하고, 때로는 호르몬 수치에 따라서 단기간에 변하기도 한다. 여성들은 폐경 이후에 에스트로겐 수치가 떨어지면서 허리 비율이 늘어나는데, 호르몬 대체 요법으로 허리 비율이 늘어나는 것을 지연시킬 수 있다. 허리 비율은 심지어 여성의 생리 주기에 따라 변할 수도 있다. 생리 주기 중 배란기에는 허리 비율이 낮아지는 것으로 밝혀졌다.

출산 능력이 있는 젊은 여성의 평균 허리 비율이 대략 0.7이라는 말로는 그 모습이 정확하게 떠오르지 않을 것이다. 남자들처럼 허리 비율이 높아 통 모양의 체형을 가진 여성들도 많이 있다. 예상하겠지만 통 모양 체형의 허리 비율은 에스트로겐 수치가 낮고 테스토스테론 수치는 높은 것과 관계가 있다. 성인의 성호르몬 수치와 체형 형성에 관련된 모든 변수는 생식 능력, 건강, 매력적인 외모 등과 밀접한 관계가 있다. 텍사스 대학교의 디벤드라 싱(Devendra Singh)은 허리 비율이 배우자 선택의 기호에 영향을 미친다는 것을 밝혔다.[1]

남성들이 0.7 정도의 낮은 허리 비율을 가진 여성을 좋아하는 경향이 있는 것은, 그런 여성들이 대체로 젊고 출산 능력이 있으며 건강하기 때문이라고 말이다.

허리 비율과 손가락 비율은 둘 다 테스토스테론과 에스트로겐의 상대적 양에 따라 성차를 보이며, 또한 둘 다 유전적인 영향을 받는다. 그렇지만 허리 비율과 손가락 비율 사이에는 근본적인 차이가 있다. 손가락 비율은 태아기의 성호르몬에 의해 결정되는 반면, 허리 비율은 성인기의 성호르몬에 의해 결정된다는 점이 그것이다. 그러므로 손가락 비율과 허리 비율 사이에 직접적인 관계가 있다 할지라도 그 정도는 약할 것이다. 즉 허리 비율이 높은 여성들은 손가락 비율이 낮은 경향이 있긴 하지만 연관성이 그리 강하지는 않다는 말이다. 그럼에도 불구하고 자메이카에서 추출한 95명의 어머니들과 그들의 자녀를 대상으로 한 최근의 연구는 어머니들의 허리 비율과 자녀들의 손가락 비율 사이에 어떤 관계가 있음을 보여 줬다. 매력적인 모래시계 체형을 가진 여성들은 에스트로겐 수치는 높고 테스토스테론 수치는 낮은 유전자들을 자녀에게 물려준다. 그 결과 그 자녀들은 높은 손가락 비율을 갖게 된다. 반대로 통 모양 체형의 여성들은 자녀들에게 에스트로겐 수치는 낮고 테스토스테론 수치는 높은 유전자를 물려주고, 그 결과 자녀들은 낮은 손가락 비율을 갖게 된다.

선천성 부신과형성, 남성화한 여자아이들의 손가락 비율

　허리 비율의 편차가 정상 범위에 포함된다고 해도, 필요 이상으로 많은 테스토스테론은 질병을 초래할 수 있다. 선천성 부신과형성[2](congenital adrenal hyperplasia, CAH)이 있는 아이들은 태어날 때부터 부신이 확대되어 있다. 부신은 호두 크기의 작은 기관으로 신장과 밀접한 관계가 있는 분비선인데, 이 분비선의 기능 중 중요한 한 가지가 코르티솔을 만들어 내는 것이다. 선천성 부신과형성에 걸린 아이들은 충분한 양의 코르티솔을 만들어 내지 못한다. 그래서 그런 아이들의 부신은 부족한 코르티솔의 양을 보충하기 위해 노력을 하면서 확대된다. 그런데 부신이 확대되면, 구조나 효과 면에서 테스토스테론과 같은 남성호르몬들은 물론이고 부신에 의해 합성되는 물질들이 과잉으로 생산되는 현상이 발생한다.

　선천성 부신과형성은 코르티솔 같은 약품으로 쉽게 치료할 수 있지만, 태내에서 과잉 생산된 남성호르몬의 영향력은 아이들에게 그대로 남는다. 그래서 이 질환이 있는 여자아이들은 음경처럼 커진 클리토리스와 남성화된 외음부를 갖게 되는 경향이 있다. 또한 남자아이들처럼 거친 신체 놀이를 좋아하거나, 사춘기 이후에는 양성애나 동성애적인 성향을 보이기도 한다. 여자아이들이 그런 남성적 특성들을 보이는 것은 태아기에 테스토스테론과 같은 유형의 호르몬들이 뇌의 발달에 영향을 미칠 수 있음을 뜻한다.

　선천성 부신과형성이 있는 여자아이들이 남성화한 성기에 더해서 손가락 비율까지 남성화하는 경향이 있을까? 터키의 카라데니즈 기술 대학교의 아이세누어 오크텐(Aysenur Okten)과 그의 동료들은 선천성 부신과형성이 있는 여자아이들 17명과 남자아이들 9명의 손가락 비율을 조사했다.[2] 그리고 건강한 아이들 104명의 손가락 비율과 선천성 부신과형성이 있는 아이들의 손가락 비율을 비교했다. 건강한 아이들 104명 중 반은 남자였고, 반은 여자였다. 또 선천성 부신과형성이 있는 아이들과 건강한 아이들의 나이는 비슷했다. 조사 결과, 남녀 아이들 모두 질환이 있는 아이들이 건강한 아이들보다 낮은 손가락 비율을 가진 것으로 나타났다. 게다가 선천성 부신과형성이 있는 여자아이들의 손가락 비율은 건강한 남자아이들의 손가락 비율과 구별되지 않을 정도로 낮았다. 오크텐과 그의 동료들은 엑스레이 촬영으로 손가락뼈의 길이도 측정했다. 그러나 뼈의 길이는 성별 간에도, 질환이 있는 아이들이나 건강한 아이들 간에도, 아무런 차이가 없었다. 이 사실은 손가락뼈의 비율에는 성차가 거의 없음을 의미한다.

선천성 부신과형성이 있는 아이들의 손가락 비율이 낮다는 점은 미시간 주립대학교의 마크 브리드러브(Marc Breedlove)와 캘리포니아 대학교, 그리고 런던 시립대학교에 있는 그의 동료들의 연구에 의해서도 밝혀졌다. 그 연구는 건강한 여자아이들 44명과 선천성 부신과형성이 있는 여자아이들 13명의 손가락 비율을 조사해 비교하고, 또 건강한 남자아이들 28명과 선천성 부신과형성이 있는 남자아

---

2 부신 호르몬이 과잉으로 생성되는 유전 질환.

이들 16명의 손가락 비율을 조사 비교한 것이었다. 그 결과 남녀를 불문하고 질환이 있는 아이들의 손가락 비율이 건강한 아이들의 손가락 비율보다 낮은 것으로 나타났다. 특히 이 연구는 선천성 부신과형성이 있는 남자아이들과 그 아이들의 건강한 형제들을 조사 비교했다는 점에서 유용하다. 그 결과는 선천성 부신과형성이 있는 아이들이 건강한 형제들보다 오른손과 왼손 모두 더 낮은 손가락 비율을 갖고 있는 것으로 나타났다.

위에서 살펴본 연구 결과들을 통해서 선천성 부신과형성이 있는 아이들은 태내에서 테스토스테론 같은 성호르몬들에 과다하게 노출되었고, 그 결과 남성형 손가락 비율을 갖게 되었다고 결론지을 수 있다. 그렇지만 또 다른 가능성도 있다. 일례로 남성형 손가락 비율은 남성호르몬의 수치가 높아서라기보다 태내의 코르티솔의 수치가 낮아서 생긴 거라고 볼 수도 있다.

위의 연구 결과들이 손가락 비율과 성호르몬 사이의 직접적인 관계를 입증하진 못하지만 설득력 있는 간접 증거는 될 수 있다. 지금까지 손가락 비율과 테스토스테론 사이의 직접적인 관계에 대해 증거를 제시한 연구는 하나뿐이다. 그런데 그것은 테스토스테론의 양보다는 테스토스테론에 대한 민감도에 초점을 맞춘 연구였다.

성호르몬의 민감도와 손가락 비율

테스토스테론은 많은 유전자들의 발현에 영향을 주고, 그 유전자들은 다른 유전자들에게 차례로 영향을 미친다. 그러므로 그것은 신체에 엄청난 영향력을 발휘하는 폭포 효과를 나타낸다. 그렇지만 폭포 효과가 활성화되려면 먼저 테스토스테론이 수용체 분자인 안드로겐 수용체와 결합해야 한다. 그래야 호르몬과 수용체의 복합체가 유전자에 영향력을 발휘할 수 있다. 따라서 안드로겐 수용체는 아주 중요하다고 할 수 있는데, 이는 안드로겐 수용체의 구조가 테스토스테론에 대한 민감도를 결정하기 때문이다.

안드로겐 수용체는 다른 단백질과 마찬가지로 아미노산으로 알려진 기본 구성 요소들로 이루어져 있다. 그런 아미노산 중 하나인 글루타민은 수용체 분자의 특별한 부위에서 무더기로 발견된다. 테스토스테론에 대한 민감도를 결정하는 데 중요한 역할을 하는 것이 바로 글루타민 사슬의 길이이다. 일반적으로 수용체 분자당 평균 글루타민의 수는 약 20 ~ 22개이고, 정상 범위는 대략 11 ~ 30개이다.

글루타민의 수가 증가할수록 테스토스테론에 대한 민감도가 떨어지기 때문에 만일 어떤 사람이 11개의 글루타민을 갖고 있다면 그 사람의 테스토스테론-수용체 복합체는 테스토스테론이 폭포 효과를 일으키는 데 매우 효과적일 것이다. 반면에 30개의 글루타민을 가진 사람은 테스토스테론에 대한 민감도가 낮을 것이다. 글루타민 사슬이 너무 길면 심각한 문제들이 야기된다. 글루타민 수가 40개 이상이면 테스토스테론에 완전히 무감각하게 되고, 불임, 근력 약화, 케네디병과 같은 신경 퇴행성 질환이 초래될 수 있다. 그렇지만 우리가 관심을 갖고 다룰 부분은 정상적인 편차 내이다.

다양한 형태의 안드로겐 수용체는 우리의 건강과 행동에 중요한 영향을 미친다. 예를 들어 미국의 흑인 남성들은 백인 남성들보다 짧은 글루타민 사슬을 갖고 있고, 그 영향으로 테스토스테론에 대한 민감도가 높다. 그런데 글루타민 사슬이 짧으면 전립선암에 걸릴 확률이 높다. 그런 관계는 미국 내 흑인의 전립선암 발생률이 백인보다 높은 이유를 일부분 설명해 줄 수 있다. 여성은 글루타민 사슬의 길이가 짧으면 유방암에 걸릴 확률이 낮아진다. 그러나 남성의 경우엔 간암, 신장결석, 류머티즘성 관절염, 그리고 등뼈가 점진적으로 용해되는 강직성 척추염과 같은 질환에 걸릴 위험률이 높아진다.

또한 글루타민 사슬의 길이는 생식력에도 영향을 미친다. 글루타민 사슬의 길이가 긴 남성은 정자 수가 적은 반면에, 글루타민 사슬의 길이가 짧은 여성은 다낭성 난소 증후군[3]에 걸리거나 여자 태아를 자연 유산하는 등 생식력이 저하되는 빈도가 높아진다. 그리고 사슬의 길이가 짧은 글루타민 수용체는 여자아이들보다 남자아이들에게 흔히 보이는 (이른바 악동 증후군이라고 불리는) 행동 유형과도 관련이 있다. 품행 장애나 적대적 반항성 장애와 관계가 있는 주의력 결핍 과잉행동 장애도 그 안에 포함된다.

건강이나 생식력과 안드로겐 수용체의 구조 사이의 관계는 손가락 비율과 건강에 관련된 특성들과 어느 정도 중복된다. 적은 글루타민 수와 낮은 손가락 비율은 둘 다 정자 수가 많은 것과 관계가 있다. 두 차례의 연구에 의해 카사노바형의 낮은 손가락 비율을 가진 남성들이 손가락 비율이 높은 남성들보다 자녀를 더 많이 두는 경향이 있다는 것이 밝혀졌다.[3], [4] 만일 생식력이 가족의 크기를 결정하는 유일한 요인이라면 이 같은 연구 결과는 놀라운 것이다. 배우자의 생식력, 희망하는 가족의 크기, 피임 가능성 등이 한 개인의 생식력과 가족의 크기 사이의 관계를 모호하게 하는 경향이 있기는 하지만, 손가락 비율과 가족 크기의 그런 관계는 가족의 단위가 작고 피임 기구가 널리 사용되는 영국 서북부에서도 관찰되었고, 가족 단위가 크고 효과적인 피임법이 없는 남아프리카공화국의 흑인 거주 지역 줄루에서도 마찬가지로 관찰되었다.

생식력과 손가락 비율의 관계는 정액 속에 정자가 아예 없거나 극히 적은 무정자증 남성들을 통해서도 나타난다. 이전에 생식력이 높던 남자도 정관을 절제했다가 사후 복구 수술에 실패하면 무정자증이 될 수 있다. 무정자증의 또 다른 원인으로는 고환에서 음경으로 정자를 이끄는 생식 도관이 없는 경우와 화학 요법의 부작용, 그리고 그 외에 확실하게 밝혀지지 않은 다수의 원인들이 있다. 그러나 무정자증 남자로부터 정자를 찾아내는 방법이 있다. 고환 생체조직 검사를 이용해서 미세한 유리 바늘로 세포로부터 하나의 정자를 떼어 낸 다음 그 정자를 '난자세포질내 정자주입법(intracytoplasmic sperm injection, ICSI)' 으로 알려진 기술로 난자에 직접 주입할 수 있

---

3 배란을 하지 않는 배란 장애로 인해 난소에서 성장하던 난포들이 난소 주변에 포도송이처럼 매달리는 현상. 월경 이상, 불임증, 남성형 다모증, 비만 등으로 특징지어진다.

다. 난자세포질내 정자주입법은 1992년에 팔레르모(Palermo)와 그의 팀 동료들이 처음으로 제안한 것인데, 2000년경에는 시술 허가를 받은 의료 센터가 영국 내에만 78개에 달해 매우 효과적인 기술임이 증명되었다.

정자 추출에 반드시 성공하는 것은 아니라 하더라도 이 기술을 통해 어떤 환자들이 큰 혜택을 얻을 수 있는지 예측할 수 있다면 그것만으로도 이 기술은 매우 유용할 것이다. 그런 맥락에서 손가락 비율이 도움이 될 수 있다. 최근에 리버풀 대학교의 사이먼 우드(Simon Wood)가 이끄는 연구팀은 남성형의 낮은 손가락 비율을 가진 무정자증 남성이 여성형의 높은 손가락 비율을 가진 무정자증 남성보다 정자 추출에 성공할 가능성이 높다는 것을 보여 줬다.[5]

가족 내의 성비(性比) 또한 테스토스테론에 대한 민감도와 손가락 비율, 이 두 가지 모두와 관련이 있다. 글루타민 사슬의 길이가 짧은 여성들은 여자 태아를 자연 유산하는 경향이 있어서 남자아이를 출산할 가능성이 높다. 그리고 손가락 비율이 낮은 여자들도 여자아이보다 남자아이를 더 많이 출산하는 경향이 있다.

유방암의 위험 요인들 또한 안드로겐 수용체 안에 있는 글루타민 사슬의 길이와 손가락 비율의 편차와 관련이 있다. 5장에서 자세히 다루겠지만 테스토스테론에 민감한 여성들은 유방암에 걸릴 가능성이 적다. 테스토스테론이 유방암을 일으키는 위험 요인으로 알려진 에스트로겐의 활동을 방해하기 때문이다. 유방암을 막아 주는 역할을 하는 또 다른 유전자 BRCA2는, 흥미롭게도 안드로겐 수용체 유전자의 발현을 증가시킴으로써 그런 효과를 발휘한다. 이런 논리를 따르면 낮은 손가락 비율이 유방암을 막아 주는 효과를 발휘한다고 볼 수 있다. 유방암에 걸린 118명의 리버풀 여성들에 대한 연구에서도 그런 사실이 발견됐다. 유방암 환자들과 건강한 여성들의 손가락 비율이 눈에 띄게 다른 건 아니었지만, 손가락 비율을 통해 유방암이 발생하는 시기를 예측할 수 있었다. 손가락 비율이 높은 여자들이 낮은 여자들보다 좀 더 일찍 유방암에 걸리는 경향이 있었다.

만일 적은 수의 글루타민 단위와 낮은 손가락 비율이 남성의 생식력이나 유방암의 억제와 관계가 있다면, 손가락 비율과 안드로겐 수용체의 구조 사이에 일종의 상관관계가 있다고 볼 수 있다. 리버풀 대학교의 학생들과 교수진, 그리고 육상 선수들 50명을 대상으로 한 표본 조사에서 그런 관계가 발견됐다. 이 표본 조사에서 안드로겐 수용체 속에 있는 글루타민의 평균 단위 수는 21개였고, 분포 범위는 18~28개였다. 손가락 비율과 글루타민 수의 관계에 대한 조사를 통해서 왼손보다는 오른손의 손가락 비율이 글루타민의 사슬 길이와 관계가 있는 것으로 밝혀졌다. 오른손의 손가락 비율이 낮은 남성이 높은 손가락 비율을 가진 남성보다 테스토스테론에 더 민감한 것으로 나타났다. 이것은 손가락 비율과 테스토스테론 사이의 직접적인 관계를 보여 준 첫 연구로서, 호르몬의 양보다는 테스토스테론에 대한 민감도와 손가락 비율의 관계에 초점을 맞춘 것이었다.[6]

손가락 비율이 어떻게 형성되는지 알아내기 위해서는 더 많은 연구를 해 나갈 필요가 있다. 남녀의 손가락 비율이 달라지는 정확한 시점도 알아내야 하고 손가락 비율을 결정하는 호르몬이나 환경 요인이나 유전자 요인에 대해서도 알아내야 한다. 그러고 나면 복잡한 행동 특성들에 대한 근본적인 원인을 연구할 때 손가락 비율이 제공하는 정보를 이해할 수 있을 것이다. 손가락 비율은 또한 다음 장에서 다룰 주제인 성격 형성에 대한 단서들까지 제공할 수 있다.

4장 손가락과 성격

남성에게는 여성스러움으로 분류되는 특성이 부족하다. 예를 들어 애정, 동정심, 타인의 요구에 대한 민감함, 이해심, 부드러움 등의 특성은 남성들에게 부족하다. 그러나 우리의 주의를 끄는 것은 많은 여성들 역시 그런 특성들이 부족하다는 점이다. 마찬가지로 대부분의 여성들에겐 남성의 전형적인 특성으로 분류되는 것들, 예를 들어 독립심, 자립심, 적극성, 운동에 대한 열정 등이 부족하다. 그럴지만 남성들 중에도 그런 특성이 부족한 사람들이 더러 있다. 더구나 앞에서 열거한 남성적인 성격 특성이나 여성적인 성격 특성은 서로 배타적인 것이 아니다. 누구나 상황에 따라 지배적이면서 부드러울 수 있고, 공격적이면서 온화할 수 있으며, 남자다우면서 여자다울 수 있다.

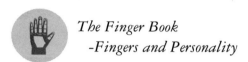

The Finger Book
-Fingers and Personality

인간의 행동 경향과 손가락 비율

인간은 누구나 독특하다. 얼핏 보기만 해도 신체적 특성이 다르다
는 걸 알 수 있지만, 그 독특함은 인간의 행동에서 가장 분명하게 나
타난다. 잠시 자신의 성격에 대해 생각해 보자. 당신은 세심한가?
감정적으로 예민하거나 신경질적인 편인가? 외향성, 개방성, 친화
성 같은 면에서 점수를 몇 점이나 받는가? 이것들을 비롯한 여러 가
지 행동 특성들을 평가한 점수에는 성차가 나타난다.

남성은 여성에 비해 덜 신경질적이고 다른 사람들의 감정 상태를
알아채는 직관력이 떨어지는 경향이 있다. 또한 근육을 많이 움직이
고 신체적 공격성을 보이며, 주의를 집중하는 시간이 짧은 한편 지
나치게 활동적인 경향이 있다. 난독증, 서툰 언어 구사력, 말더듬이
같은 언어 문제를 보일 가능성도 높다. 그렇지만 공간 지각력, 문제
해결력, 경쟁이 요구되는 운동 능력, 수학 능력, 글쓰기 능력, 음악
적 능력 등은 남성이 여성에 비해 우월한 편이다.

이런 성차가 나타나는 근본 원인들로는 유전자, 태내에서 성호르몬에 노출된 정도, 사회화 등을 들 수 있다. 세 가지 모두 중요한 요인이지만 이 장에서는 주로 남녀의 성차에 대해 다룰 것이다. 여성은 남성에 비해 신체적 공격성이 대체로 적지만, 어떤 여성은 다른 여성들보다 유난스럽게 공격적인 면을 보이기도 한다. 한편 남성은 여성보다 지나치게 예민한 감정을 드러내는 일이 적지만, 어떤 남성은 다른 남성들에 비해 유난히 신경증적인 성향을 보이기도 한다. 사람마다 행동 경향과 성격에 차이가 나는 이유는 태아기에 성호르몬에 노출된 패턴으로 설명된다. 모든 남성이 카사노바형의 손가락 비율을 갖고 있는 것이 아니고, 또 모든 여성이 여성형의 손가락 비율을 갖고 있는 것도 아니다. 태아기의 성호르몬이 인간의 성격에 미치는 영향을 알아보려면 손가락 비율을 살펴볼 필요가 있다.

우선 5세 이하 아동의 행동에 영향을 주는 요인들에 대해 생각해보자. 되돌아보면 나의 취학 전 시절은 육체적으로나 감정적으로 몹시 격렬한 시기였다. 부모가 되어 같은 시기의 발달 단계를 거치는 자녀를 지켜보니 그 느낌은 더욱 확실해졌다. 이 시기에는 공동의 적이나 힘겨운 경쟁 상대에 맞서 쉽게 우정을 맺거나 깨고, 거친 신체 놀이를 하는가 하면, 언어적 · 육체적 공격을 서슴지 않는다. 또한 지칠 때까지 놀다가 휴식을 취한 다음 다시 놀곤 한다. 이러한 모든 행동은 자신이 세운 기준에 의한 것이 아니다. 이 시기에 아이들의 행동을 통제하는 것은 부모나 다른 어른들이다.

두 살에서 다섯 살까지 아이들의 손가락 비율과 행동에 대해 연구한 이들이 있다. 던디 대학교 아동복지학과의 저스틴 윌리엄스

(Justin Williams)와 그가 이끄는 연구팀이다. 그들은 열 군데의 유아원에서 취학 전 남자아이들 108명과 여자아이들 88명의 손가락 비율을 측정했다.[1] 남자아이들의 평균 손가락 비율은 0.95이고, 여자아이들의 평균 손가락 비율은 0.96으로, 예상대로 남자아이들의 평균 손가락 비율이 여자아이들보다 낮았다. 그러나 손가락 비율이 같은 경우도 꽤 있었다. 아이들의 행동에 대한 평가는 설문지 조사를 통해 이루어졌다. '사회적 장애'와 '사회인지' 행동에 관한 설문지를 부모와 교사들이 작성했다. '사회적 장애'에 관한 설문지에는 다섯 가지 주요 행동을 측정하기 위한 척도가 포함되어 있었다.

- 과잉행동－이 항목에서 높은 점수를 얻은 아이는 쉽게 산만해지거나 안절부절못하고, 쉴 새 없이 움직이거나 몸부림치는 경향이 있었다.
- 감정적 항목－이 항목에서 높은 점수를 얻은 아이는 걱정이 많고 불만을 자주 표현했으며, 잘 울고 신경질적이었다.
- 또래 문제－이 부분에서 높은 점수를 얻은 아이는 외톨이로 지내는 경우가 많았으며 골목대장에게 시달리는 일도 있었다.
- 품행 문제－이 항목에서 높은 점수를 얻은 아이는 짜증을 자주 내고 다른 아이들과 잘 싸우며, 어른들에게 따지고 대들기를 좋아했다.
- 친사회적 항목－이 항목의 척도는 긍정적으로 표시된다. 이 항목에서 높은 점수를 얻은 아이는 다정한 면을 보였고, 또래 아이들을 잘 도와주었으며 친구들을 배려하는 마음이 컸다.

'사회인지'에 관한 설문은 아이들의 신체 언어를 파악하는 능력, 다른 사람의 감정을 알아채는 능력, 사회성 기술, 명령에 반응하는 태도 등에 대해 더욱더 깊이 있는 정보를 제공했다. 질문들이 부정적으로 표시되어 있기 때문에, 높은 점수는 사회인지력이 부족한 아이임을 나타냈다. 몇몇 항목에서 성차가 나타났는데 남자아이들은 과잉행동, 품행 문제, 또래 문제에서 점수가 높았고, 여자아이들은 친사회적 항목에서 높은 점수를 얻었다. 이 연구 결과는 이전의 연구와도 일치한다.

　출생 전에 다량의 테스토스테론에 노출됨으로써 낮은 손가락 비율을 갖게 된 아이들은 지나치게 활동적이고 산만한 남성적 특성을 보이는 반면, 손가락 비율이 높은 아이들은 감수성이 예민한 행동 특성을 보일 거라 기대했는데, 그런 기대는 부분적으로 충족되었다. 그런데 남자아이들보다 여자아이들에게서 그런 관계가 더 강하게 나타났다. 오른손의 손가락 비율이 극히 낮은 여자아이들은 과잉행동 특성과 사회인지력의 부족을 드러냈고, 친사회적 항목과 또래 문제에서 낮은 점수를 얻었다. 그중에서도 과잉행동과 사회인지력의 부족이 특히 심했다. 그러므로 손가락 비율의 조사 결과가 실제와 일치할 가능성이 높다. 손가락 비율이 낮은 여자아이들은 쉽게 산만해지고 불안정해지는 경향이 있었다. 또한 사회성 기술이 부족하고, 다른 사람의 감정이나 신체 언어를 잘 파악하지 못하는 편이었다. 그런 것은 경향일 뿐이지만, 부분적으로나마 여자아이들이 그런 행동 특성을 보인 것은 태아기에 다량의 테스토스테론에 노출된 결과라는 걸 암시한다. 여자아이들과는 대조적으로 남자아이들의 표본에서는 한 가지 관계만이 강하게 나타났다. 태아기에 다량의 에스트로겐에 노출되어 높은 손가락 비율을 갖게 된 남자아이들이 감정적 항목에서 높은 점수를 얻은 것이었다. 그런 아이들은 두통을 자주 호소하거나 새로운 상황에 대한 불안감을 드러내고, 강한 집착력을 보이는가 하면, 두려움과 걱정을 자주 표현하는 경향이 있었다.

이 표본 조사는 태아기의 성호르몬의 차이가 취학 전 아이들의 여성적인 행동에 더 큰 영향을 미친다는 것을 보여 준다. 테스토스테론의 수치가 높아지면 과잉행동과 같은 경향이 증가하지만, 일정한 수치 이상으로는 테스토스테론이 많아져도 별다른 영향을 받지 않는다고 설명할 수 있다. 따라서 한 그룹으로서의 남자아이들은 여자아이들보다 태아기에 더 많은 테스토스테론에 노출된 결과 지나치게 활동적인 면을 보이지만, 남자아이들의 손가락 비율과 과잉행동 사이에는 아무런 관계가 없다. 한편 여자아이들은 과잉행동 정도가 대체로 낮지만 남성형 손가락 비율을 가진 여자아이들은 과잉행동이 심해지는 경향이 있다.

성인들이 취학 전 아이들과 공통되는 패턴을 가진다면, 손가락 비율을 통해서 남성보다는 여성의 성격과 행동을 보다 정확하게 예측할 수 있을 것이다. 이런 결론을 뒷받침하는 연구가 다섯 차례나 행해졌기 때문에, 이 점에 있어서는 활용할 수 있는 자료가 많다.

우선 인간의 성격에 대해 살펴보자. 성격의 구성 요소들을 분석하는 방법은 심리학자들 사이에서도 명확하게 일치되는 의견이 없기에 성격 분석은 꽤 어려운 주제이다. 성격에 차이를 부여하는 요인을 다음의 '5대 특성'으로 명시한 시도가 있었다. 이것은 성격의 본

질을 완전하게 표현한 것으로 일컬어진다.[2]

- 외향성–외향적인 사람은 사람들 사이에 있는 것을 좋아하고 그룹 내에서 주저함이 거의 없다. 활동적이며 다른 사람들과 어울리기를 좋아한다. 이 요인에서 낮은 점수를 얻는 사람은 조용하고 내성적이다.
- 성실성–성실한 사람은 계획성이 있고 끈기 있게 목표를 추구하기 때문에 의무에 충실하고 조직적이다. 이 요인에서 낮은 점수를 얻는 사람은 집중력이 약하고 주의력이 부족하며 쉽게 산만해진다.
- 신경증적 경향성–신경증적 경향이 있는 사람은 불안한 감정과 고통을 잘 드러내며, 부정적인 생각과 감정에 자주 빠져든다. 반대로 신경증적 경향성의 점수가 낮은 사람은 고민이 적고 느긋하며 감정적이지 않다.
- 친화성–이 측면에서 높은 점수를 얻는 사람은 신뢰성이 높고 협동적이다. 낮은 점수를 얻는 사람은 공격적이며 주위 사람들에게 비협조적이다.
- 개방성–개방적인 사람은 문화에 관심이 많고 상상력과 창의력이 풍부하며 교육적 경험에 흥미를 갖는다. 실용적이고 현실적이며, 예술과 문화에 관심이 적은 사람은 이 성격 요인에서 높은 점수를 얻지 못한다.

이것들은 가치 판단이 아니다. 과학자들은 외향적인 것과 내향적인 것, 불안함과 느긋함, 협조적인 것과 비협조적인 것 사이에서 어느 것이 나은가 하는 문제에는 관심을 두지 않는다. 과학자들이 관심을 갖는 건 그러한 성격 특성들이 어떻게 형성되었는가 하는 점이다. 나는 빈 대학교의 베른하르트 핑크(Bernhard Fink)와 노섬브리아 대학교의 닉 니브(Nick Neave)와 함께 손가락 비율을 이용해서 이 문제에 접근한 적이 있다.[3] 우리는 오스트리아와 영국 서북부에서 추출한 여자 50명과 남자 30명을 대상으로 손가락 비율을 조사했다. 예상대로 남자들의 손가락 비율이 여자들보다 낮았다. 남자의 평균 손가락 비율은 0.96이고 여자의 평균 비율은 0.98이었다. 그렇지만 우리의 주요 관심사는 그런 것이 아니라 손가락 비율과 성격의 5대 특성 사이의 관계였다.

취학 전 아이들을 대상으로 한 연구에서처럼, 손가락 비율과 5대 특성 사이의 관계는 여자들에게서 더 뚜렷하게 나타났다. 카사노바형의 낮은 손가락 비율을 가진 여자들은, 여성형의 높은 손가락 비율을 가진 여자들에 비해 신경증적 경향성에서 낮은 점수를 얻은 반면 친화성에서는 높은 점수를 얻었다. 이런 결과는 여자 태아가 다량의 테스토스테론과 소량의 에스트로겐에 노출되면, 그것이 성인이 된 후의 성격에 영향을 미친다는 것을 뜻한다. 따라서 그런 여성은 느긋하고 감정적이지 않으며, 신뢰성이 높고 보다 협조적인 성격을 갖게 될 가능성이 있다. 우리가 얻은 결과에서도 손가락 비율이 낮은 여성들이 외향성에서 높은 점수를 얻은 것으로 나타났다. 그렇지만 손가락 비율과 성실성 및 개방성 사이의 관계에 대해서는 이런 표본 조사를 통해 알 수 있는 바가 거의 없었다.

손가락 비율은 남성보다 여성의 행동 경향을 예측하는 데 더 유용하다. 손가락 비율이 정확히 어떤 종류의 행동 경향과 관계가 있는지 보다 깊이 있는 정보를 찾아낼 수는 없을까? 성격의 주요 양상은 지루함에 반응하는 방식으로 드러나기도 한다. 카사노바형의 손가락 비율을 가진 사람은 충동적이고 모험을 좋아하는 성격일 거라고 예측할 수 있다. 에든버러 대학교의 엘리자베스 오스틴(Elizabeth Austin)과 내가 함께한 연구에서 여성의 손가락 비율과 행동 사이에 그러한 관계가 있다는 증거가 발견됐다.[4] 에든버러 대학생들과 리버풀 대학생들을 대상으로 한 표본 조사 결과가 그것이었다.

에든버러 표본은 남학생 79명, 여학생 86명으로 구성되었다. 놀랍게도 이 그룹의 평균 손가락 비율은 남녀 모두 0.97이었다. 리버풀 표본은 남학생 49명과 여학생 51명으로 구성되었는데, 여학생들의 평균 손가락 비율은 0.99이고 남학생들의 평균 비율은 여학생들보다 낮은 0.97이었다. 성격의 5대 특성에 관한 연구에서처럼 외향성과 신경증적 경향성 등의 성격 특성과 손가락 비율을 조사한 결과, 특히 신경증적 경향성에서 높은 점수를 받은 여학생들이 여성형 손가락 비율을 가지고 있는 것으로 나타났다. 한편 에든버러 대학생들을 표본으로 한 조사는 억압감과 지루함을 잘 참지 못하고 스릴과 모험을 좇는 '감각 추구' 성향에 대한 것이었는데, 남학생들의 점수가 여학생들의 점수보다 전반적으로 높았다. 이것은 감각을 추구하는 성격 유형이 카사노바형의 손가락 비율과 관계가 있음을 보여 주는 것이었다. 그렇지만 관련 정도는 역시 여학생들이 남학생들보다 더 강했다. 그러므로 남성형 손가락 비율을 가진 여성은 십중팔구 억제력이 부족하고 스릴을 추구하는 성향을 가지고 있을 것이다. 신경증적 경향은 여성에게 더 보편적이고, 스릴 추구는 남성에게 더 보편적이라는 점에서 그 두 가지 특성은 성별과 관계가 있다고 할 수 있다. 그렇다면 손가락 비율과 성역할의 정체성 사이에도 어떤 관계가 있을까?

손가락 비율과 성역할 정체성

출산 소식을 들으면 사람들은 늘 '남자아이인가, 여자아이인가.'를 묻는다. 답은 음경이 있는 아이인지 질이 있는 아이인지에 따라 달라질 것이다. 인간은 성별이 정해진 채 태어나서 그에 맞춰 사회화된다. 대부분의 사람들은 타고난 성별을 인정하고 그에 맞게 산다. 자신이 인식한 성별대로. 한편, 다른 사람들이 우리의 성별을 판단하기도 하는데, 그것이 바로 성역할이다. 일반적으로 성 인식과 성역할은 일치하고 사람들은 그에 따라 살아간다. 그러나 예외도 있다.

어떤 성격 특성들은 전형적으로 남성적인 것, 혹은 전형적으로 여성적인 것으로 구분되곤 한다. 그 한 가지 예가 적극성이다. 런던 대학교 정신의학 연구소의 글렌 윌슨(Glenn Wilson)은 여성의 손가락 비율과 적극성 사이의 관계를 조사했다.[5] 여성은 이 성격 특성에 있어서 상당한 편차를 보이기 때문에 윌슨은 새로운 방법으로 조사를 시도했다. '1980년대의 변화하는 여성들'이라는 표제가 붙은 설문지를 만든 것이다. 그 설문지는 여성들에게 '적극적이거나 경쟁적임', '그저 그런 편임', '차분하고 여성적임' 중에서 한 가지를 선택하게 한 뒤 왼손의 검지와 약지의 길이를 재어 기입하도록 요구했다. 윌슨은 그것을 영국 전역에서 보는 신문에 실었고, 총 985명이 응답을 해 왔다. 그 자료를 통해서 카사노바형의 손가락 비율을 가진 응답자들이 여성형의 손가락 비율을 가진 응답자들보다 적극성의 정도가 더 높은 것을 알 수 있었다.

적극성은 상투적으로 남성적인 특성으로 분류된다. 사람들의 내면에 여성적인 특성과 남성적인 특성이 미묘하게 섞여 있는 경우는 어떨까? 대부분의 남성에게는 여성스러움으로 분류되는 특성이 부족하다. 예를 들어 애정, 동정심, 타인의 요구에 대한 민감함, 이해심, 연민, 상처 받은 마음을 위로하는 마음, 따뜻함, 부드러움, 아이들에 대한 사랑, 기타 등등의 특성들이 남성에게 부족하다. 그러나 우리의 주의를 끄는 것은 많은 여성들 역시 그런 특성들이 부족하다는 점이다. 마찬가지로 대부분의 여성들에겐 남성의 전형적인 특성으로 분류되는 것들, 예를 들어 독립심, 자립심, 적극성, 운동에 대한 열정 등이 부족하다. 그렇지만 남성들 중에도 그런 특성들이 부족한 사람들이 더러 있다. 더구나 위에 열거한 남성적인 성격 특성이나 여성적인 성격 특성은 서로 배타적인 것이 아니다. 누구나 상황에 따라 지배적이면서 부드러울 수 있고, 공격적이면서 온화할 수 있으며, 남자다우면서 여자다울 수 있다.

남성적인 행동 특성과 여성적인 행동 특성을 표현하는 데 있어서 완벽하게 균형을 유지하는 사람들을 일컬어 심리적 양성성(兩性性)을 보인다고 한다. 그렇지만 많은 사람들이 남성성과 여성성 중 어느 한쪽을 보다 강하게 드러낸다. 그런 것을 측정하는 한 가지 방법이 '벰(Bem)의 성역할 검사'이다.[6] 이 검사표에는 60개의 항목이 있는데 그중 20개는 남성적 속성으로, 20개는 여성적인 속성으로 되어 있으며, 나머지 20개는 성 중립적이거나 채워 넣는 항목이다. 응답자들은 각 항목에 포함되어 있는 일곱 단계의 척도 중 자신의 성격을 가장 가깝게 표현하는 곳에 표시를 해야 한다. 경쟁적인 속성을 예로 들어 보자. 당신은 경쟁적인 면이 전혀 없거나 거의 없다고 생각하는가? 만일 그렇다면 1점을 얻게 된다. 당신은 거의 언제나 경쟁적이라고 생각하는가? 만일 그렇다면 7점을 얻게 된다. 동의하는 정도가 높을수록 점수도 높아진다. 각각의 항목에 모두 표시한 다음, 남성적 속성의 점수와 여성적 속성의 점수를 계산하고 각각의 평균을 산출한다. 그리고 여성적 속성의 점수에서 남성적 속성의 점수를 뺀다. 그 결과가 음수로 나오면 응답자가 남성적 특성이 강한 것이고, 양수로 나오면 여성적인 특성이 더 강한 것이다.

이번에는 손가락 비율이 벰의 검사표 점수에서 남성적인 특성을 예언해 주는지 여성적인 특성을 예언해 주는지 알아보자. 헝가리 남부에 있는 페치 대학교의 아르파드 처트호(Árpád Csathó)가 이끄는 연구팀은 여자 대학생 46명을 대상으로 손가락 비율과 벰의 검사표 점수 사이의 관계를 조사했다.[7] 그 결과 카사노바형의 손가락 비율을 가진 여학생들이 벰의 성역할 검사에서 음수인 남성형 점수를 얻은 것으로 나타났다. 그리고 여성형 손가락 비율을 가진 여학생들은 양수인 여성형 점수를 얻은 것으로 나타났다. 그러므로 카사노바형의 손가락 비율을 가진 여성들은 남성적인 성역할 정체성을 갖고,

여성형 손가락 비율을 가진 여성들은 여성적인 성역할 정체성을 갖는다고 볼 수 있다. 이 결과를 보다 강한 남성적인 특성들에 연결시켜 보자.

남성의 전형적인 행동을 거론할 때 우리는 흔히 신체적 공격성을 꼽는다. 인간을 제외한 동물들에게 번식기는 수컷들이 구애를 위해 과시 행동을 보이며, 멋진 모습을 뽐내거나 심지어 싸움까지 하는 시기이다. 수컷들은 암컷을 얻기 위해, 또는 암컷을 유혹할 자원들을 얻기 위해 싸운다. 싸움은 이따금 격렬해지기도 하는데 그럴 때는 보통 혈액 속의 테스토스테론 수치가 증가한다. 그런 점에서는 인간도 동물들과 다를 게 없는 듯싶다. 제임스 댑스(James Dabbs)가 이끄는 연구팀은 남성들의 지나치게 공격적인 행동 경향은 높은 수치의 테스토스테론과 관계가 있다고 밝혔다.[8] 반면에 센트럴랭커셔 대학교의 존 아처(John Archer)는 폭력성은 높은 수치의 테스토스테론과 아무 관계가 없으며 오히려 낮은 수치의 테스토스테론과 관계가 있다고 주장했다.[9]

남성의 공격성과 손가락 비율 사이에 직접적인 관계가 있음을 보여 주는 증거는 없다. 한편 여성은 남성보다 신체적 공격성이 적다는 이유로 공격성에 대한 연구에서 등한시되는 경향이 있다. 그러나 여성의 폭력성이 손가락 비율과 관계가 있다는 것을 뒷받침해 주는 증거가 있다. 오른손은 남성형 손가락 비율을 갖고 있지만 왼손은 여성형 비율을 가진 여성들은 공격적인 성향이 강하다. 이 놀라운 관계를 어떻게 설명할 수 있을까?

오른손의 손가락 비율이 왼손의 비율보다 낮은 경우가 더러 있다.

그 이유는 알 수 없지만, 오른쪽은 남성적인 것과 관련이 있고 왼쪽은 여성적인 것과 관련이 있다는 것을 앞에서 이야기한 바 있다. 인간의 해부학적 구조의 다른 면에서도 그러한 양상이 나타난다. 이것을 어떻게 손가락 비율과 공격성에 연관 지어 설명할 수 있을까? 오른손의 손가락 비율에서 왼손의 손가락 비율을 빼 보아라. 오른손 손가락 비율이 왼손보다 낮은 남성형 비율일 경우, 오른손 비율에서 왼손 비율을 빼면 음수가 된다. 이 값은 공격적 성향을 보이는 여성들과 연관된다. 한편 오른손의 손가락 비율이 왼손보다 높은 여성형일 경우, 오른손 비율에서 왼손 비율을 빼면 양수가 나온다. 이 값은 공격성이 적은 여성들과 연관된다.

자메이카의 초등학생들과 리버풀의 대학생들을 대상으로 한 연구에서 그런 관계를 입증하는 증거가 발견됐다. 자메이카의 초등학생들을 대상으로 한 연구는 러트거스 대학교의 로버트 트리버스가 주도한 것으로 장기간에 걸친 프로젝트의 일부였다.[10] 그 연구의 피실험자들은 자메이카의 남부 지방에서 선택된 어린 학생들로, 나이 분포는 5세에서 11세까지였고, 평균 나이는 8세였다. 그리고 남자아이들이 48명, 여자아이들이 39명이었다. 공격성 측정을 위한 이 연구는 아이들과 일상을 함께하는 교사가 2년에 걸쳐서 꼬집기, 밀기, 때리기, 발로 차기, 연필로 찌르기 등 아이들의 공격적 행동에 대해 기록한 것을 토대로 이루어졌다. 예상대로 남자아이들이 여자아이들보다 공격적 행동을 더 자주 보인 것으로 기록됐다. 남자아이들의 공격적 행동은 평균 6회 이상이었고, 여자아이들은 4회 이하였다. 보고서에 기록된 횟수도 비슷한 상황을 보였다. 남자아이들의 공격적 행동 횟수 분포는 0~27회였고, 여자아이들의 분포는 0~18회였다. 이 결과는 전혀 놀라울 게 없다. 그러나 오른손의 손가락 비율에서 왼손의 비율을 뺀 값을 조사했을 때 음수가 나온 아이들, 다시 말해서 왼손에 비해 오른손의 손가락 비율이 좀 더 낮은 여자아이들이 공격 행동을 가장 많이 보인 것으로 나타났다. 남자아이들의 경우에는 양손의 손가락 비율의 차이와 공격성 사이에 아무런 관계도 없었다.

이것은 태아기의 테스토스테론이 여자아이들의 뇌와 손가락에 지워지지 않는 흔적을 남긴 거라고 볼 수 있다. 그 흔적 때문에 여자아이들이 남성형 비율의 오른손과 공격적인 성향을 갖게 된 것일 수 있다. 리버풀 대학교 학생 100명을 대상으로 신체적 공격 및 언어적 공격, 분노와 적대감 등에 대해 조사한 연구는 그런 관계가 성인기에도 계속된다는 것을 보여 준다. 이 연구는 남학생 51명과 여학생 49명을 대상으로 '버스-페리의 공격성 질문지(Buss and Perry Aggression Questionnaire)'에 응답하도록 함으로써 공격적 성향을 측정한 것이었다. 그 공격성 질문지는 29개의 항목으로 되어 있고, 응답자가 다섯 단계의 척도 중 하나에 동의 표시를 한 것으로 점수가 매겨진다. 예상대로 남학생이 여학생보다 공격성을 많이 띠는 것으로 나타났다. 남학생의 공격성은 평균 79.22점이었고, 여학생의 평균은 72.51점이었다. 여학생의 경우 왼손에 비해 오른손의 손가락 비율이 낮으면, 즉 오른손의 비율이 남성형이면 공격적 성향이 높았지만 남학생의 경우엔 둘 사이에 아무런 연관이 없었다.

낮은 손가락 비율과 발달 장애

이제까지 관심을 갖고 다루어 온 부분은 정상 범위 안에 있는 사람들이었다. 그러나 발달 장애 등과 관련된 또 다른 행동 패턴들에 대해서도 알아봐야 할 것이다.

발달 장애는 위험한 병으로까지 볼 수 있는 것으로, 대표적인 것 중 하나가 자폐증이다. 우리의 가장 큰 과제와 보상의 일부는 사회적 동물이라는 사실에서 비롯된다. 우리 주변의 사람들은 무슨 생각을 할까? 그들의 감정 상태는 어떨까? 그들은 우리의 행동에 대해 어떻게 생각할까? 그들이 말하는 게 진심일까? 아니면 우리를 속이고 있는 걸까? 우리는 그러한 것들을 끊임없이 궁금해한다. 그리고 자신의 추측이 그럭저럭 맞을 거라고 생각한다. 심리학자들의 표현을 빌리면, 인간은 그런 문제들을 해결하기 위해 '마음의 이론'이라는 것을 각자 가지고 있다. 그리고 이 이론을 통해서 다른 사람들의 감정을 추측할 수 있고, 상대방의 입장에서 생각할 수 있으며, 감정이입을 할 수 있다. 그렇지만 자폐증이 있는 아이들은 그런 능력이 없다. 다른 사람의 감정을 읽지 못하는 마음맹(mindblindness)이기 때문이다. 그래서 다른 사람들을 그저 물체로 여기는 일도 흔히 있고, 눈이 마주치는 것을 피하거나 문화 규범을 무시한다. 자폐아들은 대개 주변에 있는 사람들의 행동을 예측하지 못하고 속임수도 거의 알아채지 못한다. 그런 것은 사회적 동물인 인간의 한 구성원으로 살아가는 데 있어 무서운 장애 요인이 된다.

자폐증 발달의 주요 원인이 양육에 있다는 증거는 거의 없다. 반면에 자폐증과 관련된 생물학적 요인들은 많이 있다. 그런 요인들 가운데, 내가 가장 큰 관심을 갖는 것은 태아기의 테스토스테론이 자폐증의 발달 가능성을 높인다는 것을 암시하는 표시들이다. 태아기의 테스토스테론이 언어 능력은 감소시키지만 음악, 그림, 형태 인식 능력 등의 발달은 촉진한다는 증거가 있다. 출생 전에 노출된 높은 수치의 테스토스테론은 수학, 물리학, 공학 등의 진로 선택에도 중요한 영향을 미칠 수 있다. 이 모든 요인들이 자폐증과 관계가 있다. 사실 자폐아들의 대다수는 남자아이들이다. 남자아이들이 여자아이들보다 네 배나 더 많다. 그리고 그중 많은 아이들이 언어 장애를 가지고 있다. 언어 발달이 정상적인 아이들도 있지만, 그런 아이들도 자폐증의 전형적인 증상인 사회생활 문제나 의사소통 문제를 가지고 있다. 그런 상태의 아이들을 아스퍼거 증후군(Asperger's syndrome)이라고 한다. 아스퍼거 증후군 역시 남자아이들이 여자아이들보다 9 대 1의 비율로 훨씬 더 많다.

자폐아들은 대다수가 심각한 장애를 가지고 있지만 음악, 그림, 형태 인식 능력이나 암산 능력에서 놀라운 선택적 능력(islets of ability)을 보여 주는 아이들도 더러 있다. 자폐아들의 아버지나 할아버지들은 임의로 추출된 남성 표본보다 기술직에 종사할 가능성이 높다.[11] 또한 기술 공학, 물리학, 수학을 전공하는 학생들의 가족 중에 자폐아들이 평균보다 많은 것으로 조사됐다. 종합해 보면, 자폐증과 관련된 능력들은 남성적 특성이 지나치게 발달한 것임을 알 수 있다. 케임브리지 대학교의 사이먼 배런코언(Simon Baron-Cohen)이 자폐증은 '극단적인 남성 뇌의 발달'로 인해 생긴다고 한 것도 이

때문이다.[12]

만일 테스토스테론이 자폐증의 원인이 된다면, 어떻게 그런 영향을 미치게 되는 걸까? 센트럴랭커셔 대학교 간호학과의 수 다우니(Soo Downe)가 이 의문에 대해 가능성 있는 답을 제시했다. 옥시토신이라는 호르몬과 관계가 있다는 것이다. 분만 시, 인공 옥시토신을 사용해 자궁의 수축을 자극함으로써 태아가 산도로 빨리 내려오도록 하는 경우가 있다. 옥시토신은 여성의 몸에서 자연적으로 분비되는데, 자궁 수축을 조절하고 모유 분비를 촉진하는 기능을 한다. 또한 사회 접촉에 관한 관심을 높여 줌으로써 사회적 행동에도 중요한 영향을 미친다.

사실 옥시토신은 스트레스 호르몬으로서 그 생성 방식과 효과는 성별에 따라 다르게 나타난다. 여성은 스트레스에 대한 반응으로 남성보다 더 많은 옥시토신 호르몬을 생산한다. 게다가 에스트로겐이 뇌를 비롯한 몸의 여러 곳에서 발견되는 옥시토신 수용체 분자에 영향을 끼침으로써 옥시토신의 효과를 증폭시킨다. 남성도 옥시토신을 합성한다. 그러나 테스토스테론이 옥시토신 수용체의 수를 줄임으로써 옥시토신의 효과를 감소시킨다. 그로 인한 결과가 스트레스에 대한 반응에서도 나타난다. 여성은 함께 어울릴 사람을 찾으면서 스트레스에 반응하는 반면, 남성은 다른 사람들과 어울려 스트레스의 원인에 대해 이야기하는 대신 혼자 움츠러드는 경향이 있다. 그런 행동 패턴을 어떻게 자폐증과 관련지을 수 있을까?

태아기의 테스토스테론은 뇌 속에 있는 옥시토신 수용체의 수와 활동에 영구적인 영향을 미친다. 그러므로 출생 전에 지나치게 많은 테스토스테론에 노출된 태아에게는 제 역할을 할 옥시토신 수용체가 거의 없을 수도 있다. 그로 인해 자폐증의 주요 양상 중 하나인 사회적 행동의 저하가 초래되는 것이다. 자폐증의 또 다른 양상인 반복 행동도 옥시토신과 연관되어 있을 수 있다. 동물원이나 서커스단에 있는 동물들은 왕왕 반복적인 행동을 보인다. 그런 행동은 울타리 안에 계속 갇혀 있거나 같은 종의 동물과 접촉하지 못함으로써 받게 되는 스트레스에 반응하는 것이다. 그런 동물들은 몸을 들썩이거나 흔들고, 자신의 몸을 쥐어뜯거나 할퀴는가 하면, 털을 잡아 뽑는 등의 반복적인 행동을 보인다. 또한 물체에 유난히 집착하기도 한다. 그런 증상은 자폐아들에게도 전형적으로 나타나는데, 인공 옥시토신을 주입하면 그런 증상이 감소되는 효과가 있다.

자폐증과 손가락 비율에 관련된 유전자들은 테스토스테론 생성에도 영향을 미친다. 만일 그런 것들이 자폐증의 유일한 요인이라면, 자폐증 발생률엔 아마도 큰 변화가 없을 것이다. 그러나 자폐증이 계속 증가하고 있음을 보여 주는 자료들이 속속 나오고 있다. 최근 잉글랜드와 웨일스의 교사들에게 실시한 설문 조사에서, 교사들 중 3분의 2가 5년 전과 비교할 때 자폐아가 훨씬 많아졌다고 응답했다. 또한 중등학교에 비해 초등학교의 자폐아 비율이 세 배나 높은 것으로 나타났다. 다른 지역에서도 비슷한 사례들이 발견됐다. 스코틀랜드에서는 1년 사이에 자폐아가 18퍼센트나 증가한 것으로 보고됐고, 케임브리지셔에서는 2천 명당 1명에서 75명당 1명으로 증가했다고 보고됐다. 또한 선덜랜드는 1989년에서 1993년 사이에 자폐아가 열 배나 증가했다. 미국에서는 더 큰 변화가 일어난 것으로 보고

됐다. 1987년에서 1998년 사이에 캘리포니아의 자폐아 발생률이 273퍼센트나 증가했다는 것이다. 발생률이 그토록 급격하게 증가한 건 자폐증에 대한 인식이 높아진 것과 진단법이 변했기 때문일 수도 있다. 그러나 그런 효과를 측정치에서 배제한다고 하더라도, 그 증가율이 너무나 크기 때문에 자폐증이 증가한 이유를 완전하게 설명해 주지는 못한다.

자폐증이 증가한 이유를 설명할 수 있는 환경적 요인에는 최소한 두 가지가 있다. 그중 하나는 MMR[1]의 도입으로 자폐증이 증가했다고 보는 것이다. 그러나 자폐증은 MMR이 사용되기 10년 전부터 뚜렷한 증가를 보이기 시작했기 때문에 둘 사이에는 직접적인 관계가 없다고 반박하는 사람들도 있다. 나는 관계가 없다는 쪽과 생각을 같이한다. 그런데, 아직 연구 논문은 발표하지 않았지만 내가 피터 번드레드(Peter Bundred)와 함께한 연구에서 남성형 손가락 비율을 가진 사람들이 여성형 손가락 비율을 가진 사람들보다 풍진 감염률이 더 높다는 것이 발견됐다. 임신 기간 중에 풍진에 감염되면 발육 중인 태아가 자폐증에 걸릴 위험성이 있다. 낮은 손가락 비율을 갖고 있는 여성은 MMR 속의 풍진 백신에 강력한 항체 반응을 못하기 때문이다. 그 결과 손가락 비율이 낮은 임산부는 풍진에 잠복성 감염이 되기 쉽고, 그것이 낮은 손가락 비율을 가지고 있는 태아의 발육에 영향을 미칠 수 있다. 그러므로 남성형 손가락 비율과 자폐증

---

1 홍역, 유행성 이하선염, 풍진 백신의 약어.

의 관계는 손가락 비율이 낮은 어머니들과 그 영향을 받게 되는 아이들에게서 찾을 수 있다.

또 다른 환경적 요인은 분만을 유도하기 위해 피토신, 즉 인공 옥시토신을 사용하는 사례가 증가하는 것이다. 1990년 이후 미국에서는 피토신의 사용이 두 배로 늘었다. 그래서 이제는 다섯 번의 분만 중 한 번꼴로 피토신을 사용한다. 특히 남자아이를 출산할 때 더 자주 사용된다. 그런데 피토신을 사용하면, 옥시토신 수용체의 수를 감소시키는 테스토스테론이 갑자기 증가한다. 그 때문에 태어나는 아이가 자폐증에 걸릴 위험률이 높아질 수 있다.

만일 이런 가설이 사실이라면, 분만 시 피토신을 필요로 하는 여성의 손가락 비율은 상대적으로 카사노바형, 즉 남성형일 가능성이 높다. 남성형 손가락 비율을 가진 여성은 남성형 손가락 비율을 가진 아기를 출산하는 경향이 있다. 그러므로 그 아기는 피토신에 강하게 반응할 것이다. 다시 말해서 그 아기는 다량의 테스토스테론을 생산할 것이고, 그 테스토스테론 때문에 옥시토신 수용체의 수가 줄어들 것이다. 이것은 출생 시 옥시토신에 내성이 있는 아이들에게서 남성형 손가락 비율과 높은 수치의 피토신이 발견될 가능성을 의미한다. 그런 결합이 자폐증을 초래할 수 있다.

태아기의 테스토스테론과 카사노바형의 손가락 비율이 자폐증과 관계가 있다는 가설을 검증하기 위한 조사가 한 차례 있었다.[13] 자폐아 72명을 대상으로 한 것이었는데, 그중 23명은 평균 수준의 지능을 가진 아스퍼거 증후군이었다. 또한 자폐아의 건강한 남자 형제나 여자 형제 34명과 자폐아의 아버지 88명, 자폐아의 어머니 88명으로 구성된 가족 표본 조사도 있었다. 자폐아들과 그들의 가족 구성원은 일반적인 모집단에서 추출한 사람들에 비해 손가락 비율이 낮은 것으로 밝혀졌다. 게다가 자폐아 표본 집단 안에서도 언어 지체나 저지능의 자폐아들이 아스퍼거 증후군 아이들보다 손가락 비율이 더 낮은 것으로 나타났다. 그런 조사 결과는 자폐아가 있는 가족의 태아는 높은 수치의 테스토스테론에 노출되며, 그것이 아이들 수에 비례하여 자폐증을 초래한다는 것을 암시한다.

아동의 정신 장애 중에는 가장 위험한 병으로 꼽히는 자폐증 외에도 태아기의 비정상적인 성호르몬 수치로 인해 생기는 또 다른 장애들이 있다. '주의력결핍 과잉행동 장애(Attention Deficit Hyperactivity Disorder, ADHD)'도 그런 발달 장애 중 하나이다. 그것은 자폐증처럼 남자아이들에게 많이 나타난다. 주의력결핍 과잉행동 장애는 보통 18개월 즈음에 나타나서 3세 정도에 그 증상이 극도에 달하며, 부모의 양육 방식과 상관없이 유전자의 영향을 강하게 받는다. 이 장애가 있는 아이들은 주의력이 부족하고 쉽게 지루함을 느끼며, 충동적으로 행동하거나 과잉행동 등을 보이는데, 60퍼센트 정도는 저돌적이거나 반항적인 행동을 보이기도 한다. 주의력결핍 과잉행동 장애는 어린아이의 약 5퍼센트, 성인의 약 3퍼센트가 증상을 보이는 놀랍도록 흔한 장애이다. 게다가 이 장애가 있는 아이들의 70퍼센트가 청소년기까지, 10퍼센트가 성인기까지 계속해서 증상을 보인다.

너무 흔한 나머지 주의력결핍 과잉행동 장애를 정신 질환으로 분류하는 것에 반대하는 사람들도 있다. 그들은 과잉행동 장애가 그저 개구쟁이의 버릇없는 행동 특성일 뿐이라고 주장한다. 이 장애를 이해하는 데 있어서도 손가락 비율이 유용하다. 자폐아들처럼 주의력 결핍 과잉행동 장애가 있는 아이들도 카사노바형의 손가락 비율을 가지고 있을 가능성이 높지만, 상당한 편차가 있다. 주의력결핍 과잉행동 장애의 발생 원인에 대한 설명 중 가장 가능성 있는 한 가지는 테스토스테론이 아이들의 각성 상태를 둔화시키고 발달을 지체시킨다는 것이다. 그래서 아이들이 분열적인 행동을 통해 그런 상태를 극복한다는 것이다. 그런 점에서 볼 때, 주의력결핍 과잉행동 장애의 치료에 리탈린[2] 같은 약품이 효과적인 것은 그 속에 함유된 각성제 속성 때문일 수 있다. 테스토스테론이 주의력결핍 과잉행동 장애와 관계가 있다고 가정할 경우 주의력결핍 과잉행동 장애와 손가락 비율에 대해 많은 의문들이 제기될 것이다. 주의력결핍 과잉행동 장애가 있는 아이들의 평균 손가락 비율은 얼마일까? 손가락 비율은 이 장애의 모든 측면과 관계가 있는 걸까? 아니면 충동적인 행동 같은 한 가지 특성하고만 관계가 있는 걸까? 손가락 비율을 통해 리탈린 같은 치료제의 효과를 예측할 수 있을까? 등등.

난독증은 특수한 학습 장애이다. 철자를 읽고 쓰는 걸 어려워하고, 숫자를 읽거나 계산하는 데도 어려움을 겪는 장애이다. 난독증이 있는 아이들은 낱말을 소리 내어 읽는 것을 어려워한다. 그것은 인구의 약 8퍼센트에서 발생하는 흔한 장애로, 태아기의 발육상에 문제가 있거나 귀의 염증이 반복됨으로써 생길 수 있다. 자폐증이나

---

2 어린이의 주의력결핍, 틱 장애 등에 쓰이는 약.

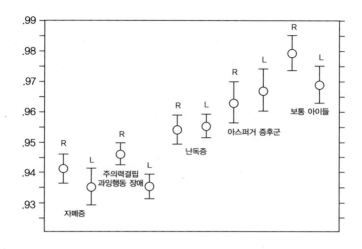

[그림 4.1]

R : 오른손 L : 왼손

자폐증, 주의력결핍 과잉행동 장애, 난독증, 아스퍼거 증후군을 가진 아이들과 보통 아이들을 대상으로 오른손과 왼손의 평균 손가락 비율을 조사한 것이다. 자폐아들이 가장 남성적인 손가락 비율을 갖고 있는 것은 태아기에 가장 높은 수치의 테스토스테론에 노출되었음을 나타낸다. 주의력결핍 과잉행동 장애가 있는 아이들의 손가락 비율이 자폐아들보다 좀 더 높고, 난독증, 아스퍼거 증후군, 보통 아이들 순으로 높은 손가락 비율을 갖고 있다.

주의력결핍 과잉행동 장애처럼, 난독증 역시 여자 한 명당 남자 세 명꼴로 남자아이들에게서 더 많이 나타난다. 이는 출생 전에 높은 수치의 테스토스테론에 노출된 결과일 수 있음을 뜻한다. 난독증이나 그 밖의 다른 언어 장애들은 테스토스테론의 역할을 파악하는 데 있어서 유용한 근거를 제공한다. 따라서 난독증도 남성형 손가락 비율과 관계가 있을 가능성이 있다.

지금까지 자폐증, 아스퍼거 증후군, 주의력결핍 과잉행동 장애, 난독증 등의 장애가 있는 아이들은 태아기에 높은 수치의 테스토스테론에 노출되었을 가능성이 있다는 증거들에 대해 살펴보았다. 그러나 이런 연구들은 아직 초기 단계에 불과하다.

내가 이끄는 연구팀이 최근에 이와 같은 장애가 있는 아이들의 손가락 비율을 측정했다. 〔그림 4.1〕은 표본 조사 결과 얻은 평균 손가락 비율을 표로 나타낸 것이다. 자폐아들이 가장 낮은 남성형 손가락 비율을 가지고 있고, 그 뒤를 이어 주의력결핍 과잉행동 장애, 난독증, 아스퍼거 증후군 순으로 손가락 비율이 높아진다. 그리고 마지막으로 보통 아이들의 손가락 비율이 가장 높다. 더 많은 자료가 필요하겠지만, 최종적인 결과 또한 이와 크게 다르지 않을 것이다. 태아기의 테스토스테론이 뇌의 발달에 중요한 영향을 미친다는 것은 의심할 여지가 없어 보인다. 그렇다면 태아기의 테스토스테론은 몇몇 주요 질병들의 소인에도 영향을 미칠까?

5장 손가락과 성인병

남성은 여성보다 심장발작을 일으킬 가능성이 높다. 1950년대에는 남성들이 스트레스가 많은 일을 하고, 일에서 받는 스트레스가 심장병을 유발한다는 설이 지배적이었다. 그러나 성역할의 변화가 있었음에도 불구하고 여전히 남성의 심장발작률은 여성보다 높다. 심장병이 남성의 주요 사망 원인이라면, 유방암은 여성의 주요 사망 원인이다. 여자나 남자 모두 태내에서 똑같이 유방이 발육되고 남성에게도 여성처럼 유방 조직이 있지만, 유방암 환자는 거의 여성들이다. 남성의 경우 유방암으로 인한 사망은 전체 사망률의 1퍼센트에도 미치지 않는다.

The Finger Book
-Fingers, Heart Attack and Cancer of the Breast

발병은 성인기에 하지만 그 시작은 태내에서 비롯되는 병들

21세기의 선진국들에선 성차의 중요성이 과소평가되는 경향이 있다. 남녀의 본질적인 차이를 논하자면, 두 성별 사이의 상대적인 능력에 관한 가치 판단이 불가피하다. 그럼에도 불구하고 나는 성과 관련된 것들이 우리 생활의 거의 모든 면에 영향을 미치고 있음을 인정하는 일이 중요하다고 생각한다.

성차는 생식기관에서 발견되는 것은 물론이고 후손의 생존율을 높이기 위한 적응력에서도 발견된다. 어머니의 유방에서 모유가 생산되는 것이 그런 적응력의 일례이다. 성차는 배우자를 차지하기 위해 벌이는 신체적 경쟁의 결과에 영향을 주는 행동이나 기관들에서도 나타난다. 그 예로 튼튼한 심장이나 강한 근육을 들 수 있을 것이다. 뿐만 아니라 여성의 잘록한 허리와 풍만한 엉덩이, 남성의 큰 턱 등 성적 매력과 관련된 특성들에서도 성차는 발견된다. 이처럼 거의 모든 요소가 성별의 영향을 받는다는 견지에서 뇌, 심장, 가슴 등도 남성형과 여성형의 손가락 비율과 관련된 특성들을 연구할 때 포함시켜야 할 것이다.

이 장에서 주로 다룰 부분은, 발병은 성인기에 하지만 그 시작은 태내에서 비롯되는 성별과 관련된 질병들이다. 중년기 이후 건강이 저하되는 패턴과 속성, 그리고 결국 죽음을 초래하는 질병들은 우리가 태내에서 경험한 환경과 상당 부분 관계가 있다. 먼저 심장발작에 대해 살펴보자.

남성의 손가락 비율과 심장 질환

2장에서도 언급했듯이, 남성은 여성보다 심장발작을 일으킬 가능성이 높다. 이런 중요한 성차는 특히 중년기 이전의 남녀에게 적용되지만, 전체적으로 모든 인구에 적용된다. 영국의 심장발작률은 남성이 여성보다 두 배나 더 높다. 그리고 유럽 전체에서 심장발작의 성비는 남자 세 명당 여자 한 명꼴, 즉 3 대 1의 비율로 나타난다. 그런데 심장병 비율이 높은 사회에선 심장발작률의 성차도 크게 나타난다. 선진국이 바로 그런 곳이다. 그러나 다른 많은 국가들에서는 심장병이 비교적 드물고, 심장발작률의 성차가 있긴 하지만 편차가 그렇게 크지 않다. 그 이유는 무엇일까?

1950년대에는 남성들이 스트레스가 많은 일을 하고, 일에서 받는 스트레스가 심장병을 유발한다는 설이 지배적이었다. 그러나 성역할의 변화가 있었음에도 불구하고 여전히 남성의 심장발작률은 여성보다 높다. 21세기에 접어들어 그런 수치를 설명하기 위해, 에스트로겐은 심장발작을 막아 주는 데 반해 테스토스테론은 심장발작의 조기 발생을 재촉한다는 이론이 자주 등장했다. 이것은 절반도 맞지 않는 이야기이다. 앞에서 언급한 대로 에스트로겐이 심장발작을 막아 주는 역할을 하는 건 사실이지만, 그런 기능은 여성에게만 해당된다.

테스토스테론과 심장병의 관계는 놀랍고도 반직관적이다. 테스토스테론 또한 심장발작을 막아 주는 역할을 하기 때문이다. 마찬가지로 테스토스테론은 남성에게만 그런 기능을 한다.[1] 이것은 매우 놀라운 사실이다. 오래전부터 테스토스테론이나 그것의 변형물인 단백동화 스테로이드[1]가 운동선수들이나 보디빌더들의 건강에 위험을 초래하는 것으로 알려져 있었기 때문이다. 젊고 건강한 남성이 경기력 향상과 근육 보강을 위해서 테스토스테론을 섭취하면, 간 기능이 변하고 혈액 속의 유해 지방질 수치가 상승하며 혈압이 높아지는 것으로 알려져 왔다. 역도 선수들이나 보디빌더들이 스테로이드 때문에 심장발작을 일으켰다는 비극적인 이야기가 비일비재하기 때문에 그런 주장을 무시하긴 어렵다. 결론은 간단해 보인다. 먹어서 복용하거나 주사로 맞는 테스토스테론은 심장병 발생 위험률을 증가시키는 것이다. 성호르몬은 복용하거나 주사로 맞지 않아도 몸 안에서 자연적으로 생산된다. 성호르몬의 분비는 억제와 반(反)억제의 복잡

---

1 세포의 단백질 흡수를 촉진하는 합성 스테로이드. 근육강화제로도 쓰인다.

한 시스템에 의해서 신중하게 조절된다.

우리가 가장 큰 관심을 갖고 다루고 있는 것은 태아에 의해 생산되는 호르몬, 바로 태아기의 테스토스테론이다. 나는 태아기의 테스토스테론이 성인 남성의 심장병과 조기 심장발작을 막아 준다고 생각한다. 내 생각이 옳다면 카사노바형의 손가락 비율은 심장발작 위험률이 낮다는 것을 말해 주는 표시가 된다. 왜, 어떻게 그럴 수 있는지 이해하기 위해 잠시 주제에서 벗어나 성 선택 이론이라는 논란 많은 세계로 들어가 보자.

유전자들은 복제되고 계속해서 후대로 전달됨으로써 살아남는다. 그러므로 남성이 여성의 관심을 끌기 위해 다른 남성과 경쟁하는 데 도움이 되는 유전자는 많은 후손들의 형태 속에 전달될 것이다. 남성이 여러 아내를 거느릴 수 있는 사회에서는, 경쟁력이 뛰어난 남성이 아내를 얻기 위한 경쟁에서 좋은 성과를 거두고 경쟁력이 없는 남성은 배우자와 자녀를 얻지 못할 수 있다. 진화론적 견지에서 보자면 성 선택은 경쟁력이 없는 남자들이 사라지게끔 한다.

이제 남성과 여성의 신체적인 차이에 대한 이야기로 돌아가자. 그런 신체적 성차가 사회화나 주위의 기대로부터 생긴다고 보긴 어렵다. 그러므로 성차가 비롯되는 근원을 태아기에서 찾아야 할 것이다. 나는 태아기의 성차가 발육 중인 태아를 감싸고 있는 테스토스테론과 에스트로겐의 상대적 양에서 비롯된다고 믿고 있다. 태아가 만일 남자아이라면 다량의 테스토스테론과 소량의 에스트로겐에 노출될 것이다. 그리고 그 영향으로 능률적인 심장혈관계, 빨리 오랫동안 달릴 수 있는 능력, 강한 근력 등을 가지게 될 것이다. 실제로 임신 초기에 무심코 에스트로겐 성분을 섭취한 임산부들은 심장과 혈관에 장애가 있거나 손가락의 발달에 문제가 있는 남자아이를 출산할 확률이 높다.[2] 이러한 증거는 테스토스테론, 특히 태아기의 테스토스테론이 성인 남성의 심장 기능 저하를 막아 주는 역할을 한다는 것을 암시한다. 테스토스테론은 심장과 혈관이 아무런 결함 없이 튼튼하게 만들어지고, 근육과 뇌에 혈액 공급이 원활하게 될 수 있도록 작용함으로써 심장을 보호한다. 즉 테스토스테론은 남성의 심장 발작을 유발하는 것이 아니라 오히려 그것을 막아 주는 역할을 한다.

그런데 왜 선진국 남성의 주요 사망 원인이 심장병일까? 2장에서 언급한 것처럼 생활방식은 단지 하나의 요인에 불과하다. 많은 선진 국가들에서, 남자 태아는 일반적으로 테스토스테론 수치는 낮고 에스트로겐 수치는 높은 태내 환경에서 자랄 것이다. 그런 이유로 남성들의 심장은 정밀하게 만들어지지 않을 수 있다. 그래서 제 기능을 못하고 그 결과 심장병이나 심장발작을 일으키게 되어, 때 이른 죽음을 맞게 되는 것이다.

처음 심장발작이 일어나는 나이를 좀 더 정확하게 검토해 보자. 진화생물학자의 냉정한 시선으로 볼 때, 노인들의 생명을 위협하는 사건은 그 가족의 크기나 직계 후손의 건강에 별다른 영향을 미치지 않는다. 노인들은 이미 자녀를 다 낳았고, 가족에 대한 그들의 효율적인 투자가 사실상 끝나 가고 있기 때문이다. 그러므로 70대나 80대에 심장발작 위험률을 증가시키는 유전자는 자연 도태에 의해 반드시 제거될 필요가 없을 것이고, 그런 유전자가 나타나는 빈도도 일정한 방향 없이 그저 서서히 높아졌다 낮아졌다 할 것이다. 게다

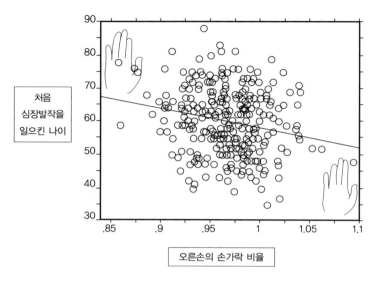

처음
심장발작을
일으킨 나이

오른손의 손가락 비율

[그림 5.1]

영국 서북부의 백인 남성 292명의 손가락 비율과 처음 심장발작을 일으킨 나이. 이 표본에서 처음 심장발작을 일으킨 연령대는 이르게는 30대 초반에서 늦게는 80대 중반에 이른다. 여성형 손가락 비율을 가진 남성들은 30대에서 50대 초반에 심장발작을 일으킨 사례가 많았고, 카사노바형의 손가락 비율을 가진 남성들은 50대 중반에서 80대에 심장발작을 일으키는 경향이 있었다.

가 보다 젊을 때에는 그런 유전자가 어떤 이점으로 작용한다면, 그 유전자가 나타나는 빈도는 한층 높아질 것이다. 그런 유전자들의 축적은 원기 왕성한 청년기와 건강이 삐걱거리기 시작하는 노년기의 패턴에 대해 진화론적 설명을 가능케 한다.

서구 사회에선 목숨까지 위협할 수 있는 심장발작이 30~40대의 남성들 사이에서 많이 일어나고 있다. 남성들의 심혈관계가 이렇듯 젊은 나이에 악화되는 패턴은 생물학적 요인들, 특히 유전자와 관계가 있는 걸까? 만일 그렇다면 그런 유전자들은 왜 자연 도태에 의해 없어지거나 바뀌지 않은 걸까? 손가락 비율을 활용해서 그런 중요한 문제들에 접근할 수 있다.

[그림 5.1]은 영국 서북부의 백인 292명이 처음 심장발작을 일으킨 나이와 손가락 비율의 관계를 보여 준다. 흩어진 점들 사이를 가로지르는 선이 이 자료의 평균을 나타낸다. 카사노바형의 손가락 비율을 가진 남성들은 비교적 늦은 나이에 처음으로 심장발작을 일으키는 경향이 있고, 반면에 여성형 손가락 비율을 가진 남성들은 보다 이른 나이에 심장발작을 겪는 경향이 있다. 이 조사는 심장발작을 일으킨 적은 있지만 살아남은 남성들에 대한 것임을 유의해야 한다. 치명적인 심장발작이 일어나는 나이도 손가락 비율을 통해 예측할 수 있을지 우리는 아직 알 수 없다. 그러나 나는 치명적인 심장발작에 대해서도 예측이 가능하리라 본다. 오히려 치명적이지 않은 심장발작에 대해서보다 더 강력한 예측 변수가 될 것이다.

과체중인 사람들, 허리둘레가 엉덩이 둘레에 비해 상대적으로 두꺼운 사람들, 흡연자들, 사회경제적 수준이 낮은 사람들이 심장발작을 일으킬 위험률이 높은 건 사실이다. 그러나 통계 조사에 따르면, 손가락 비율을 이용하여 그런 요인들과 상관없이 심장발작을 일으키는 나이를 예측할 수 있다. 한편 똑같은 통계 조사를 통해 생활방식 또한 심장병의 발생 위험률을 높이는 독립적인 변수라는 것이 발견됐다.

무엇이 어떤 것을 예언하는지 알아내는 데는 시간이 걸리겠지만,

최근의 한 조사 결과는 여성형 손가락 비율을 가진 남성들이 피브리노겐[2]과 갑상선자극 호르몬[3](thyroid stimulating hormone, TSH)의 수치가 높다는 것을 보여 준다.[3] 이는 손가락 비율이 심장 건강의 척도로 작용하는 열쇠일 수도 있음을 시사한다.

많은 사람들이 심장병의 주요 요인으로 피브리노겐을 꼽는다. 혈액 속에서 다량으로 관찰되는 피브리노겐은 혈액 응고에 중요한 기능을 한다. 피부에 상처가 나면 손상된 혈관 속에서 분자 폭포 효과가 일어난다. 그리고 주로 피브리노겐으로 이루어진 혈액 응고 덩어리가 형성되어 출혈이 계속되는 것을 막는다. 그 과정이 제대로 이루어지지 않으면 혈액 응고체가 부적절하게 형성되고, 그것이 심장으로 이동해 관상동맥을 막아 심장에 산소 공급이 제대로 이루어지지 않게 된다. 그 결과가 심근경색 혹은 심장발작이다.

남성의 경우, 여성형의 손가락 비율은 높은 피브리노겐 농도와 관련이 있지만, 자연적인 혈액 응고 경향과 관계가 있는지는 알 수 없다. 여성형 손가락 비율은 치명적인 혈액 응고 경향보다는 피브리노겐과 더 많은 관계가 있다. 피브리노겐은 아주 큰 분자로, 완전한 상태의 혈관계를 유지하는 데 필요한 것보다 훨씬 많은 양이 혈액 속에 들어 있다. 그래서 피브리노겐 수치가 높은 남성의 심장은 점성이 높은 혈액을 몸 구석구석에 공급하기 위해 힘겹게 펌프질을 해야 한다. 그것이 달리기 속도와 남성형 손가락 비율 사이의 연결 고리를 제공한다.

카사노바형의 손가락 비율을 가진 남성은 피브리노겐의 수치가 낮으므로 점성도가 낮은 혈액을 가지며, 그런 혈액은 모세혈관 속을 쉽게 통과한다. 그러나 점성이 높은 혈액은 심장에 지속적으로 부담을 줘 심장을 지치게 할 수 있다. 심장의 그런 소모 과정이 장기간 계속되면, 나이 듦에 따른 자연적인 혈관 쇠퇴 과정이 가속화될 수 있다. 이 경우에도 생활방식 요인들이 관련되어 있다. 체중의 증가, 스트레스의 과중, 흡연, 노화 등은 모두 피브리노겐의 농도가 높아지는 것과 관계가 있다.

피브리노겐이 심장혈관계 악화의 주요 요인이긴 하지만 유일한 변수는 아니다. 아직 논문은 발표하지 않았지만 내가 피터 번드레드와 찰스 반 헤이니젠(Charles Van Heynigen)과 함께한 연구에 따르면 손가락 비율은 피브리노겐과 상관관계가 있고, 체중 및 허리 대 엉덩이 비율은 혈중 지방질 수치와 밀접한 관계가 있다.

혈류 속에 있는 높은 수치의 콜레스테롤, 특히 저밀도 콜레스테롤은 심각한 심장병을 초래하는 요인이다. 저밀도 지방질의 수치를 낮추면 심장발작이 일어날 위험률도 낮아진다. 저밀도 지방질 수치와 관련된 심장발작 위험률은 손가락 비율과는 별 관계가 없다. 그 대신 손가락 비율 이외에, 심장혈관계의 능률과 독립적으로 관계된 아주 간단한 신체 측정치들이 있다. 체중과 허리 대 엉덩이 비율이 그것이다. 이 두 가지는 손가락 비율과는 다른 측면에서 심장병의 위험률을 예언해 주는 유용한 측정치이다. 그렇지만 그것들을 활용하

---

2 혈액 응고에 중심적 역할을 하는 단백질. 척추동물의 혈장 속에 존재하며 간에서 주로 생성된다.
3 갑상선에 작용해서 요오드의 섭취 및 산화, 갑상선 호르몬의 합성과 분비를 촉진하는 호르몬. 뇌하수체 전엽에서 분비된다.

는 일이 쉽지만은 않다. 두 가지 모두 고정되어 있는 것이 아니고 또 나이를 감안해서 적용해야 하기 때문이다. 그에 반해 손가락 비율은 불완전하게 형성된 혈관계와 높은 수치의 피브리노겐에 대해 일찌감치 경고해 줄 수 있다. 손가락 비율은 또 어떤 것들을 알려 줄 수 있을까?

완전하게 형성된 심장혈관계와 적당한 점성의 혈액만이 튼튼한 심장의 구성 요소에 포함되는 건 아니다. 맥박이 불규칙하게 뛰는 부정맥은 훨씬 더 위험한 심장발작 요인이 될 수 있다. 불규칙한 심장박동은 신경 계통의 이상이나 비정상적으로 활발한 신진대사로 인해 생길 수 있는데, 갑상선과 손가락 비율의 관계를 통해 신진대사의 몇몇 양상들을 예측해 볼 수 있다.

갑상선은 호흡기관의 양쪽에서 발견되는 두 개의 엽(葉)으로, 얇은 조직으로 연결되어 있다. 남성보다는 여성의 갑상선이 큰데, 생리 기간에는 더욱 커진다. 갑상선의 주요 생산물로는 요오드를 함유하고 있는 호르몬인 티록신(T4)과 티록신으로부터 만들어지지만 보다 활성이 높은 삼요드티로닌(T3)이 있다. 이런 호르몬들의 합성은 태아기 3개월경부터 시작되어 사춘기와 임신 기간 동안에 증가하지만, 가장 큰 성차를 보이는 것은 갑상선 질병의 패턴이다. 여성은 남성보다 갑상선 질병에 더 잘 걸리는 경향이 있다. 성인기에 티록신이 결핍되면 얼굴이 붓고, 눈썹이 잘 자라지 않으며, 볼의 혈관이 확장된다. 그런 증상을 점액수종이라고 하는데 중년의 여성들에게 가장 많이 나타난다. 한편 요오드가 부족한 지역에선 갑상선이 지나치게 확대되는 결과가 초래된다. 그것은 갑상선종이라는 병으로 역시 여성들에게 더 흔하다.

갑상선은 신체에 어떤 영향을 미칠까? 갑상선을 제거하면 체온이 떨어지고 맥박과 호흡이 느려지며, 정신적으로 무감각해지는 한편 체중이 늘어난다. 갑상선이 비정상적으로 확대되면 티록신과 삼요드티로닌이 과잉 생산되고 심장박동이 1분당 150회 내지 160회로 빨라진다. 그와 함께 사고 과정과 활동 수준도 빨라지고, 축적된 지방이 분해되며, 쉬이 피로를 느끼게 된다. 그런 상태가 심장병을 초래한다는 건 두말할 필요도 없을 것이다.

피터스(Peters)와 그의 동료들은 실제로 티록신의 수치가 높을 경우 심장발작 가능성이 세 배나 증가한다는 것을 발견했다. 티록신의 생산은 뇌하수체에 의해 조절된다. 뇌하수체는 머릿속에 있는 분비선으로, 시상하부라고 하는 뇌의 한 부분과 밀접하게 연관되어 있다. 시상하부의 신호를 받고 뇌하수체에 혈액이 공급되면 갑상선자극 호르몬이 생산된다. 갑상선자극 호르몬의 수치가 높으면 갑상선이 자극되어 티록신을 생산하게 되고, 그로 인해 신진대사율과 심장박동이 빨라진다. 혈액 속의 티록신이 증가하면 갑상선자극 호르몬의 생산은 감소된다. 그리고 티록신이 감소하면 심장박동이 느려진다. 신진대사가 일정한 상태에서 갑상선자극 호르몬이 계속해서 다량으로 생산되면 심장박동이 빨라지고 부정맥 혹은 심지어 심장발작까지 초래될 수 있다.

중국 서북 지방의 아이들을 대상으로 한 최근의 연구는, 여성형 손가락 비율을 가진 사람은 혈액 속의 갑상선자극 호르몬 수치가 높다는 것을 보여 준다. 이 지역의 토양에 함유된 요오드 수치는 다소 낮은 편이다. 우리는 요오드 보충 프로그램을 진행하면서, 아이들 140명의 손을 촬영하고 혈액 표본을 이용해 아이들의 갑상선자극 호르몬과 삼요드티로닌의 수치를 측정했다. 그리고 이 지역 사람들의 손가락 비율 패턴을 확인하기 위해 417명의 아이들 손을 추가로 촬영했다.

2장에서 언급했듯이 중국 서북 지방의 주요 민족 그룹에는 위구르족과 한족이 있는데, 위구르족 아이들이 한족 아이들보다 더 낮은 손가락 비율을 가지고 있다. 갑상선자극 호르몬과 티록신의 수치에서 보이는 민족·성별 간 차이를 통제하자 명확한 경향이 드러났다. 여성형의 높은 손가락 비율을 가진 아이들이 카사노바형의 낮은 손가락 비율을 가진 아이들보다 갑상선자극 호르몬의 수치가 더 높았다. 갑상선자극 호르몬과의 관계보다는 약했지만, 손가락 비율이 높으면 티록신의 수치 또한 높아지는 관계도 나타났다. 만일 그런 경향이 다른 민족에서도 발견된다면 높은 손가락 비율을 가진 남성은 갑상선자극 호르몬의 수치가 높아서 그로 인해 티록신의 수치가 높아지고 심장박동이 빨라져 부정맥의 발병 가능성이 높아진다고 볼 수 있다.

손가락 비율과 혈관계에 대한 주제를 마무리하기 전에, 심장 근처에서 일어나는 혈액 응고에 대해 검토해 보자. 혈전이 외상에 대한 반응으로 형성되는 것만은 아니다. 자발적으로 생길 수도 있다. 그렇게 응고된 혈액이 몸속을 이동하면서 이따금 중요한 혈관을 막아 뇌졸중이나 심장발작을 일으키기도 한다. 그런 혈액 응고체가 형성되는 데 영향을 주는 요인에는 많은 것들이 있다. 그중에서 현재 자주 언급되고 있는 것이 장거리 비행이다. 장거리 비행을 할 경우, 다리를 뻗을 공간이 없어 운동량이 부족해진다. 그로 인해 탈수증이 유발되고 혈액의 점성이 높아져 심부정맥 혈전증이 발생할 위험성이 높아진다. 특히 여성형 손가락 비율을 가진 남성 승객은 혈액의 점성이 높아 혈전증 발생 위험률이 유달리 높을 것이다. 따라서 손가락 비율을 이용해 혈전증의 발생 위험률이 높은 승객들을 찾아내고, 운동을 권하거나 물을 마시게 하거나 수분을 빼앗는 주류를 금하게 함으로써 위험률을 줄일 수 있을 것이다.

여성의 손가락 비율과 유방암 · 난소암

심장병이 남성의 주요 사망 원인이라면, 유방암은 여성의 주요 사망 원인이다. 본래 여자나 남자 모두 태내에서 똑같이 유방이 발육되고, 남성에게도 여성처럼 유방 조직이 있지만, 유방함 환자는 거의 여성들이다. 남성의 경우 유방암으로 인한 사망은 전체 사망률의 1퍼센트에도 미치지 않는다.

유방암의 성차를 밝히는 데 있어서, 유방암 발생률이 어느 지역에서나 일률적인 것은 아니라는 점에 주목할 필요가 있다. 선진국에선 암으로 인한 여성의 사망률 가운데 유방암이 17퍼센트를 차지한다. 반면에 개발도상국에서는 12퍼센트가 채 되지 않는다. 그렇지만 미국이나 영국 같은 선진국에서 백인 여성들의 유방암 발생률이 개발도상국인 중국은 물론 부국인 일본의 여성들보다도 다섯 배나 높다는 사실에 비추어 보면, 유방암의 패턴이 그렇게 단순하지만은 않음을 알 수 있을 것이다. 그런 차이에는 유전적 요인이 어느 정도 있을 수 있지만, 환경적 요인이 보다 강하다는 증거가 있다. 서방 국가로 이주한 2세대 동아시아 여성들의 유방암 발생률이 높다고 밝혀진 것이다.

　에스트로겐은 유방암을 이해하는 데 필요한 핵심 요소이다. 유방은 사춘기에 크기가 커지고 성숙해지기 시작한다. 그 과정은 급속한 세포 분열과 관계가 있다. 세포 분열은 가슴 안의 복잡한 유관(乳管)을 가득 채우고 있는 상피 세포에서 가장 뚜렷하게 일어난다. 에스트로겐은 특히 사춘기 후와 첫 임신 전에 상피 세포의 분열을 자극한다. 그런데 유전자 복사 과정에서 세포 분열이 잘못되거나 에스트로겐의 분해 산물이 직접적으로 유전자들을 손상시킬 수 있다.[4] 유방암은 그런 유전자 손상에 의해 발생하게 된다. 에스트로겐의 영향은 거기서 멈추지 않는다. 많은 유방 종양들이 자라려면 다량의 호르몬이 필요하다. 수많은 연구팀들이 유방 종양의 50퍼센트 내지 80퍼센트에서 에스트로겐과 결합하려는 수용체들을 발견했다. 그러므로 타목시펜 같은 유방암 치료제로 에스트로겐과 수용체들이 결합하는 것을 막으면 유방 종양의 성장과 확산을 막을 수 있을 것이다. 에스트로겐 수용체가 많은 유방 종양의 반 이상이 에스트로겐을 차단하는 약품이나 호르몬 치료제에 반응한다. 반면에 에스트로겐 수용체가 없는 유방 종양은 5퍼센트 정도만이 그런 치료제에 반응한다. 이미 생성된 종양들을 치료하는 데 에스트로겐과 유방암에 대한 이런 지식을 활용할 수 있다. 이 같은 지식을 이용해서 종양의 발생을 조기에 차단할 수 있을까?

　유방암 발생 요인에는 여러 가지가 있지만, 근본적인 요인으로는 에스트로겐이 꼽힌다. 초경이 일찍 시작되거나 초산이 늦어질 경우, 출산 경험이 적거나 없는 경우, 폐경이 늦은 경우 등이 유방암의 발생 가능성이 높아지는 것과 관계가 있고, 또한 에스트로겐에 많이 노출되는 것과도 관계가 있다. 그 이유는 전형적인 생리 주기에 대한 지식을 통해 쉽게 찾을 수 있다. 생리 주기가 시작될 때는 에스트로겐 수치가 낮다. 그렇지만 주기가 진행되면, 난소에서 난자가 성숙하면서 에스트로겐 수치가 증가하기 시작해 배란 직전에 절정에 이른다. 그 무렵의 에스트로겐 수치는 생리 주기가 시작될 때보다 몇 배나 높아진다. 그러므로 배란을 많이 하는 여성들은 에스트로겐 수치의 급상승을 더 자주 경험하게 되는 것이다.

　유방암 발생률은 서구에서 가장 높다. 보이드 이튼(Boyd Eaton)과 그의 동료들은 선진국 여성들이 경험하는 배란의 예상 횟수를 계산했다. 미국이나 영국 같은 나라에선 초경이 시작되는 나이가 지속적으로 빨라지고 있다. 현재 미국에서의 초경 나이는 대략 12.5세이다. 반대로 조금씩 늦어지고 있는 폐경의 평균 나이는 50.5세이다. 그러므로 미국 여성들은 보통 38년이란 시간 동안 배란을 하게 된다. 그리고 1년에 열세 번을 배란하므로 38에 13을 곱하면, 미국 여성이 일생 동안 겪게 되는 에스트로겐의 큰 파동은 494번이 된다. 그렇지만 이 수에서 아이를 임신하는 기간과 모유를 먹임으로써 배란이 억제되는 기간을 빼야 한다. 미국 여성들은 평균 1.8명의 아이들을 낳고, 약 석 달 동안 모유를 먹인다. 이것은 생식의 결과로써 약 23회의 배란이 억제된다는 것을 의미한다. 그리고 무배란 주기나 유산이나 사산으로 배란이 억제되는 20회 정도를 빼면, 유방암을 초래할 수 있는 에스트로겐의 급상승은 450회 정도 일어난다고 할 수 있다.

여성들이 출산 가능한 연령대 동안 급상승하는 에스트로겐에 어떻게 적응하는지는 확실하게 밝혀지지 않았다. 지금으로부터 멀지 않은 과거에 우리의 조상들은 수렵·채집 생활을 했다. 지금도 수렵·채집 생활을 하는 몇몇 부족들이 있다. 그런 부족의 여성들은 에스트로겐이 급상승하는 경험을 그렇게 많이 하지 않는다. 그들의 평균 초경 나이는 16.1세로 늦은 편이고, 평균 폐경 나이는 47세로 이른 편이다. 결국 그들이 배란을 하는 기간은 30.9년이고, 에스트로겐이 급상승하는 횟수는 402회가 된다. 그렇지만 그런 부족의 여성들은 보통 6명의 아이들을 낳는다. 서구 사회 여성들이 낳는 자녀 수보다 훨씬 많은 수치이다. 또한 평균적으로 약 2년 동안 모유 수유를 함으로써 배란 횟수는 훨씬 더 줄어든다. 결과적으로 대략 215회의 배란이 억제된다. 거기에 무배란 주기, 사산, 유산으로 배란이 억제되는 경우를 포함하면, 수렵·채집 생활을 하는 여성들이 평생 배란을 하는 횟수는 약 160회 정도가 된다. 이것은 선진국 여성들이 수렵·채집 생활을 하는 여성들보다 에스트로겐에 노출될 기회가 약 3배 정도 많음을 뜻한다.

피임약이 에스트로겐 노출 패턴에 변화를 주기는 하지만 암 발생의 정확한 증가량을 수량화하기란 불가능하다. 물론 초산이 늦어지면 유방암에 걸릴 가능성이 높아진다는 것에는 의문의 여지가 없다.

그런 패턴은 서구 여성들의 특징이다. 특히 18세 이후로 고등 교육을 받는 여성들에게 그런 특징이 더욱 강하게 나타난다. 저개발 국가 여성들의 유방암 발생률은 선진국보다는 낮고 수렵·채집 사회보다는 높다. 이와 같이 서구 사회에서 유방암이 가장 흔하다는 사실은 놀라운 일이 아니다.

선진국의 유방암 발생률이 높은 것은 서구 여성들이 전반적으로 에스트로겐에 더 자주 노출되는 패턴 때문이라고 설명할 수 있다. 그러나 여전히 유방암에 대한 많은 문제들이 명확하게 설명되지 않고 있다. 디미트리우스 트리코풀로스(Dimitrious Trichopoulos)는 이미 알려진 유방암 발생 요인들로는 유방암 발생률이 국가마다 다른 이유를 명확하게 설명할 수 없다는 점을 지적하고, 유방암 발생률을 높이는 또 다른 요인을 찾아냈다.[5] 그는 이전에 간과되었던 요인이 에스트로겐임을 거론하면서, 성인기의 유방이 아니라 태아기의 유방에 에스트로겐을 적용해서 설명해야 한다고 주장했다. 임신 기간 동안에 에스트로겐 수치는 다른 때보다 10배 이상 높아지는데, 사실상 그러한 농도는 여성들마다 다르기 때문에 유방암이 태내에서 비롯된다고 추측할 수 있다는 것이다.

그럼 이제 태아기의 에스트로겐이 유방암의 발생 요인이라는 가설에 대한 증거들을 찾아보자. 유방암에 걸린 두 환자가 있다고 가정하자. 한 명은 35세에, 다른 한 명은 70세에 유방암 종양이 나타났다. 종양이 발생한 나이가 다른 건 그들이 태내에 있을 때 에스트로겐에 노출된 정도를 반영하는 것일 수 있다. 그 시기에 에스트로겐 수치가 높았다면, 그것이 발육 중이던 태아의 유방 조직 안에 있는 유전자들을 손상시켜 유방암이 초래될 수 있다. 그런데 종양 유전자를 변경시키고 종양의 형성을 지연시키는 유전자들이 있다는 것을 예상할 수 있다. 종양 형성이 지연될수록 변경 유전자[4]들이 종양 보유자의 자녀에게 전달될 가능성이 커지기 때문이다. 그렇지만 유전자 손상이 광범위해지면, 이런 유전자들도 종양 유전자들을 억제할 수 없을 것이다. 그 결과 상대적으로 이른 나이에 종양이 나타나는 것이다. 태내의 에스트로겐 수치가 낮으면, 발육 중인 유방 유전자의 손상이 적어 변경 유전자들이 유방암을 억제할 것이다. 그러나 노인들에게는 그런 유전자들도 크게 도움이 안 될 것이다. 노년기에는 유전자들의 효력이 전달될 가능성이 높지 않기 때문에 암이 발생하는 것이다.

이런 가설은 손가락 비율을 활용해서 간단하게 검증할 수 있다. 손가락 비율에는 출생 전 에스트로겐의 수치를 보여 주는 단서가 담겨 있기 때문이다. 이 생각이 옳다면, 이른 나이에 유방암에 걸린 여성은 긴 검지와 짧은 약지를 가지고 있을 것이다. 반면 늦은 나이에 유방암에 걸린 여성은 짧은 검지와 긴 약지를 가지고 있을 것이다. 유방암에 걸린 여성들 100여 명을 대상으로 이런 가설에 대한 검증 테스트를 한 적이 있다.[6] [그림 5.2]는 이른 나이에 유방암에 걸린 여성들이 실제로 여성형 손가락 비율을 가지고 있음을 보여 준다. 그렇지만 한 번의 표본 조사가 지금까지의 주장을 전적으로 증명해

---

4 어떤 유전자의 발현을 변경시키는 유전자.

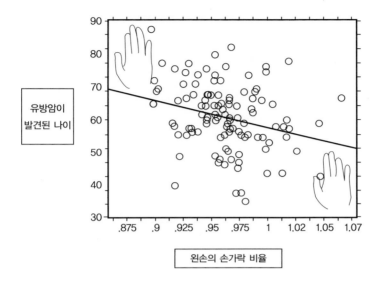

[그림 5.2]

긴 검지와 유방암의 관계. 118명의 여성들로 구성된 이 표본은 여성형 손가락 비율을
가진 환자들이 일찍 유방암에 걸렸다는 것을 보여 준다.

준다고 확신할 수는 없다.

태아기의 에스트로겐과 유방암에 대한 트리코풀로스의 가설을 검
증하는 또 다른 방법이 있다. 국가별로 유방암 발생률이 다른 이유
는 주로 태아기의 에스트로겐 수치가 다르기 때문이라고 가정해 보
자. 영국의 태아가 중국의 태아보다 평균적으로 다섯 배나 많은 에
스트로겐을 경험한다는 것이 사실일까? 더 나아가, 에스트로겐에
의해 유발되는 다른 암에도 이것을 적용시켜 설명할 수 있을까? 그
렇다면 난소암이 확실한 선택일 것이다.

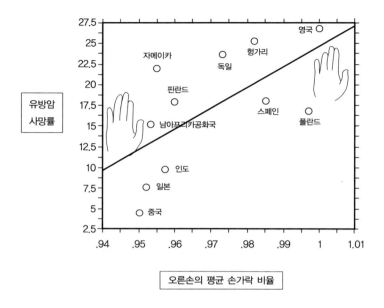

[그림 5.3]

손가락 비율과 유방암 사망률과의 관계. 유방암으로 인한 사망률은 국가마다 크게 다르다. 영국, 스페인, 폴란드 등의 여성들은 약지에 비해 긴 검지를 가지고 있고(여성형 손가락 비율), 유방암 사망률이 높다. 중국, 일본, 인도의 여성들은 약지에 비해 짧은 검지를 가지고 있고(남성형 손가락 비율), 유방암 사망률이 낮다.

    폐경 전 여성들에게 에스트로겐의 주요 원천은 난소이다. 보이드 이튼과 그의 동료들은 이른 초경, 낮은 출산율, 늦은 폐경과 같은 유방암의 위험 요인들이 난소암의 위험 요인도 될 수 있다는 것을 보여 주었다. 우리는 이미 북유럽, 동유럽, 남유럽, 서유럽, 카리브 해, 아프리카 남부, 중앙아시아, 동남아시아 등을 대표하는 11개 표본 집단으로부터 측정한 여성들의 손가락 비율을 가지고 있다. 그런 국

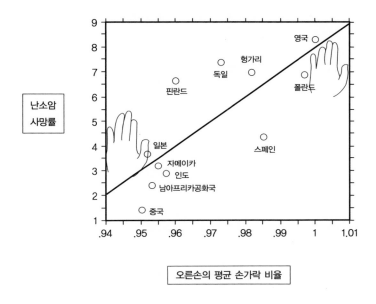

[그림 5.4]
11개국 여성들의 평균 손가락 비율과 난소암 사망률과의 관계. 검지가 긴 여성형 손가락 비율을 가지고 있는 국가들에서 난소암 사망률이 높다.

가들은 유방암 사망률에 큰 차이가 있음을 보여 준다. [그림 5.3]은 카사노바형의 낮은 손가락 비율을 가진 국가에서는 유방암으로 인한 사망률이 낮지만, 손가락 비율이 높아질수록 유방암 사망률도 높아지는 것을 보여 준다. 난소암의 경우에도 손가락 비율이 높을수록 사망률이 높다([그림 5.4]).

나는 유방, 난소, 심장처럼 강력한 성 선택의 영향을 받기 쉬운 기관들은, 그와 관련된 질병에 있어서도 성차가 중요한 변수가 된다고 결론짓고자 한다. 이는 거의 확실하다고 생각되는데, 남녀가 반응하는 방식에 있어서 보다 미묘한 차이를 보이는 질병들 역시 태내 환경의 결과일 것이다.

6장 손가락, 전염병에 관한 새로운 가설

에드워드 후퍼는 HIV가 영장류 세포에서 배양된 인간의 소아마비 백신으로부터 비롯되었다는 주장으로 세상을 떠들썩하게 했다. 후퍼가 말한 소아마비 백신은 두 가지 대형 실험에서 이용되었다. 한 실험은 폴란드에서 진행됐고, 또 다른 실험은 아프리카에서 진행됐다. 그러나 후퍼는 폴란드에서 사용된 백신은 HIV 전염병을 유발하지 않은 데 반해, 아프리카에서 사용된 백신은 HIV 전염병을 일으킨 이유를 설명하지 못했다. 폴란드는 HIV 감염률이 전 세계에서 가장 낮은 국가 중 하나이고, 손가락 비율은 가장 높다.

The Finger Book
-Fingers and Infectious Diseases

전염병과 아토피성 질환에 관한 새로운 가설

왜 어떤 나라들은 다른 나라에 비해 전염병이 많은 것일까? 박테리아가 번식하기에 이상적인 기후 조건, 즉 무덥고 습한 곳이나, 하수 처리 시설이 열악해 수질이 오염된 인구 과밀 지역에 전염병이 많다는 건 두말할 필요가 없을 것이다. 전염병이 만연하는 데는 그 외에도 많은 환경적 요인들이 있다. 그러나 그런 환경적 요인들이 전염병 확산의 유일한 예측 변수는 아니다.

전반적으로 선진 국가들은 전염병 때문에 심각한 고통을 받지는 않는다. 그러나 심장발작, 유방암, 아토피성 질환 등의 병이 늘고 있는 추세이다. 아토피성 질환은 면역 체계의 이상에서 비롯되는 것으로 알레르기성 비염, 습진, 천식 등이 있다. 면역 체계가 알레르기 항체인 면역글로불린E(immunoglobulin E, IgE)[1]를 과잉 생산할 때,

---

1 혈청 성분 중 외부에서 침입한 이물질에 대항해 항체 작용을 하는 단백질. 알레르기에 반응한다.

아토피성 질환이 초래된다. 항체는 질병, 세균, 꽃가루, 곰팡이 포자 등의 표면에 있는 물질이나 항원에 대항하여 면역 체계가 반응하는 것이다. 항체의 다섯 번째 클래스에서 발견되었다고 해서 E로 표기하는 면역글로불린E는 아토피성 질환 특유의 염증을 활성화시킨다. 비만 세포²라고 하는 특별한 세포들이 염증을 유발하는 히스타민을 분비하도록 자극하는 것이다. 아토피성 반응으로 코에서 일어나는 알레르기성 비염, 폐에서 일어나는 천식, 그리고 피부에서 일어나는 습진은 아이들에게 가장 많이 나타난다. 예를 들어 미국에서는 유아의 10퍼센트 가량이 아토피성 습진의 공격을 받지만, 성인의 경우 아토피성 습진은 약 3퍼센트에 불과하다.

전염병이 거의 없는 국가들에서 아토피성 질환이 유난스럽게 많이 발생한다면, 그 이유는 알레르기를 유발하는 환경을 만들 만한 병원균들이 별로 없기 때문일 것이다. 그것이 천식의 기원에 대한 유력한 가설의 핵심 요지이다. 즉 병원성 바이러스나 박테리아나 기생충 같은 것들을 찾아보기 힘들 만큼 깨끗하고 건강한 환경이 아이의 면역 체계 발달에 영향을 줄 수 있다는 것이다. 너무 깨끗하고 건강한 환경 속에 있는 아이들은 병원체들 중에서 자신의 것을 인지하는 능력이 약해질 수 있다. 그 결과 면역 체계가 제 기능을 못하면서 천식이나 알레르기성 비염 같은 면역반응 이상 질환이 생기는 것이다. 이것이 바로 '위생 가설'이다.[1]

이 장에서는 손가락 비율과 전염병 및 아토피성 질환의 관계에 대해 새로운 가설을 제안하고자 한다. 무덥고 습한 기후 조건이나, 열악한 하수 처리 시설이나 수질 오염이라는 막연한 이유만으로는 전염병의 분포 양상을 설득력 있게 설명할 수 없다. 마찬가지로 위생 가설만으로는 전염병이 거의 없는 사회에서 아토피성 질환만큼은 성행하는 이유를 적절하게 설명할 수 없다. 그래서 출생 전 테스토스테론의 수치가 높은 사회 집단은 결과적으로 면역 기능이 저하된다는 것을 가설로써 제안하고자 한다. 면역 기능이 저하되기 때문에 전염병이 퍼지고 유아 및 성인의 사망률이 높아지는 것일 수 있다.

특정 지역에서 흔히 발생하는 질병들에 대해 얻은 후천적 면역은 테스토스테론이 면역 체계에 미치는 영향력 안에 포함되지 않는다. 또한 특정한 질병에 저항하면서 흔해진 단일 유전자도 테스토스테론과 관계가 없다. 테스토스테론은 일반적인 면역 기능의 수준이 저하되는 것과 관계가 있다. 한편 면역성이 저하됨으로써 생기는 이점들도 있다. 그중 가장 중요한 것이 자기 자신의 몸에 가해지는 면역 공격이 줄어든다는 것이다. 전염병이 드문 곳에서 천식과 관련된 질병들이 흔하다는 사실은 놀라울 것이 없다. 그런 사회에서는 출생 전 높은 수치의 테스토스테론에 의해 면역 기능이 저하되지 않기 때문이다.

병원체나 질병을 일으키는 해로운 유기체로는 박테리아, 바이러스, 단세포 생물, 기생충 등이 있다. 이런 것들은 인간의 건강 상태를 악화시키고 끔찍한 사망률을 초래한다. 이처럼 해로운 유기체들의 분포를 이해하는 데 있어서 중요한 역할을 하는 것이 성, 구체적

---

2 피부의 점막과 폐, 장막(腸膜) 등에 존재하는 타원형의 면역 세포. 히스타민, 헤파린을 생산하여 혈액 응고 저지, 혈관의 투과성, 혈압 조절에 작용한다.

으로 말하자면 결혼 제도이다.

어느 한 사회 집단에서 인간의 성 선택은 그 집단에서 통용되는 결혼 제도에 크게 좌우된다. 결혼 제도는 한 명의 아내가 여러 명의 남편을 갖는 일처다부제에서, 한 명의 아내가 한 명의 남편만을 갖는 일부일처제, 그리고 한 명의 남편이 여러 명의 아내를 갖는 일부다처제에 이르기까지 다양하다. 일처다부제는 극히 드물다. 예를 들자면 인도 북부의 렙차족이나 티베트 사회에서 일처다부제의 결혼 제도를 취하는데, 일처다부제의 대부분은 여러 형제들이 한 명의 아내를 공유하는 형태이다. 한편 일부일처제와 일부다처제는 매우 흔하다. 그리고 많은 사회 집단에서 그런 결혼 제도가 성 선택에 큰 영향력을 발휘한다. 따라서 결혼 제도가 면역 체계에 미치는 잠재적인 영향력을 상세하게 검토해 보고자 한다.

많은 사회에서 일부다처제를 허용하거나 조장한다. 일부다처제에서는 아내를 얻기 위한 남자들의 경쟁이 치열할 것이다. 그런 상황에서 남자의 경쟁력을 높이는 특성이 선호되고, 그 특성은 후손들에게 전해질 것이다. 그러므로 일부다처제는 태아기에 다량의 테스토스테론이 생성되도록 진화를 촉구하고 남자들은 강한 근육과 튼튼한 심장 및 혈관을 갖게 될 것이다. 그러나 한편으로 테스토스테론은 면역 체계의 능률성을 떨어뜨린다. 바로 이 점에서 일부다처제와 전염병의 관계가 남녀 사이에 어떻게 다른지 예상할 수 있다. 여자 태아의 경우, 테스토스테론이 변경 유전자의 작용에 의해 감소된다. 그러나 그런 변경 유전자들도 테스토스테론을 생성하는 유전자들의 발현을 완전히 억제하지는 못한다. 그러므로 일부다처제 사회에서는 남녀 모두 전염병에 쉽게 걸릴 수 있다.

미시간 대학교의 바비 로(Bobbi Low)는 질병과 일부다처제 사이에 강력한 연관성이 있음을 밝혀냈다.[2] 일부다처제 사회에서는 일부일처제 사회보다 병원체 발생률이 높다. 게다가 일부다처제에는 다양한 형태가 있는데, 그런 상황에서 남자들 사이에 벌어지는 치열한 경쟁도 병원체 발생률과 관계가 있다. 예를 들어 '자매형 일부다처제'에서는 한 남자가 한 명 이상의 여자와 결혼할 수 있지만 그 아내들이 모두 자매여야 한다. 그런 형태의 일부다처제에선 남자들의 경쟁이 치열하지 않을 것이고, 질병을 일으키는 병원체의 발생률 또한 높지 않을 것이다. 그러나 남자들이 각기 다른 집안으로부터 아내를 얻을 수 있는 사회나 다른 그룹에서 여자를 생포해 와서 아내로 삼는 사회에서는 특히 신체적 경쟁이 치열할 것이고, 그 결과 병원체 발생률이 높아질 것이다. 그토록 치열한 경쟁 사회에서는 강한 힘과 빠른 몸놀림, 정확한 시공간 판단력이 중요하다. 그런 사회 그룹들은 태아기의 테스토스테론 수치가 높고, 그로 인해 면역 능력이 낮아지기 때문에 병원체의 발생률이 높아진다. 엄격한 일부일처제 사회는 태아기에 다량의 테스토스테론 생성에 대한 압력이 약화된다. 그것은 남자들이 아내를 얻기 위해서 신체적 경쟁을 하지 않아도 되는 것과 관계가 있다. 결과적으로 일부일처제 사회에서는 태아기의 테스토스테론 수치가 낮아서, 면역 기능은 높고 전염병 발생률은 낮을 것이다.

일반적으로 일부다처제와 병원체의 관계는, 일부다처제가 병원체의 확산에 대응하기 위해 채택된 것으로 해석된다. 한 남자가 여러 아내를 둠으로써 다양한 자녀들을 갖게 될 가능성이 높아지고, 그 자녀들 중 최소한 몇 명은 병에 대한 저항력을 가질 것이기 때문에 일부다처제를 채택하게 됐다는 것이다. 그러나 다른 한편으로 일부 다처제 사회에서는 많은 남자들이 자식을 낳을 수 있는 기회조차 얻지 못한다. 그래서 사실상 남자들의 수가 감소하고, 결국에는 자녀 수는 물론 인구가 전반적으로 감소하게 된다. 질병의 분포가 성별과 민족에 따라 다르게 나타나는 현상은, 병원체의 확산에 대한 대응 방안으로 일부다처제가 생긴 것이 아니라 오히려 일부다처제가 병원체의 확산을 초래한다는 가설로 어느 정도 설명할 수 있다. 손가락 비율이 어떻게 그런 가설을 입증해 주는지 알아보자.

아프리카는 왜 에이즈 감염률이 높은가

손가락 비율의 지리적 분포에 대한 조사 자료와 새로운 병원체인 HIV(human immunodeficiency virus, 인체 면역결핍 바이러스)의 확산을 연관 지어 논함으로써 이야기를 시작하겠다. HIV는 에이즈(후천성 면역결핍증, AIDS)의 병인이 되는 바이러스이다. HIV/에이즈가 게이들 사이에서 퍼지고, 같은 마약 주사기를 나눠 쓰는 사람들 사이에서 발생하자 서구 의학계의 관심이 집중됐다. HIV는 급속히 확산되었다. 1998년까지 2천만 명 이상이 에이즈로 사망했고, 1999년에 이르러서는 에이즈가 세계 인구의 주요 사망 원인이 되었다. 에이즈 감염은 이제 더 이상 게이들이나 같은 주사기로 마약을 복용하는 사람들에 국한된 서구 사회만의 문제가 아니다.

HIV 보균자의 67퍼센트 이상이 아프리카의 사하라 사막 이남 지역에서 발견된다. 성행하는 결혼 제도와 관련해서 그 지역은 아주 특별한 곳이다. 일부일처제를 채택하고 있는 사회는 전 세계의 약 20퍼센트이다. 그리고 일부다처제가 때로 허용되는 사회가 50퍼센트, 강력하게 일부다처제를 지키고 있는 사회가 30퍼센트이다. 아프리카의 사하라 사막 이남 지역에서 일부일처제를 채택하고 있는 사회는 겨우 5퍼센트에 지나지 않는다. 그러나 일부다처제는 80퍼센트나 된다. 그중 78퍼센트는 강력한 일부다처제를 채택하고 있다. 그러므로 사하라 이남의 원주민 사회에서는 여자들을 얻기 위한 남자들의 경쟁이 치열할 수밖에 없다.

에이즈는 아프리카 흑인들의 건강과 예상 수명에 가공할 만한 영향을 미치고 있다. 남부 아프리카의 예상 수명은 4분의 1이나 줄었고, 에이즈와 관계있는 결핵 같은 전염병들이 급속히 증가하고 있다. HIV의 아프리카 사하라 사막 이남에서의 주요 감염 경로는, 이성과의 성관계에 의한 감염과 태아가 어머니로부터 영향을 받는 수직 감염 두 가지이다. 서구 사회에서 동성애나 양성애자 남성에서 이성애자들에 이르기까지 HIV 감염이 급속도로 확산될 거라고 예상했지만, 다행히 그런 일은 일어나지 않았다. 그러나 아프리카의 흑인 이성애자들 사이에선 HIV 감염이 급속도로 확산됐다. 그런 상황이 발생한 것은 태아기의 높은 테스토스테론이 HIV에 대한 면역 반응 효과를 감소시켰기 때문일 수 있다.

게이들 간의 성관계는 HIV 감염률을 증가시키는 위험 요인이다.

항문 성교는 상처나 출혈을 초래하기도 하는데, 그로 인해 감염이 될 수 있기 때문이다. 게이들 사이에는 난교도 많은 것으로 보고되는데, 이 또한 하나의 원인이 되는 것으로 밝혀졌다. 그렇지만 게이들이 HIV에 쉽게 감염되는 데는 태아기의 테스토스테론도 한몫을 한다는 증거가 있다. 일례를 들어 설명하자면 음경은 테스토스테론의 영향을 받아서 형성되는데, 1장에서 언급한 것처럼 게이의 음경이 이성애자 남성들의 것보다 평균적으로 더 긴 경향이 있다. 왼손잡이 또한 태아기에 다량의 테스토스테론에 노출된 영향으로 생겼다고 보는 것들 중 하나인데, 게이들이 이성애자 남성들보다 왼손잡이 비율이 더 높다. 이런 것들이 모두 게이들이 이성애자 남성들보다 테스토스테론의 영향을 더 많이 받았음을 보여 주는 증거이다. 10장에서 다시 설명하겠지만 게이들의 손가락 비율을 고려할 때는 상황이 그다지 명료하지 않다. 그러나 게이들은 전반적으로 태아기에 다량의 테스토스테론에 노출됐을 가능성이 높아 보인다.

아프리카 사하라 사막 이남 지역과 관련해서, 손가락 비율 조사 자료는 남아프리카 흑인들이 극히 남성화된 손가락 비율을 갖고 있음을 보여 준다. 예를 들어 남아프리카공화국 더반 지역의 줄루족 남자들은 평균 0.94의 손가락 비율을 갖고 있다. 영국, 폴란드, 스페인 남자들의 평균 손가락 비율이 1.00인 것과 비교하면 큰 차이가 있음을 알 수 있다. 그런 수치를 통해서 서구 사회의 이성애자 남성들 사이에 에이즈가 확산되지 않은 것은, 그들이 출생 전 경험한 테스토스테론의 수치가 아프리카 흑인들만큼 높지 않기 때문이라고 생각할 수 있다. 서구 사회와는 대조적으로 남아프리카의 흑인들은 치명적인 HIV 전염병으로 고통 받고 있다. 전 세계 에이즈 환자들의 10퍼센트가 아프리카에 집중되어 있다. 그러므로 남성형 손가락 비율은 HIV에 대한 감수성이 높다는 것을 의미할 뿐 아니라, 일단 HIV에 감염되면 에이즈가 급속히 진행될 수 있다는 것을 의미한다.

에이즈 문제는 아이가 어머니로부터 영향을 받는 수직 감염 때문에 더욱 복잡해진다. 만일 한 여자의 배우자가 HIV 보균자인 데다 남성형 손가락 비율을 갖고 있다면, 그들에게서 태어나는 아이 또한 남성형 손가락 비율을 갖게 될 가능성이 높다. 그런 아이는 어머니로부터 HIV에 감염될 가능성이 특히 높다.

이 주제를 마무리하기 전에, 잠시 피부색에 대해 논하고자 한다. 사하라 사막 이남에는 세계에서 피부색이 가장 검은 원주민들이 살고 있다. 다음 장에서 이야기하겠지만 피부 색소는 면역 억제에 대한 보호 반응으로써 태아기의 테스토스테론에 의해 유발된다고 할 수 있다.[3] 생식기에 염증이 생기면 그것을 통해서 HIV 바이러스가 침입한다. 그러나 피부의 멜라닌 색소가 면역 억제에 대한 보호 반응으로써 생식기에 염증을 일으키는 박테리아의 침입을 막는다. 그러므로 사하라 사막 이남의 아프리카 지역에서는 피부색이 가장 검은 원주민들의 HIV 감염률이 가장 낮다.[4] 이런 것이 태아기의 테스토스테론과 HIV 감수성의 관계에 대한 보다 확실한 증거가 된다고 볼 수 있다.

현재와 같은 HIV의 분포 현상에 대한 또 다른 설명들이 있다. 그 중 한 가지는 CCR5라는 유전자가 HIV의 체내 확산을 방해하는 역할을 한다는 것이다.[5] HIV는 중요한 면역반응 역할을 하는 백혈구나 T세포[3]에 달라붙거나 침입하여 면역 체계를 파괴한다. HIV가 T세포의 표면에 있는 CCR5 단백질을 알아보고 속박함으로써 면역 체계를 파괴하는 것이다. 그렇지만 CCR5는 사람마다 다르다. HIV는 CCR5-라고 하는 변형 단백질을 잘 인식하지 못하고, 그 단백질을 속박하는 데 어려움을 겪는다. 그러므로 CCR5- 단백질을 가진 사람은 HIV에 감염될 위험이 그만큼 적다. 북유럽에서는 인구의 약 8퍼센트가 CCR5-를 보유하고 있다. 그러나 남아프리카의 흑인들에게는 CCR5- 단백질이 없다. 이런 사실이 흥미롭기는 하지만, CCR5-의 유무로는 유럽과 아프리카의 HIV 감염률 차이를 완전하게 설명할 수 없다.

바이러스가 퍼지는 데는 시간이 걸린다. 그러므로 HIV가 시작된 곳을 추적하면, 지리적으로 현재와 같은 감염률 분포를 보이는 원인을 찾을 수 있을 것이다. HIV가 아프리카에서 시작됐음을 보여 주는 증거들이 있다. 그런 증거들을 통해 현재 HIV 바이러스가 아프리카에 집중된 이유를 찾아낼 수 있을지도 모른다. HIV 중 가장 흔한 형태인 HIV-1가 침팬지로부터 인간에게 전염됐을 가능성이 있다. HIV-2도 그와 비슷하게 흰목도리맹거베이 원숭이에서 비롯되었을 수 있다. 감염된 원숭이 고기를 먹은 것이 HIV 바이러스 감염의 시작일 수 있다는 것이다. 그러나 현재 아프리카의 높은 HIV 감염률이 그토록 놀라운 건, 유럽에서도 동성애자들로부터 이성애자들

---

3 면역 활동에서 주요 기능을 담당하는 림프구 중 흉선에서 유래하는 것으로, 병원체에 감염된 세포를 죽이고 B세포를 활성화해 항체 생성을 도울 뿐 아니라 면역 활동을 조절한다.

에게 HIV가 전염될 가능성이 충분히 있었음에도 그런 대규모 확산이 일어나지 않았기 때문이다. 그것은 전반적으로 유럽인들이 태아기에 낮은 수치의 테스토스테론에 노출되기 때문일 것이다.

HIV가 인간에게 처음 유입된 경로에 대한 또 다른 가설이 있다. 에드워드 후퍼(Edward Hooper)는 HIV가 영장류 세포에서 배양된 인간의 소아마비 백신으로부터 비롯되었다는 주장으로 세상을 떠들썩하게 했다. 후퍼가 말한 소아마비 백신은 두 가지 대형 실험에서 이용되었다. 한 실험은 폴란드에서 진행됐고, 또 다른 실험은 아프리카에서 진행됐다. 그러나 후퍼는 폴란드에서 사용된 백신은 HIV 전염병을 유발하지 않은 데 반해, 아프리카에서 사용된 백신은 HIV 전염병을 일으킨 이유를 설명하지 못했다. 폴란드는 HIV 감염률이 전 세계에서 가장 낮은 국가 중 하나이고, 손가락 비율은 가장 높다. 그런 사실을 통해서 폴란드 사람들은 HIV 바이러스에 감염될 확률이 낮지만, 아프리카 사람들은 감염될 확률이 높다고 예상할 수 있다. 소아마비 백신을 배양하는 데 영장류의 세포들이 이용됐다거나 HIV가 그런 배양 과정으로부터 시작됐다는 확실한 증거는 없다. 그러나 후퍼의 주장은 흥미롭게도 HIV 감수성이 태아기에 비롯된다는 가설과 일치하는 면이 있다.[6]

인종과 성별에 따라 질병 감수성이 다르다

이제 다시 남자들과 질병의 관계에 대한 이야기로 돌아가자. 새로운 병원체의 지리적 분포와 손가락 비율에 관한 연구는, 태아기의 테스토스테론이 면역 체계에 미치는 효과에 대해 중요한 정보들을 제공한다. 남성과 여성의 감염률을 살펴봐도 비슷한 정보들을 얻을 수 있다. 일반적으로 남성이 여성보다 기생충에 감염되기 쉽다는 것은 잘 알려진 사실이다. 그런 현상을 이해하는 데 중요한 단서가 되는 것이 테스토스테론이다. 조류나 포유동물 같은 척추동물들은 기생충 감염에 있어서 뚜렷한 성차를 보인다. 거의 일률적으로 수컷의 감염률이 더 높다. 척추동물은 테스토스테론을 생성하지만 곤충 같은 무척추동물은 테스토스테론을 생성하지 못한다. 그런 까닭에 곤충들 사이에서는 수컷들이 일관되게 기생충에 잘 감염된다거나 하는 현상이 없다.

인간은 하나의 종으로서 척추동물의 보편적인 감염 패턴을 따른다. 남성은 전염병에 대처하는 능력이 여성에 비해 떨어진다. 예를 들어, 면역 기능의 중요한 면 한 가지는 미생물에 대항하는 항체를 생산하는 것이다. 남성의 혈액이나 결합 조직 속에 있는 항체 수는 여성보다 적다. 또한 코, 공동(空洞)[4], 폐, 장 등의 점막 표면에 있는 항체 수도 여성보다 적다. 게다가 남성은 소아마비, 홍역, 풍진 등의 감염 인자에 대한 항체 반응이 여성에 비해 약한 편이다.

사상충증, 상피병[5], 샤가스병[6], 수면병[7], 칼라아자르[8], 혈액 장애의 일종인 버킷 림프종[9] 등 많은 열대성 질병들이 남성에게 더 흔하다.[7] 병명이 익숙하진 않겠지만, 위에서 열거한 병들은 모두 여성보다 남성에게 불리한 숙주 반응 양상을 보인다. 회선사상충이라는 기생충을 예로 들어 보자. 이 선충 혹은 회충은 중남미와 사하라 이남의 아프리카에서 흔한 것으로, 진디등에나 물소 파리에 의해 전염된다. 이 기생충의 암컷은 일단 인간의 숙주 안으로 들어가면, 9년에서 11년까지 살면서 날마다 3천 마리에 이르는 유충을 낳을 수 있다. 몸 안에 이 기생충 수가 많아지면 가려움증과 급속한 노화 현상이 나타나며, 30대 중반의 젊은 나이에 실명이 될 수도 있다. 비옥한 강 계곡에서 자주 발생하는 사상충증은, 인근의 땅을 경작하는 농부들에게 고통을 준다. 전 세계적으로 약 1만여 명이 사상충증에 시달리고 있다. 아프리카에서는 매년 4천여 명의 환자들이 생겨난다. 많은 열대성 질병들처럼, 사상충증 역시 여성보다 남성에게 더 자주 발생한다. 남성형 손가락 비율을 가진 사람들은 남성이든 여성이든 이 기생충에 감염될 위험이 높을 것이다.

인종이나 성별에 따라 질병 감수성이 다르다는 사실은, 손가락 비율과 면역 기능 사이에 어떤 관계가 있는지를 이해하는 데 중요한 단서가 될 수 있다. 그렇지만 좀 더 많은 직접적인 증거를 찾아내려면 손가락 비율과 전염병 패턴을 살펴봐야 할 것이다.

---

4 상하거나 염증을 일으킨 조직이 밖으로 배출되거나 흡수되어 장기에 생긴 빈 공간.
5 세균 감염으로 인해 피부가 부풀어 오르고 딱딱해져 코끼리의 피부처럼 변하는 병.
6 중남미에서 유행하는 열대 풍토병의 일종.
7 편모충류가 체체파리 따위를 매개로 사람의 혈액 속에 기생함으로써 발생하는 전염성 풍토병.
8 원충에 의해 감염되는 말라리아성 전염병.
9 바이러스의 감염으로 턱뼈 위쪽에 생기는 암.

그래서 손가락 비율과 전염병 패턴의 관계를 밝히기 위한 연구를 한 적이 있다. 연구 대상자들은 리버풀 대학교에 다니는 남학생 100명과 여학생 100명이었다. 그들 모두 오른손과 왼손의 손가락 비율을 측정하고, 병력(病歷)과 관계된 질문지에 답하게 했다. 질문지는 세 부분으로 나뉘어 있었다. 첫 번째 부분은 최근에 앓은 질병과 관련된 질문들로 구성되어 있었다. 예를 들어 아파서 결강을 한 횟수나 감기를 앓은 횟수, 혹은 감기를 앓은 기간 등을 묻는 것이었다. 두 번째 부분은 무좀, 비듬, 홍역, 유행성 이하선염, 백일해, 풍진, 수두, 선열 등 흔한 전염병과 관련된 질문들로 구성됐고, 마지막 부분은 알레르기, 천식, 알레르기성 비염, 습진 같은 아토피성 질환에 관한 질문들로 구성되어 있었다. 조사에 참가한 대학생들의 대답은 성별과도, 손가락 비율과도 상당히 밀접한 관계가 있었다. 특히 오른손의 비율과 관계가 많았다.

전반적으로 여성형의 높은 오른손 손가락 비율을 가진 학생들에 비해, 오른손의 손가락 비율이 낮은 학생들이 더 자주 아팠고, 감기도 더 많이 앓았으며, 감기를 앓은 기간도 더 길었던 걸로 나타났다. 물론 남성형 손가락 비율은 남성들 사이에서 발견될 가능성이 더 높다. 남성들은 감기를 앓거나 앓은 기간에 대해 시시콜콜 이야기하지 않았을 수도 있지만, 남학생들만을 살펴보았을 때 그런 결과가 확연하게 나타났다. 이런 것을 통해 질병과 오른손의 손가락 비율 사이에 밀접한 관계가 있음을 알 수 있다. 남성형 손가락 비율을 가진 남학생들이 여성형 비율을 가진 남학들생보다 더 자주 아프고, 더 자주 더 오래 감기를 앓는 것으로 나타났다. 이런 결과는 흔한 병들에 대한 성 편견을 더욱 심화시킬 수도 있다. 그러나 만일 태아기의 테스토스테론이 면역 기능을 저하시킨다면 여성보다 남성의 면역 기능이 더 저하될 거라고 예측할 수 있다. 그 정도에 있어서는 개인마다 다르겠지만.

질문지 중 두 번째, 세 번째 부분에 포함된 질병들과 손가락 비율 사이에는 어떤 관계가 있을까? 홍역, 유행성 이하선염, 백일해는 영국에서 대중적으로 예방 접종 캠페인을 벌였던 질병들이다. 예방 접종은 자연스러운 질병 감수성의 패턴이 드러나지 않게 할 수도 있다. 그래서 그런 병들을 앓았다고 한 학생들과 앓은 적이 없다고 한 학생들의 손가락 비율에 별 차이가 없는 것으로 나타났다. 풍진은 선천적 결손증을 초래할 수 있다. 그러므로 어린 소녀들과 사춘기 소녀들에게 예방 접종을 필히 할 것을 권장하고 있다. 그럼에도 불구하고 오른손의 손가락 비율이 카사노바형인 학생들은 남녀 모두 풍진에 걸린 적이 있다고 응답했다. 영국에는 수두 예방 접종이 널리 보급되지 않았다. 그러나 풍진의 경우와 같이 오른손의 비율이 남성형인 학생들, 그중에서도 특히 남학생들이 수두 바이러스에 많이 감염된 것으로 나타났다. 비듬과 무좀은 귀찮기는 하지만 아이들이 많이 걸리는 전염병들에 비하면 그렇게 심각한 병은 아니다. 어쨌든 비듬과 무좀도 오른손의 손가락 비율이 낮으면 더 많이 발생하는 관계가 나타났는데, 남학생들보다 여학생들에게서 그런 관계가 더 강하게 나타났다.

지금까지 살펴본 바에 따르면 꽤 명확한 패턴이 드러난다. 즉 오른손의 손가락 비율이 남성형이면 풍진, 수두, 비듬, 무좀 등에 감염될 확률이 더 높다. 그런데 한 가지 재미있는 예외가 있었다. 조사 대상자들 중 선열을 앓았다고 한 학생들이 8명 있었는데, 그들 모두 오른손의 손가락 비율이 여성형이었다.

아토피성 질환을 살펴보면 전염병과 반대 경향이 나타난다. 여성형 손가락 비율을 가진 학생들이 아토피성 질환에 더 많이 감염된 것으로 나타난 것이다. 남학생들의 경우 오른손의 손가락 비율이 여성형이면 알레르기에 많이 감염되고, 왼손의 비율이 여성형이면 습진에 쉬이 감염되는 경향이 있었다. 한편 천식과 알레르기성 비염은 남녀 모두 오른손의 손가락 비율이 여성형인 학생들에게 많이 나타났다.

한 가지 연구 결과에 너무 큰 의미를 두는 건 경계해야 할 것이다. 그렇지만 이상의 자료는 남성형 손가락 비율을 가진 사람들이 전반적으로 전염병에 걸리기 쉽다는 것을 보여 준다. 반면에 면역 체계 이상으로 인해서 생기는 질병들, 즉 아토피성 질환은 여성형 손가락 비율을 가진 사람들에게서 더 많이 발생하는 것으로 보인다.

이 장에서는 인간의 질병에 대한 새로운 관점을 제시했다. 물론 논란의 여지도 있을 것이다. 그러나 내가 제시한 이론적 틀은 손가락 비율과 전염병 및 아토피성 질환에 대해 밝혀진 패턴들과 모순 없이 일치한다. 다음 장에서는 이런 가설과 손가락 비율에 대한 지식을 이용해 인간의 특성들 중 논란의 소지가 가장 많은 피부색의 진화 과정에 대해 새롭게 조명해 보고자 한다.

7장 손가락과 피부색

아프리카 적도 부근에서 출발해서 스칸디나비아의 북쪽으로 상상의 여행을 떠나 보자. 북쪽으로 갈수록 사람들의 피부색은 점차 옅어진다. 하지만 신대륙에서는 중앙아메리카를 지나 북아메리카를 통과해 극북 지역으로 올라가도 피부색이 옅어지지 않는다. 오히려 래브라도 반도 이뉴잇들의 피부색은 북미 사람들에 비해 훨씬 더 검다. 자외선 강도와 피부색 사이의 상관관계가 세계 어디에서나 적용되는 것이 아니다. 마땅히 검거나 밝아야 할 피부색에서 그런 예외가 나타나는 것은 무엇 때문일까?

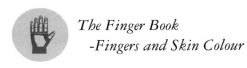

The Finger Book
-Fingers and Skin Colour

피부색의 분포를 설명하는 가설들

인간을 인종 그룹으로 나누려는 시도는 수없이 많았다. 많은 분류법에서 인정하는 인종은 다섯 가지이다. 코카서스 인종, 동아시아 인종, 흑인종, 카포 인종(코이코이족과 부시먼족), 오스트랄로이드[1] 인종. 이런 그룹들을 명확히 정의 내리기는 애매모호할뿐더러 신뢰할 수도 없다. 그 안에 있는 유전적 다양성이 민족들 사이의 유전적 차이보다 훨씬 더 크고 막대하기 때문이다. 그러므로 인간을 인종별로 분류하는 것은 모호한 생물학적 가치 판단이다. 인간을 인종으로 분류할 때 그 기준으로 흔히 이용되는 것이 피부색이다. 코카서스 인종은 대개 흰색 피부를 갖고 있고 동아시아 인종은 황색 피부를 갖고 있으며 그 외의 인종들은 일반적으로 검은색 피부를 갖고 있다.

---

1 오스트레일리아 원주민.

그렇지만 그렇게 간단한 것만은 아니다. 검은색 피부는 강렬한 자외선에 노출되는 인구 집단들 사이에서 흔하다. 그러므로 인도나 스리랑카로 이주한 코카서스 인종, 즉 백인종은 얼굴의 이목구비나 머리칼은 백인종의 특성을 그대로 갖고 있지만 피부색은 거무스름한 색을 띠고 있다. 검은색 피부를 가진 사람들도 일률적으로 검은 것이 아니다. 예를 들어 오스트랄로이드 인종의 피부색은 검은색이지만, 북쪽에서 남쪽으로 갈수록 피부색이 점차 옅어진다. 그래서 오스트레일리아 북쪽에 거주하는 사람들은 피부색이 아주 검고, 남쪽에 사는 사람들은 피부색이 옅다. 이와 같이 피부색은 인종에 따라 범위가 정해지는 것이 아니라 자연 선택의 영향하에 있다.

이 장에서 나는 피부색의 분포에 관한 가설을 제시하고자 한다. 사실 자외선의 강도는 피부색에 차이를 주는 중요한 변수이다. 그렇지만 성과 관련된 효과, 결혼 제도 형태, 테스토스테론의 수치, 병원체에 대한 저항력 등 또한 중요한 변수들이다. 그런 모든 것들이 왜 어떤 인구 집단의 피부색은 검은색인 데 반해, 또 다른 인구 집단의 피부색은 황색이거나 흰색인지를 설명하는 데 도움이 되는 요소들이다. 나는 손가락 비율을 이용해서 내가 주장하는 바를 설명하고 입증해 나갈 것이다. 그러나 그 전에 피부색에 대해 알려진 사실들을 생물학적 관점에서 살펴볼까 한다.

피부의 색소 침착은 우리 눈으로도 볼 수 있는 멜라닌이라는 색소가 특별한 형태의 세포, 즉 멜라노사이트[2]에 의해 합성됨으로써 비롯된다. 멜라노사이트는 막으로 이루어진 주머니인 멜라노솜[3]에 색소를 넣고 감싼다. 페오멜라노솜은 붉은빛과 노란빛이 도는 멜라닌을 함유하고 있고, 유멜라노솜은 검은색이나 갈색 멜라닌을 함유하고 있다. 흰색 피부를 가진 사람들은 산성이 강한 물질이 함유된 멜라노솜을 갖고 있는데, 이 산성이 강한 물질이 멜라닌 생성을 억제한다. 그러므로 멜라닌과 개인이 갖고 있는 멜라노솜의 유형에 따라 피부색이 결정된다.

멜라노사이트는 몸 전체에서 발견되지만 피부, 모낭, 눈에서 특히 많이 발견된다. 멜라노사이트는 피부 속에서 멜라노솜을 만든다. 그리고 미세한 관을 통해서 멜라노솜을 주변의 세포들로 보낸다. 주변의 세포들이 멜라노솜을 흡수하면 착색이 되는 것이다. 개인이 갖고 있는 멜라노사이트의 종류와 멜라노사이트의 피부 속 분포는 햇빛에 노출되는 정도에 의해 결정된다기보다는 발육 초기에 유전자에 의해서 결정된다. 인구 집단들 사이에 존재하는 색소 유전자의 형태는 자연 선택의 지배를 받는다. 유럽 원주민들은 왜 흰색 피부로 진화했는지, 중국 사람들은 왜 황색 피부로 진화했는지, 또 아프리카나 남아시아 원주민들은 왜 흑색 피부로 진화했는지를 이해하려면, 색소 침착에 필요한 유전자들의 발현 빈도를 지배하는 선택적 압력에 대해 알아볼 필요가 있다. 간단하게 들릴지 모르지만, 멜라닌의 기능을 고려할 때 어려움에 빠지는 지점이 바로 이 선택적 압력과 관련된 부분이다.

우선, 다 아는 것이겠지만 짚고 넘어가자. 멜라닌은 빛을 흡수한

---

2 멜라닌 색소 과립을 생성하는 세포.
3 흑색소 세포, 멜라닌 세포의 멜라닌 형성에 관여하는 세포소기관.

다. 피부에 멜라닌이 많을수록 피부색은 더 검어진다. 피부색은 반사율에 의해 측정되기도 한다. 반사율이란 피부 표면으로부터 반사되는 빛의 양을 말한다. 흰색 피부는 반사율이 높고, 검은색 피부는 반사율이 낮다. 멜라닌은 자외선으로부터 피부를 보호하는 역할을 한다. 또한 땀샘의 기능을 유지하고 피부에 공급되는 혈액 속의 중요 물질이 파괴되는 것을 막는 역할도 한다. 그 외에 정자 생산을 촉진하기도 하고, 피부에 공격적인 암이나 흑색종[4]을 막아 주는 역할을 하기도 한다. 그런 한편, 멜라닌은 피부에서 비타민D가 합성되는 것을 방해한다. 비타민D는 칼슘 흡수와 뼈의 형성에 관여하는 중요한 물질이다. 그러므로 흰색 피부는 빛의 강도가 낮은 곳에서 유리하다.

아프리카 적도 부근에서 출발해서 스칸디나비아의 북쪽으로 상상의 여행을 떠나 보자. 북쪽으로 갈수록 거주민들의 피부색은 점차 옅어진다. 캘리포니아 과학 아카데미의 니나 자블론스키(Nina Jablonski)와 조지 채플린(George Chaplin)은, 이 구세계[5]의 횡단면을 따라가면서 피부색을 살펴보면 피부색이 자외선 복사에 적응해서 짙어지거나 옅어졌다는 가설과 일치한다는 것을 보여 줬다.[1) 그렇지만 몇몇 예외가 있다. 카메룬, 차드, 라이베리아, 나이지리아 등지의 사람들은 자외선 강도에 견주어 볼 때, 예상할 수 있는 것보다 피부색이 더 검다. 또한 알제리, 리비아, 티베트 등지의 사람들은 자외선 강도에 견주어 볼 때 예상보다 피부색이 더 옅다.

그 이유는 무엇일까? 자블론스키와 채플린은 85개 사회 집단을 대상으로 표본 연구를 했다. 그중 16개 사회 집단의 피부색이 예상되는 정도보다 더 검었다. 16개 중 12개 사회 집단이 아프리카의 사하라 사막 이남에 있었다. 그러므로 자외선 강도에 비추어 예상되는 것보다 더 밝은 피부색을 가진 사람들을 알아보기 위해서는 사하라 이남의 아프리카를 벗어나야 한다. 예상보다 밝은 피부를 가진 곳은 북아프리카에 있는 몇 개국을 비롯해 이란, 사우디아라비아, 이스라엘, 네팔, 티베트, 캄보디아, 중국 등이었다.

신세계[6]로 이동하면 상황은 더욱 복잡해진다. 아프리카에서 적도를 따라 서쪽으로 계속 가면 브라질 북부의 아마존 강 근처에 이르게 된다. 브라질 동북부에는 범대서양 노예무역으로 수송되어 온 서아프리카인의 흑인 후손들이 많이 있다. 그러나 그 지역의 원주민인 코카마족, 토쿠나족, 쿠베오족, 야노마노족 등의 인디언 부족들은 흑인이라고 할 수 없다. 아프리카에선 강도 높은 멜라닌 색소 침착을 야기했던 햇빛이, 같은 위도의 신세계 거주민들의 피부색에는 거의 아무런 영향도 미치지 않은 것이다. 구대륙에서는 아프리카에서 북유럽 쪽으로 올라갈수록 사람들의 피부색이 점진적으로 옅어진다. 그러나 신대륙에서는 중앙아메리카를 지나 북아메리카를 통과해 극북 지역으로 올라가면서 피부색이 옅어지는 현상이 나타나지 않는다. 실제로 래브라도 반도의 이뉴잇 그룹(그린란드, 배핀랜드, 넷실리크 이뉴잇)으로 오면, 피부색이 북미 사람들에 비해 갑작스레 심

---

4 멜라닌에 의해 피부 세포에 생기는 검은색의 종양.
5 유럽, 아시아, 아프리카.
6 아메리카 대륙.

하게 검어진다. 자블론스키와 채플린의 자료를 통해서, 극북 지역의 자외선 강도를 고려할 때 그린란드에 거주하는 사람들의 피부 반사율은 예상보다 훨씬 낮다는 걸 알 수 있다.

자외선 강도와 피부색 사이의 단순한 상관관계가 세계 어디에서나 적용되는 것은 아니다. 아메리카 대륙에서는 물론 그런 상관관계가 적용되지 않는다. 그 이유가 될 수 있는 것 중 한 가지가 영양 섭취이다. 비타민D가 풍부한 음식물은 색소의 손실을 조금도 요구하지 않는다. 그러므로 비타민D가 풍부한 생선과 바다의 포유동물을 많이 섭취하는 이뉴잇들은, 검은 피부에도 불구하고 충분한 양의 비타민D를 갖고 있다고 볼 수 있다. 그래서 검은색을 그대로 유지하고 있다는 것이다. 그렇다면 강도 높은 자외선으로부터 피부를 보호하기 위해 검은색 피부를 유지하고 있다는 말이 맞을 수도 있다. 한편으로 열대 지방의 많은 사회 집단들, 특히 아메리카 대륙의 사회 집단들은 검은 피부를 획득할 시간이 충분하지 않아 황색 피부를 그대로 갖고 있는 거라는 주장도 있다. 아메리카 인디언들의 조상이 아메리카 대륙에 출현한 시기는 약 1만 1천 년 전이고, 중남미 대륙에 나타난 것은 그보다 훨씬 더 나중의 일로 추측된다.

피부색에는 현재의 피부색 분포를 설명할 수 있을 만큼 강력한 이점과 단점이 있을까? 흑색종은 생명을 위협할 수도 있는 무서운 피부암이다. 그러나 그것은 자식을 낳고도 한참 더 시간을 보낸 중년기의 사람들에게 주로 나타난다. 그러므로 피부색이 진화하는 데 강력한 선택적 힘이 되진 못할 것이다. 검은색 피부가 비타민D의 합성을 감소시키는 경향이 있고 비타민D가 부족하면 구루병이 생길 수 있는 것은 사실이지만, 그런 것의 선택적 중요성조차 논란이 되고 있다. 로빈스(Robbins)는 비타민D는 근육과 지방에 저장되기 때문에, 짧은 여름 동안에만 햇빛에 노출되어도 1년을 사는 데 아무 무리가 없다는 점을 지적했다.[2] 로빈스의 관점에서 볼 때, 비타민D의 결핍은 검은 피부색 때문에 생기는 것이 아니라 도시화와 인구 과밀, 영양가 없는 음식과 야외 생활 부족의 결과라고 볼 수 있다.

시간 부족이라는 설명에 대한 반증 또한 있다. 캘리포니아 대학교의 재레드 다이아몬드(Jared Diamond)는 스칸디나비아 사람들이 북유럽에 정착한 것이 비교적 오래되지 않았다는 점을 지적했다.[3] 그 지역은 약 9천 년 전까지 대륙 빙하로 뒤덮여 있었다. 사람들이 정착해서 살기 시작한 것은 약 5천 년 전쯤이다. 그런 짧은 시간에도 불구하고 스칸디나비아 사람들은 대부분 옅은 피부를 획득했다. 아마도 색소 소실은 그들의 현재 위치보다 훨씬 더 남쪽에서 일어났을 것이다.

태즈메이니아 원주민들은 피부색 분포에 대한 이해를 한층 더 혼란스럽게 한다. 그들은 남위 42도에서 살면서도 검은색 피부를 갖고 있었다. 옅은 피부로 진화할 충분한 시간이 있었을 텐데도 말이다. 태즈메이니아 섬은 1만 년 동안 오스트레일리아 대륙으로부터 고립되어 있었다. 원양 항해를 할 선박이 없어서 대륙으로의 이주가 불가능했던 것이다. 안타깝게도 현대 기술로는 그들의 피부색을 판단할 수 없다. 질병과 학대를 견디지 못하고 1876년에 종족이 소멸했기 때문이다. 그렇지만 그들에 관해 알려진 사실이 있다. 결혼을 하기 위해 여자들을 생포하는 관행이 있었다는 것과 일부다처제를 따랐다는 것이다. 그런 사실은 태즈메이니아인들에게 강력한 성 선택이 작용했다는 것을 말해 준다. 그 결과 태아기의 테스토스테론 수치는 높아지고, 질병 저항력은 낮아졌을 것이다. 그런 사회에서는 박테리아나 균류가 피부 속에 증식하는 것을 막는 방벽이 강한 선택적 이점이 된다. 멜라닌이 그런 방벽 역할을 한다는 증거가 있다. 그 것은 검은 피부를 가진 사람은 질병 저항력이 낮고, 병원체 수치는 높다는 또 다른 가설을 제공한다. 그런 가설이 옳다면 멜라닌과 질병 사이의 관계를 보여 주는 강력한 증거가 있어야 한다.

검은색 피부의 항균 작용

많은 논문의 저자들이 피부색이 질병 저항력이나 감수성[7]과 상관관계가 있다고 주장해 왔다. 그중 멜라닌의 항균 속성에 가장 많은 관심을 기울인 이는 제임스 매킨토시(James Mackintosh)였다.[4] 멜라닌은 동물계 전체에서 발견된다. 다양한 동물군 속에 너무나 폭넓게 분포되어 있기에 멜라닌 합성 메커니즘이 발생한 지 5억 년은 족히 넘을 것으로 추측된다. 동물계에서 멜라닌 생성을 초래하는 생물학적 촉진제나 효소 시스템은 강력한 항균 효과를 가진 것으로 알려져 있다. 매킨토시는 피부 속의 멜라노솜과 멜라닌이 인간과 그 외의 척추동물들에 있어서 표피를 통한 박테리아나 균류의 침입을 막는 방벽을 형성하는 한편, 피부의 기저층이 파열될 때 미생물의 증식을 약화시킨다고 주장했다. 그러므로 멜라닌은 미생물의 수가 많거나 찰과상 등으로 병원체가 쉽게 침입할 수 있는 조직, 또는 면역 체계의 효과적인 감시 밖에 있는 조직에 많을 것이다.

피부는 그런 특징들을 분명하게 갖고 있는 조직이다. 표피는 햇볕에 타기 쉽고 자주 벗겨지기도 하며 상처가 쉬이 나기도 한다. 그리고 표피의 기저층에 혈액이 많기 때문에 미생물의 침입에 저항하기가 어렵다. 멜라닌은 피부 전체에 분포하지만, 기저층으로 들어갈수록 차츰 많아진다. 그래서 피부에 침입한 박테리아는 깊이 침투할수록 더 많은 양의 멜라닌에 직면하게 된다. 멜라닌의 농도가 가장 높은 곳은, 피부를 감싸고 있는 표피의 기저층이다. 이는 혈액과 영양물이 풍부한 진피가 박테리아에 착취되는 걸 막기 위한 것이다.

멜라닌의 기능을 자외선 차단보다 항균제 역할로 본다면, 그것의 분포에 대한 몇 가지 미묘한 사실들을 이해할 수 있다. 예를 들어 박쥐나 주머니쥐 같은 야행성 동물들은 색소가 침착된 피부를 갖고 있다. 야행성 동물에게 햇빛에 대한 보호 기능은 별 소용이 없다. 그러나 박테리아나 균류의 침입을 막는 항균 기능은 그런 동물이 낮에 활동하든 밤에 활동하든 중요하면서도 유용한 적응력이 된다. 표피층이나 피부 심층에 집중된 멜라닌 분포에 대해서도 비슷한 추론이 가능하다. 아기들의 생식기나 항문 주변은 어깨나 팔 부위보다 더 진하게 색소 침착이 되어 있다. 멜라닌은 또한 여성들의 유두에서도 발견되는데, 모유 수유를 하는 동안에는 더 높은 농도의 멜라닌이

---

7 감수체가 병원체에 반응해 병에 걸리기 쉬운 성질.

축적되는 경향이 있다. 찰과상에 의해 감염이 될 때도 멜라닌 농도가 더 짙어진다. 자외선의 영향이 아니더라도 몸 안에는 멜라닌이 풍부하다. 많은 동물들의 내이, 눈, 뇌 속의 몇몇 조직들과 복강을 가득 채우고 있는 얇은 막에도 멜라닌이 풍부하다.

멜라닌은 미생물의 침입을 기계적으로 막는 방벽 역할을 한다. 그러나 멜라노솜의 기능은 좀 더 복잡하다. 면역 체계의 중심 기능은 식세포 작용[8]이다. 특수화한 세포들이 박테리아나 균류를 빨아들인 다음 리소좀[9]이라는 소포[10]들과 융합시킨다. 리소좀에는 미생물을 죽이는 산화질소 같은 물질이나 효소들이 풍부하다. 멜라노솜은 본래 멜라닌이 풍부한 리소좀이다. 일단 멜라노솜 안에 들어가면, 박테리아는 수없이 많은 멜라닌 중합체 속에 갇힌다. 그리고 그 안에 있는 독소들의 작용으로 죽는다. 그렇다면 멜라노솜을 만드는 멜라노사이트 세포들은 어떨까? 멜라노사이트들도 박테리아를 빨아들여서 죽이지만, 그것들의 기능은 거기서 끝나지 않는다. 멜라노사이트가 미생물 특유의 '분자 신분증'을 잘라 내서 그것들을 세포 표면 위로 보낸다. 그러면 거기서 면역 체계가 박테리아의 필수 요소들을 확인함으로써 몸 전체에서 효과적으로 반응할 수 있다.

만일 이런 주장이 옳다면, 피부색이 검은 사람들은 옅은 피부를 가진 사람들보다 박테리아나 균류의 침입에 대한 저항력이 더 클 것이다. 이를 뒷받침하는 증거가 있다. 피부색과 HIV/에이즈 사이의 관계를 살펴보자. 만일 멜라닌이 박테리아와 균류의 피부 침입을 막는 방벽이라면, 피부색과 HIV 바이러스 사이의 관계를 찾아낼 수 있어야 한다. HIV는 보통 성교 중에 감염된다. HIV는 쉽게 파괴되므로, 성관계를 갖는다고 감염자로부터 비감염자 파트너에게 무조건 전염되는 것이 아니다. 성관계를 수차례 가져야 전염될 것이다. 남성들의 경우 HIV가 음경의 포피를 통해서 감염된다는 증거가 있다. 그러므로 포피를 절제하는 포경 수술은 감염을 막는 한 방편일 수 있다. 실제로 HIV의 감염률은 남성의 포피 절제를 관례로 하는 집단에서 가장 낮다.[5] 그러나 음경이나 질의 상피가 균류나 박테리아에 의해 손상되면 HIV에 감염될 위험은 그만큼 증가한다. 음경의 포피나 질 속에 있는 멜라닌은 생식기의 염증을 막아 줌으로써 HIV의 감염을 예방할 수 있다.

흑인 남성의 포피는 사실상 백인 남성의 포피보다 더 많은 멜라닌을 함유하고 있는 것으로 알려져 있다. 그런 멜라닌의 방벽이 HIV의 침입도 막을 수 있을까? 그런 것을 알아내기 위해 나는 동료인 피터 번드레드, 피터 헨지(Peter Henzi)와 함께 아프리카 사하라 이남에 위치한 국가들의 피부색과 에이즈 감염률을 조사했다.[6] 조사 결과 원주민들의 피부색이 특히 검은 국가에서 에이즈 감염률이 가장 낮았고, 피부색이 보다 옅은 국가의 에이즈 감염률은 극히 높았다. 피부색이 훨씬 더 밝은 구세계의 다른 지역들, 즉 아시아나 유럽에서는 멜라닌과 에이즈 감염률 사이에 아무런 관계도 없었다.

사하라 이남의 아프리카 지역에는 피부색이 가장 검은 부족들이

---

8 식세포가 외부에서 침입한 미생물이나 병원균 등을 세포 내로 잡아들이는 현상.
9 세포 내 소화를 담당하는 공 모양의 세포소기관.
10 세포 내에 있는 막으로 둘러싸인 작은 자루 모양의 구조.

있다. 그런데 그 지역의 에이즈 감염률이 가장 높다는 사실은 멜라닌 자체가 HIV의 확산을 막는 데 충분히 기능하지 못한다는 뜻일 수 있다. 콘돔을 사용하지 않은 성관계 비율이 높은 경우, HIV의 감염률이 높다는 것은 의심할 여지가 없다. 그런 상황에서 멜라닌은 또 다른 중요한 보호 기능을 할 수도 있을 것이다. 그렇다면 이런 조사 결과는 공중 보건에 중요하게 이용될 수 있다. 피부색이 세계에서 가장 검은 아프리카 부족들 간에도 피부색의 편차가 있다. 에이즈와 관련해서 좀 더 옅은 피부색의 사람들에게 불리한 자연 선택은 피부색이 더 검어지게 하는 동인이 될 것이다. 그렇지만 아프리카에서 상대적으로 옅은 피부색을 가진 사람들에게 보건 교육을 하고, 무료로 콘돔을 나눠 줌으로써 인간이 자연 선택에 개입할 수도 있다. 이것이 아프리카 사하라 사막 이남에서 HIV 바이러스의 확산을 늦출 수 있는 효율적이면서도 경제적인 방법일 것이다.

멜라닌에 대한 이런 가설은 검은색 피부를 새로운 관점에서 보게끔 한다. 그것은 멜라닌 분비가 테스토스테론과 관련이 있는 면역 억제에 대한 반응으로 일어날 수 있다는 걸 의미한다. 지금까지 성, 좀 더 정확하게 말하면 일부다처제 속에서 작용하는 강력한 성 선택이 피부색의 분포에 대해 많은 것을 설명해 줄 수 있다는 가능성을 찾아냈다.

피부색과 결혼 제도, 그리고 손가락 비율

멜라닌의 기능을 지나치게 자외선에 대한 반응으로만 강조하는 것은 성과 피부색 사이의 관계를 모호하게 할 수 있다. 세상에 알려진 모든 사회 집단에서, 여성은 남성에 비해 피부색이 밝다. 또한 남녀 모두 나이가 들어 가면서 피부색이 점점 검어진다. 그러나 사춘기에 여자아이들의 피부는 점점 밝아지는 데 반해 남자아이들의 피부는 검어진다. 여성의 피부색은 생리 주기에 따라 변하는 경향도 있다. 배란기에는 점점 더 밝아지고, 생리 주기가 시작될 때와 끝날 때는 점점 더 검어진다. 피부색과 생식력 간의 관계는 폐경기 후 여성들의 피부가 점점 검어지는 것을 통해서도 알 수 있다.

성별과 관련된 피부색의 차이는 여성과 남성의 에스트로겐과 테스토스테론의 상대적 양과도 일치한다. 에스트로겐은 멜라닌 생성을 감소시키거나 거의 아무런 영향도 미치지 않는다. 반면 테스토스테론은 멜라닌 생성을 증가시킨다. 그런 관계는 인간의 피부에 있는 멜라노사이트에도 적용되고, 햄스터, 쥐, 두꺼비 등의 멜라노사이트에도 적용된다. 다량의 에스트로겐과 소량의 테스토스테론은 여성들의 생식력과 상관관계가 있다. 그러므로 여러 문화권의 남성들이 밝은 피부를 가진 여성들을 선호한다는 증거는 놀라운 것이 아니다. 반 덴 버그(Van den Berghe)와 프로스트(Frost)는 51개 사회 집단으로 구성된 표본 조사를 통해, 그중 47개 사회의 남성들이 밝은 피부의 여성들을 선호한다는 것을 밝혔다.[7] 그러나 여성들은 밝은 피부의 남성을 그 정도로 좋아하지는 않았다.

밝은 피부색을 가진 여성을 매력적으로 보는 것은 식민 정책으로 인해 생긴 계층 차이로는 설명될 수 없다. 더그 존스(Doug Jones)는 고대 로마의 여자들이 종종 화장으로 피부색을 밝아 보이게 했다는 것을 지적했다. 그런 풍습은 로마가 피부색이 밝은 북쪽의 여러 종족들을 정복했음에도 불구하고 계속됐다. 그러므로 밝은 피부색을 매력적인 특성으로 본 것은 사회적 지위 때문이 아니라 생식의 가능성 때문이었을 것이다. 또한 밝은 피부색은 야외에서 많은 시간을 보낼 필요가 없는 상류층의 습성과 관계가 있기 때문에 더 매력적으로 보일 수도 있다. 그러나 존스는 계층적 차별이 없는 사회에서도 남성이 밝은 피부색의 여성을 선호한다는 것을 지적한다. 남성의 눈에 여성의 밝은 피부는 높은 수치의 에스트로겐과 젊음, 생식력을 뜻하는 것으로 보일 것이다. 만일 멜라닌이 성호르몬 수치와 관계가 있다면, 테스토스테론과 에스트로겐의 상대적 양에 영향을 주는 결혼 제도와 피부색 사이에도 어떤 관계가 있을까?

앞 장에서 나는 일부다처제가 생식력과 신체적 경쟁력이 강한 남자들을 가려내고, 그 결과로 태아기의 테스토스테론 수치가 높아진다고 주장한 바 있다. 그렇다면 일부다처제가 피부색과도 관계가 있다는 증거가 있을까? 조지 머독(George Murdock)은 그의 저서 『민족지 지도(Ethnographic Atlas)』에서 862개 사회 집단의 목록을 만들었다. 그런 다음 공통의 근대사를 공유한 사회 집단들을 묶어서 412개의 그룹으로 분류했다. 그런 그룹들의 위도를 비교 연구하면, 성이 피부색에 어떤 영향을 미치는지에 대한 단서들을 얻을 수 있다.

우선, 각각의 그룹에서 무작위로 하나의 사회를 선택하는 것이 필요하다. 그래야 다수의 사회 집단으로 구성된 그룹들이 결과를 좌우하는 걸 막을 수 있다. 둘째, 성의 영향력을 정량화해야 한다. 우리가 가장 큰 관심을 갖는 것은, 생식력이 있는 여성을 얻기 위한 남성의 경쟁이 치열해지는 것과의 상관관계이다. 치열한 경쟁이 테스토스테론의 증가를 초래하기 때문이다. 남성들 간의 경쟁이 치열해지는 결혼 제도 단계는 다음과 같다.

1단계 : 일처다부제-한 명의 아내가 여러 명의 남편을 둔다.
2단계 : 일부일처제-한 명의 남편이 한 명의 아내만 둔다.
3단계 : 제한된 일부다처제-한 남자가 여러 명의 아내를 가질
        수 있지만 이런 결혼 형태는 비교적 드문 편이다.
4단계 : 자매형 일부다처제-한 남자가 아내의 자매들 중에서 그
        다음 아내를 택한다. 그러나 그 아내들이 남편과 같이
        살지는 않는다.
5단계 : 함께 사는 자매형 일부다처제-자매 관계의 아내들이 남
        편과 같이 산다.
6단계 : 일부다처제-남자가 얻을 수 있는 아내들이 자매에 국한
        되지 않는다. 이때 아내들은 각자의 집에서 따로 산다.
7단계 : 함께 사는 일부다처제-여러 명의 아내들이 남편과 같이
        산다.

아내들이 남편과 다른 집에서 각자 거주하는 사회에서는 간통의 가능성이 높아진다. 그러므로 일부다처제의 효과가 감소될 것이다.

그런 결혼 제도하에서는 일부 남자들이 독점적으로 여러 아내를 가질 수 있지만, 내연의 관계 때문에 부권이 약화되는 경향이 생긴다. 그러므로 아내들이 남편의 집에 거주하는 일부다처제 사회에서(5단계, 7단계) 남성들의 경쟁이 보다 치열하게 되고, 그 결과로 테스토스테론의 수치가 높아질 것이다. 그러나 아내들이 남편과 다른 곳에서 산다면 테스토스테론의 수치가 높아지는 효과는 감소할 것이다. 더 나아가 비자매형 일부다처제에서는 남자들이 아내로 삼을 여자들을 생포해야 하는 경우도 종종 있다. 그 과정에서 남성들 사이에 격투가 벌어질 수도 있다. 그러므로 그런 사회에서는 강한 체력과 심장과 혈관, 그리고 공간 판단 능력 등에 대한 강한 선택적 압력이 있을 것이다.

이제 강력한 일부다처제(6단계, 7단계)와 위도 사이에 어떤 관계가 있는지 살펴보자. 검은색 피부는 적도 부근에서 가장 흔하지만 모든 대륙에서 그런 것은 아니다. 아프리카에는 피부색이 세계에서 가장 검은 부족들이 있다. 또한 자외선만을 고려했을 때 예상되는 것보다 더 검은색의 피부를 가진 부족들도 많이 있다. 전체 412개의 사회 그룹 중에서 강한 일부다처제를 채택하고 있는 사회는 122곳, 약 30퍼센트이다. 열대 지방만을 고려하면 이 비율은 37퍼센트로 올라가서, 266개의 사회 그룹 중에 98개 사회에 해당한다. 게다가 아프리카 부족들만을 고려할 때 일부다처제 사회는 극적으로 많아진다. 열대 지방에 포함되는 아프리카 사회의 78퍼센트, 즉 84개 사회 중 66개 사회가 강한 일부다처제의 결혼 제도를 채택하고 있다. 적도에 좀 더 가까운 북위 10도에서 남위 10도 사이의 지역으로 범위를 좁

혀서 살펴보면, 아프리카의 일부다처제 비율은 더욱 크게 증가해서 85퍼센트, 즉 65개 사회 그룹 중에서 55개 사회에 이른다.

앞에서 밝힌 것처럼, 위도에 따라 피부색이 검은색에서 흰색으로 변하는 것은 아프리카 끝에서 북유럽에 이르는 선상에서 가장 잘 나타난다. 그러므로 남위 55도에서 북위 70도에 이르는 횡단선을 따라서 결혼 제도 형태를 살펴보는 일이 필요하다. 적도 이남과 북위 20도 사회에서는 전체 사회 그룹 표본 중 76퍼센트가 강한 일부다처제를 채택하고 있다. 그리고 북위 21도와 40도 사이에서는 일부다처제 비율이 27퍼센트로 줄고, 41도와 70도 사이에서는 8퍼센트 정도로 준다. 그러므로 적도에 가까울수록 검은색 피부와 일부다처제가 밀접하게 연관되어 있음을 알 수 있다. 반면에 적도에서 멀어질수록 흰색 피부와 일부일처제가 일반적인 것으로 나타난다.

그렇지만 이런 관계는 아프리카에서 유럽을 잇는 선 주변의 사회들에만 적용된다. 아메리카 대륙에는 강력한 일부다처제와 검은색 피부가 드문 편이다. 그리고 아프리카에서와 달리 일부다처제가 적도 부근에서 가장 흔한 것도 아니다. 위도에 따른 일부다처제 사회의 비율을 살펴보면, 0도에서 20도 사이의 사회 그룹 속에서는 16퍼센트이고, 21도에서 40도 사이에서는 11퍼센트이며, 41도 이상에서는 23퍼센트이다. 이와 같이 아메리카 대륙에서는 위도와 검은 피부색 사이에 뚜렷한 관계가 나타나지 않는다. 그것은 일부다처제가 위도와 관련이 없기 때문이라고도 볼 수 있다. 사실 캐나다 북부와 그린란드에는 일부다처제가 흔하다. 그런 사실을 통해서 이뉴잇의 피부색이 자외선 강도만을 고려했을 때 예상되는 것보다 더 검은 이유를 밝힐 수 있을 것이다.

이제 피부색에 영향을 미치는 주 요인 두 가지를 찾았다. 검은색 피부는 높은 자외선 강도와 일부다처제와 관계가 있는 반면, 흰색 피부는 낮은 자외선 강도와 일부일처제, 혹은 일처다부제와 관계가 있다.

피부색에 영향을 주는 요인들을 개별적으로 분리해서 살펴보면 어떤 결과가 나올까? 자블론스키와 채플린이 연구한 피부 반사율에 대한 자료를 활용해서 그것을 알아볼 수 있다. 그들은 85개 사회 집단으로부터 추출한 원주민들을 대상으로 피부 반사율 측정치를 얻었다. 85개 집단 중 아메리카 대륙에 위치한 사회 집단은 네 곳뿐인데, 그중 둘은 브라질, 둘은 페루에 위치한 사회 집단이다. 그 외에는 모두 아프리카, 유라시아, 말레이 제도, 오스트레일리아에 위치한 사회 집단들이다. 피부색이 자외선 차단의 필요에 의해서만 결정된다고 가정한다면, 한 지역에서 자외선에 노출된 연평균을 통해, 그 사회 집단의 피부 반사율 예상치를 산출할 수 있다. 열대 지방에 위치한 검은 피부색의 사회 집단은 피부 반사율이 낮고, 고위도에 위치한 흰색 피부를 가진 사회 집단은 피부 반사율이 높을 것이다. 자블론스키와 채플린은 관찰된 피부색이 예상치에 가깝다는 것을 발견했다. 그러나 그들의 자료를 면밀히 살펴보면 사하라 사막 이남의 많은 일부다처제 사회 집단들의 피부색은 예상보다 더 검다는 것을 알 수 있다. 그리고 일처다부제를 채택하고 있는 티베트나 네팔의 사회 집단들은 예상보다 더 밝은 피부색을 갖고 있다는 것을 알 수 있다. 마땅히 검거나 밝아야 할 피부색에서 그런 예외가 나타나는 것은 결혼 제도의 속성 때문일까?

〔그림 7.1〕은 일처다부제나 일부일처제를 채택하고 있는 사회 집단들이 밝은 색의 피부를 갖고 있음을 보여 준다. 그리고 검은색 피부는 일부다처제를 관습으로 하는 사회에서 발견됨을 보여 준다. 이런 자료를 참고로 적당한 통계 기술을 이용해서 피부색에 강력한 영향을 미치는 요인이 자외선인지 결혼 제도인지를 확인할 수 있다. 결국 두 가지 모두 피부색과 관계가 있는 것으로 밝혀졌다. 피부 속의 멜라닌은 자외선으로부터 피부를 보호해 주고 미생물의 침입을 막아 준다고 결론지을 수 있다. 더욱이 높은 수치의 테스토스테론으로 인해 면역 수준이 떨어지는 일부다처제 사회에서는 질병의 감염을 막는 멜라닌의 기능이 무엇보다 중요하다. 그렇다면 한 걸음 더 나아가서, 손가락 비율을 활용해 멜라닌과 자외선과 테스토스테론의 관계를 보다 분명하게 밝힐 수도 있을까?

사회 집단마다 성인기의 테스토스테론 수치는 어느 정도 차이가 있다. 나미비아의 부시먼[11]들이 나미비아와 앙골라의 국경 지역에 사는 카방고족보다 테스토스테론의 수치가 더 낮다는 것을 보여 주는 자료들이 있다.[8] 테스토스테론이 피부색의 진화에 중요한 요인이라고 볼 경우, 예상할 수 있듯이 부시먼들은 카방고족보다 훨씬 옅은 피부색을 갖고 있다. 비슷한 사례를 하나 더 들어 보자. 미국의 흑인들은 백인들보다 성인기의 테스토스테론 수치가 더 높다. 그 차

---

11 칼라하리 사막에 사는 채집 · 수렵 민족.

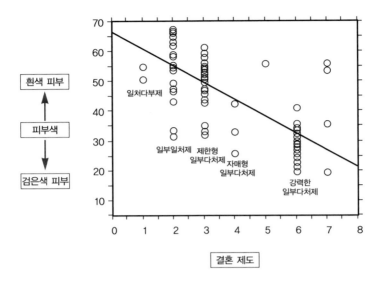

[그림 7.1]

결혼 제도와 피부색과의 관계. 이 그래프는 아내를 얻기 위한 남성들의 경쟁이 치열할
수록 피부색이 검다는 것을 보여 준다. 일처다부제나 일부일처제의 결혼 제도에서는
아내를 얻기 위한 경쟁이 약해 태아기의 테스토스테론 수치가 낮으며, 면역 능력이 높
고, 여성형 손가락 비율을 나타내는 한편, 피부에서 항균성 방벽으로서의 멜라닌을 거
의 필요로 하지 않는다. 그런 결혼 제도를 따르는 사회 집단의 피부는 흰색이다. 피부
색이 검은 사회 집단은 강력한 일부다처제의 결혼 제도를 따르는데, 아내를 생포해 와
야 하는 경우도 있다. 그런 사회 집단은 태아기의 테스토스테론 수치가 높고, 면역 능
력이 낮으며, 카사노바형의 손가락 비율을 갖고 있다. 또한 피부에서 항균성 방벽으로
서의 멜라닌을 필요로 한다.

이는 15퍼센트에서 20퍼센트에 이른다. 그런 차이가 비만이나 흡연
등의 생활방식 요인이나 계층의 차이 때문에 비롯된 것은 아닐 것이
다. 십중팔구 그들의 선조인 서아프리카 흑인들의 테스토스테론 수

치가 높은 것과 관계가 있을 것이다.

개인의 피부색과 손가락 비율 사이의 관계에 대해 연구한 적이 있었다. 연구 표본은 영국 서북부에서 추출한 230명의 백인들로, 115명은 남성이고 115명은 여성이었다. 피부색 측정은 '포켓스펙 브론즈(PocketSpec Bronz)'라는 색차계를 이용했는데, 이것은 색채 도수가 1도에서 1000도까지 세분화되어 있다. 이 장치로 측정한 양질의 흰 종이는 약 30도의 색도를 나타내고, 검은 물체는 약 900도의 색도를 나타낸다. 피부색은 오른팔과 왼팔의 전완[12] 상부 안쪽을 측정했다. 측정 결과 평균 색도는 662도였고, 예상대로 여성들에 비해 남성들의 피부색이 더 검었다. 남성의 평균 색도는 667도였고, 여성의 평균 색도는 656도였다.

손가락 비율과 피부색의 관계에 대한 조사 결과, 남성의 경우엔 손가락 비율과 피부색 사이에 아무런 관계가 없는 것으로 나타났다. 그러나 여성의 경우, 손가락 비율이 카사노바형이면 피부색이 비교적 검고, 손가락 비율이 여성형이면 피부색이 밝은 것으로 나타났다. 이것은 출생 전 높은 수치의 에스트로겐이 여성의 밝은 피부색과 관계가 있음을 보여 주는 것이다.

출생 전 테스토스테론의 수치가 사회 집단 사이에 얼마나 차이가 있는지에 대해서는 알려진 바가 거의 없다. 그러나 내가 조사한 자료를 통해 각기 다른 위도에 위치한 사회 집단들의 평균 손가락 비

---

12 팔꿈치 아랫부분.

율을 비교해 볼 수 있다. 그 자료는 10개 사회 집단을 대상으로 한 것이었다.[9) 열대 지방에 위치한 사회 집단들의 손가락 비율은 낮은 경향이 있고, 위도가 높을수록 여성형 손가락 비율이 두드러지게 나타났다. 물론 제한된 사회 집단만을 조사한 자료이기 때문에 해석을 하는 데 있어서 신중을 기해야 한다. 민족 그룹들 간의 손가락 비율을 비교한 결과는, 구세계의 적도 부근에 위치한 사회 집단들은 출생 전 테스토스테론의 수치가 높으며, 위도가 높아질수록 테스토스테론의 수치가 낮아진다는 주장을 뒷받침하는 것이었다.

출생 전 높은 수치의 테스토스테론이 여자들을 얻기 위한 남자들의 치열한 경쟁이나 검은색 피부와 관계가 있다는 것은 부정할 수 없는 사실로 보인다. 남성들의 용감성과 운동 능력도 출생 전 테스토스테론과 관계가 있는 걸까?

8장 손가락과 운동 능력

훌륭한 축구 선수가 되기 위한 특성에는 어떤 것들이 있을까? 위력적인 킥을 정확하게 해내는 능력이 필요하다는 건 두말할 필요도 없다. 골키퍼의 경우에는 공을 정확하게 쳐 내는 능력이 필요할 것이다. 거기에 덧붙여 단거리 스피드, 지구력, 정확한 패스, 거리 판단력, 대담한 플레이, 체력, 팀에 대한 헌신, 본능적인 반격 능력, 선수들이 조화로운 팀워크를 이루며 결연한 마음가짐으로 경기에 임할 수 있도록 분위기를 이끄는 능력 등이 필요하다. 요컨대, 축구는 개인과 소그룹의 선수들 사이의 육체적 전투에 대한 메타포이다.

The Finger Book
-Fingers, Running Speed and Football Ability

손가락 비율로 남성의 운동 능력을 엿보다

손가락 길이를 측정한 값으로 남자들의 운동 능력을 예측할 수 있다고 가정해 보자. 태아기에 형성되는 손가락 비율을 이용해 달리기나 스키, 축구 같은 운동에서 뛰어난 능력이 잠재된 남자아이들을 일찌감치 가려낼 수 있고, 그럼으로써 그런 능력을 계발하고 육성할 수 있다는 주장을 했다고 가정하자. 그러면 스포츠가 갖는 예측불허의 긴장감과 흥분이 줄어들 거라는 반론이 뒤따를 것이다. 그렇지만 정말로 그런 잠재력을 미리 알아볼 수 있다면, 운동 능력의 기초가 되는 중요한 요인들을 파악함으로써 타고난 재능을 가진 최고의 선수들을 가려낼 수 있을 것이다. 손가락 비율과 운동 능력에 관한 사실들을 살펴보는 것을 시작으로, 정말로 운동 능력을 예측할 수 있는지 알아보자.

남자들의 달리기 속도, 스키 속도, 축구 능력, 그리고 그 외의 많은 운동 능력들은 카사노바형의 손가락 비율에 의해 예측될 수 있다. 앞서 살펴보았듯 손가락 비율은 심장과 혈관의 능률에 대한 정보를 제공한다. 그리고 그 연장선상에서 건강한 남자들의 심장 기능에 대한 정보 또한 제공한다.

우선, 운동 능력에 있어서의 성차를 살펴보기 위해 육상 경기 세계 기록을 예로 들어보자. 육상 경기 종목에서, 2002년 남자 100미터 기록은 여자 기록보다 7퍼센트 빨랐다. 그리고 200미터에서는 10퍼센트, 800미터에서는 11퍼센트, 1,500미터에서는 10퍼센트, 5,000미터에서는 13퍼센트, 10,000미터에서는 12퍼센트, 마라톤에서는 9퍼센트 더 남자 기록이 빨랐다. 즉 달리기 속도에서 나타나는 평균 성차는 남성들이 10퍼센트 정도 앞선다. 필드 종목에서는 더큰 차이가 날 수도 있다. 남자의 높이뛰기 기록은 여자보다 15퍼센트 정도 더 좋고, 멀리뛰기 기록은 16퍼센트나 더 좋다. 여자들이 많이 참가하는 몇몇 종목에서는 성차가 좁혀지기도 하지만, 대부분의 종목에서 어느 정도의 성차가 분명하게 나타난다. 물론 일반인들 사이에서는 남녀의 운동 능력에 차이가 나지 않는 경우도 있다. 최고의 실력을 가진 여자들은 많은 남자들보다 더 빨리 달릴 수 있을 것이다. 그렇지만 국제 대회, 국가 대회, 지역 대회 등 각각의 능력 수준에서는 최고의 남자 선수들이 최고의 여자 선수들보다 더 빨리, 더 높이, 더 멀리 뛸 수 있으며 더 강한 면을 보인다.

이런 성차는 남자들이 여자를 차지하기 위해, 혹은 여자의 관심을 끌 만한 자원을 얻기 위해 경쟁하면서 그에 대한 진화적 반응으로 생긴 것일 수 있다. 다시 말하면, 체력과 속도에서 나타나는 성차는 이른바 성 선택에 그 뿌리를 두고 있다는 것이다. 이런 주장이 옳다면 손가락 비율이 남자들 간의 싸움에서 유용한 능력들을 예언해 주는지 확인해 봐야 한다. 즉 적수와 맞붙어 싸우기 위한 체력, 적수를 공격하는 데 필요한 거리 및 형태를 판단하는 능력, 발로 차거나 주먹을 내지를 때의 정확성, 곤봉이나 방망이를 정확하게 사용하는 능력, 적수를 뒤쫓거나 적으로부터 달아나는 데 필요한 달리기 능력 등을 손가락 비율을 통해 알 수 있어야 한다. 카사노바형의 손가락 비율로 그런 능력들을 예측할 수 있다.

손가락 비율이 달리기 속도, 지구력, 시공간 판단력 등과 관계가 있다면, 그것은 태아기의 테스토스테론과 에스트로겐이 발육 중인 태아의 근육, 심장, 혈관, 뇌 등에 영향을 미치기 때문일 것이다. 이를 염두에 두고 남자들의 운동 능력과 손가락 비율 사이의 관계를 검토해 보자.

남성이 여성보다 더 힘센 경향이 있으므로, 자연스럽게 낮은 손가락 비율은 강한 체력을 예언한다고 볼 수 있다. 아직 발표는 하지 않았지만, 손가락 비율과 체력 사이의 관계에 대해 연구한 적이 있다.[1] 평균 나이가 21세인 52명의 남자 대학생들을 대상으로 표본 조사를 했다. 이러한 표본의 장점은 조사 대상자들이 근육을 키우거나 체력 향상을 위해 스테로이드를 섭취할 가능성이 거의 없다는 점이다. 체력 측정은 웨이트 트레이닝의 세 가지 기본 운동인 숄더 프레스, 벤치 프레스, 스쾃으로 나누어 실시했다. 숄더 프레스로는 상완골과 견갑골에 붙어 있는 삼각근, 삼각근에서 목까지 이어지는 승모근, 그리고 팔을 펴는 작용을 하는 삼두박근을 검사했다. 벤치 프레스로는 가슴 근육과 삼각근 앞부분의 체력을 검사했고, 스쾃으로는 단단한 허벅다리와 둔부 근육을 검사했다.

　운동 기구의 무게는 조사 대상자들이 최소한 다섯 번 이상 들어 올릴 수 있는 것으로 선택하도록 했고, 10회 반복한 무게를 측정했다. 숄더 프레스에서는 덤벨을 어깨 부근에서 머리 위까지 들어 올려야 했다. 그리고 벤치 프레스와 스콰에서는 역기를 이용했다. 적용된 힘은 운동 기구의 무게에 들어 올린 횟수를 곱한 것으로 측정됐다. (이를테면 20킬로그램 덤벨 두 개를 10회 반복해서 머리 위로 들어 올린 학생은 한쪽 팔당 총합 200킬로그램을 들어 올린 것으로 계산한다) 표본 조사에 응한 참가자들은 체력 향상과 몸매를 가꾸는 정도로만 운동에 관심이 있는 학생들이었다. 그러므로 학생당 운동 기구를 들어 올린 평균 무게는 그다지 높지 않은 적당한 수준이었다. 숄더 프레스에서 학생들이 들어 올린 평균 무게는 한쪽 팔당 137킬로그램이었고, 벤치 프레스에서는 482킬로그램, 스콰에서는 785킬로그램이었다.

　조사 결과 오른손의 손가락 비율과 숄더 프레스에서 측정한 체력이 가장 밀접한 관계가 있는 것으로 나타났다([그림 8.1]). 숄더 프레스에서, 0.91로 가장 낮은 손가락 비율을 가진 학생은 총합 175킬로그램을 들어 올렸다. 그에 비해 1.01로 가장 높은 손가락 비율을 가진 학생은 65킬로그램밖에 들어 올리지 못했다. 물론 체력을 평가할 때는 다른 요인들도 감안해야 한다. 예를 들어, 체중이 많이 나가는 사람이 가벼운 사람보다 평균적으로 더 많은 무게를 들어 올릴 수 있다는 것은 상식이다. 그렇지만 통계적으로 체중의 차이로 인해 생기는 효과를 제거하고, 들어 올린 무게에 대한 손가락 비율의 영향

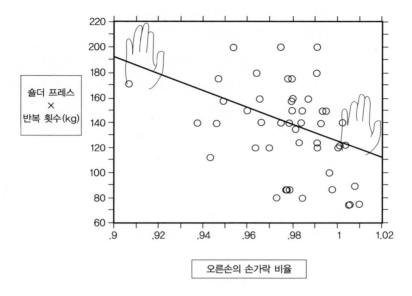

[그림 8.1]
숄더 프레스에서 카사노바형의 손가락 비율을 가진 남자들이 여성형 손가락 비율을 가진 남자들보다 더 많은 무게를 들어 올리는 경향이 있다.

력만을 검사하는 것이 가능하다. 그렇게 했을 때, 숄더 프레스에서 손가락 비율이 체력의 중요한 예측 변수라는 것이 밝혀졌다. 벤치 프레스에서도 남성형 손가락 비율과 체력 사이에 비슷한 연관성이 있었다. 그러나 숄더 프레스보다는 연관성의 정도가 약했고, 왼손의 손가락 비율과 연관이 있었다. 그리고 스콰에서는 손가락 비율과 체력 사이에 아무런 연관성도 없었다. 그러나 조사 대상자들이 적당한 정도의 체력을 기르는 것에 관심이 있는 아마추어들이 아니라 선발된 정예의 운동선수들이라면, 손가락 비율과 스콧의 중량 사이에도 어떤 관계가 나타날지 모를 일이다.

이 예비 연구를 통해서 귀중한 정보들을 얻긴 했지만, 근육강화제 같은 약을 사용하지 않는 뛰어난 체력의 운동선수들을 대상으로 좀 더 무거운 중량의 기구를 이용해서 연구를 계속해야 할 것이다. 그러면 손가락 비율을 통해서 역도, 파워 리프팅, 포환던지기 등에서 큰 잠재력을 지닌 선수들을 조기에 발굴할 수 있을 것이다. 그렇지만 전반적으로는 카사노바형의 손가락 비율은 체력보다는 달리기 속도와 더 밀접한 관계가 있는 것으로 보인다.

단거리, 중거리, 장거리 선수들의 시간 기록 모두 손가락 비율과 관계가 있는 것으로 나타난다. 우리가 갖고 있는 단거리 선수들에 대한 정보는 중거리나 장거리 선수들에 대한 것보다 적지만, 중·장거리 선수들의 경우 손가락 비율과 시간 기록 사이에 밀접한 관계가 있는 것으로 드러났다.

지금부터 달리기 주자들을 대상으로 한 세 건의 표본 조사를 통해, 손가락 비율과 시간 기록 사이의 관계를 입증해 보이겠다.[2, 3] 단거리 표본은 18세의 학생들 47명으로 구성되었다. 그들의 100미터 기록은 두 번을 뛰게 한 뒤 평균을 내어 산출한 것이다. 중거리 표본은 71명의 클럽 운동선수들로, 평균 나이가 23세였다. 그들은 정해진 시간 안에 800미터와 1,500미터를 세 번씩 완주해야 했다. 마지막 세 번째 800미터까지 정해진 시간 내에 완주한 선수는 46명이었다. 그리고 1,500미터에서는 마지막까지 정해진 시간 안에 완주한 선수가 39명이었다. 평균 시간은 운동선수별로 계산되었다. 마지막으로 장거리 표본으로는, 두 대학에서 주최된 장거리 경주에 참가한 선수들의 시간 기록을 측정했다. 경기 참가자들은 맨체스터 부근에서 개최된 2마일 경주에 참가한 선수들이 57명, 에든버러 부근에서 개최된 6마일 경주에 참가한 선수들이 48명이었다.

세 종목의 표본 모두 손가락 길이와 시간 기록 사이에 관계가 있음을 보여 줬다. 전반적으로 남성형의 낮은 손가락 비율을 가진 주자들이 여성형 손가락 비율을 가진 주자들보다 달리기 속도가 빨랐다. 단거리 주자들의 경우, 오른손 비율이 보다 정확한 시간 기록의 예측 변수였다. 0.93의 가장 낮은 손가락 비율을 가진 주자는 13초를 기록한 반면, 1.00의 가장 높은 손가락 비율을 가진 주자는 15초의 기록을 냈다. 중거리 표본 조사에서도 오른손 비율이 달리기 속도의 보다 강력한 예측 변수로 나타났다. 800미터 주자들 중에서 0.93의 가장 낮은 손가락 비율을 가진 선수는 1분 55초의 기록을 낸반면, 1.06의 가장 높은 손가락 비율을 가진 선수는 2분 35초의 기록을 냈다. 같은 선수들이 1,500미터에서는 각각 3분 47초와 4분 50초의 기록을 냈다. 장거리 경주에서는 오른손과 왼손 모두 완주 기록의 강력한 예측 변수였다. 맨체스터 경주에서 가장 먼저 결승 지점을 통과한 세 명의 주자들은 각각 0.93, 0.95, 0.96의 손가락 비율을 갖고 있었다. 반면에 마지막으로 결승 지점을 통과한 세 명의 손가락 비율은 모두 1.00이었다. 에든버러 경주에서 우승한 선수들의 손가락 비율도 그와 비슷했다(〔그림 8.2〕). 1, 2, 3위 세 명의 손가락 비율은 각각 0.92, 0.94, 0.95이었다. 반면에 마지막으로 결승 지점을 통과한 세 명의 손가락 비율은 각각 0.98, 1.00, 1.01이었다.

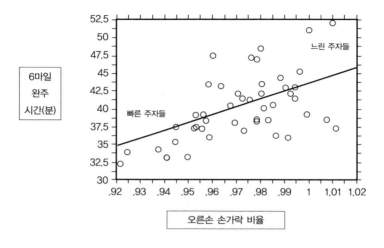

[그림 8.2]
6마일의 장거리 경주를 완주한 선수들 48명의 시간 기록. 카사노바형의 손가락 비율을
가진 선수들이 전반적으로 손가락 비율이 높은 선수들보다 더 빠른 시간에 완주했다.

　　장거리 선수들의 경우, 손가락 비율과 시간 기록 사이의 관계가
강하게 나타나긴 했지만, 좀 더 강한 영향을 미치는 다른 요인이 있
었다. 장거리 달리기에서 좋은 성적을 낸 선수들은 믿기 어려울 만
큼 규칙적으로 맹렬하게 훈련했다. 즉 장거리 선수들의 달리기 속도
에 결정적인 영향을 미친 것은 다른 무엇보다도 훈련 시간이었다.
그러나 훈련 시간의 많고 적음 또한 손가락 비율과 관계가 있다고
볼 수 있다. 카사노바형의 손가락 비율이 나타내는 것은 출생 전 테
스토스테론의 수치가 높다는 것이다. 높은 테스토스테론 수치 덕분
에 장거리 선수는 규칙적으로 강도 높은 훈련을 할 수 있고, 그 결과
빠른 시간 안에 장거리를 달릴 수 있는 체력과 지구력을 갖게 된다.

낮은 손가락 비율을 가진 남자 선수들의 심장 기능이 더 효율적이기 때문이다.

트랙경기는 특별히 요구되는 것이 없는 단순 종목이지만 슬라알 럼 스키의 경우는 좀 더 복잡하다. 비탈진 곳을 빠르게 내려가는 활 강 속도도 필수적이고, 달리기와 마찬가지로 시간 기록 또한 중요하 다. 게다가 스키 선수들은 연속적으로 늘어선 깃대 사이를 요령 있 게 통과해야 한다. 그것은 스피드와 더불어 정확한 거리 판단 능력 을 요구한다. 슬라알럼 스키는 온몸의 반응을 요구한다. 특히 허벅 다리와 엉덩이의 탄탄한 근육과 심장혈관계, 그리고 시공간 지각 능 력을 필요로 한다. 그러므로 카사노바형의 손가락 비율이 슬라알럼 스키의 잠재 능력을 예언해 주리라고 기대할 수 있다.

우기인 7월에 나는 랭커셔[1]의 로텐스탈에서 스키 속도와 손가락 비율 사이의 관계에 대해 연구한 적이 있다.[4] 참가자들은 각각 두 번씩 스키 활강을 했고 그중 빠른 시간 기록을 자료로 이용했는데, 손가락 비율로 스키 속도를 정말 예측할 수 있다는 것이 증명되었 다. 그날 기록 측정에 참여한 스키 선수들은 남자 52명에 여자 20명 이었고, 평균 나이는 21세였다. 그러나 그 편차가 너무 심했다. 가장 어린 선수는 6세였고, 나이가 가장 많은 선수는 그 지역의 스키 클 럽 회장으로 노익장을 과시하는 72세의 노인이었다. 이처럼 편차가 심한 경우 조사 결과에 부정적인 영향을 미칠 수 있기에, 6세에서

---

1 영국 잉글랜드 서북부의 주.

25세까지 57명의 스키 선수들의 기록과 손가락 비율만을 분석했다. 이 그룹에 포함된 사람들의 손가락 비율에서 나타나는 성차는 보편적인 정도로, 남자들의 손가락 비율이 여자들의 비율보다 낮았다. 그러나 그룹 전체의 오른손 평균 손가락 비율은 0.96으로 유별나게 낮았다. 그 지역에 거주하는 일반 사람들의 오른손 손가락 비율과 비교했을 때 그런 수치는 우연이라고는 볼 수 없을 정도로 낮은 것이었다. 스키 선수들의 평균 손가락 비율은 0.96, 일반인들의 평균 비율은 0.99이었다. 그런 수치를 통해 일반인들에 비해 스키 선수들의 손가락 비율이 좀 더 남성형이라는 것을 알 수 있다.

스키는 연습을 필요로 한다. 그러므로 시간 기록을 살펴보기 전에 경험, 나이, 성별의 영향력을 제거해야 한다. 시간 기록에 있어서 나머지 변수들은 손가락 비율과 관계가 있었다. 예를 들어 기록이 가장 빠른 10명의 스키 선수들은 오른손의 평균 손가락 비율이 0.94로, 표본의 전체 평균 비율인 0.96보다 낮았다. 또한 기록이 가장 느린 10명의 스키 선수들은 오른손의 평균 손가락 비율이 0.98로 평균 비율보다 높았다.

이 표본 조사는 손가락 비율과 스키 속도의 관계를 조사한 최초의 시도였다. 비슷한 나이와 경험을 가진 수준급 스키 선수들의 시간 기록도 손가락 비율을 통해 예측할 수 있는지 앞으로 더 많은 조사를 해 봐야 할 것이다. 그리고 스피드 스키나 회전 활강 스키, 혹은 지구력 경주에서 어떤 것이 손가락 비율과 보다 강력한 관계가 있는지도 알아봐야 한다.

축구는 남성들의 육체적 전투에 대한 메타포

이제 축구 얘기를 해 볼까 한다. 축구는 내가 개인적으로 지대한 관심을 갖고 있는 스포츠이다. 나는 잉글랜드 동북부에서 자랐다. 그곳의 남자아이들은 대부분 잉글랜드 축구팀의 주장을 꿈꾼다. 나 역시 예외는 아니었다. 매일같이 운동장이나 길모퉁이에서 해가 질 무렵까지 축구를 하고 집으로 돌아가곤 했었다. 진화생물학의 매력에 빠지지 않았더라면, 훌륭한 축구 선수가 되어 내 사랑하는 고향, 선덜랜드를 위해 뛰었을 것이다. 내 딸들에게 하는 말이다……

훌륭한 축구 선수가 되기 위한 특성에는 어떤 것들이 있을까? 위력적인 킥을 정확하게 하는 능력이 필요하다는 건 두말할 필요도 없다. 골키퍼의 경우에는 공을 정확하게 쳐 내는 능력이 필요할 것이다. 거기에 덧붙여 단거리 스피드, 지구력, 정확한 패스, 볼 컨트롤, 거리 판단력, 대담한 플레이, 체력, 팀에 대한 헌신, 본능적인 반격 능력, 선수들이 조화로운 팀워크를 이루며 결연한 마음가짐으로 경기에 임할 수 있도록 분위기를 이끄는 능력 등이 필요할 것이다. 요컨대, 축구는 개인과 소그룹의 선수들 사이의 육체적 전투에 대한 메타포이다.

나는 지금까지 손가락 비율과 축구에 관해 두 건의 연구 논문을 발표한 바 있다. 둘 다 축구라는 복잡한 스포츠의 능력을 측정하는 근본적인 문제에 초점을 맞추고 있다. 축구 경기에서 우승하려면 팀원 모두의 노력이 있어야 한다. 그러므로 팀 결과가 개인의 능력을 보여 주는 좋은 지표라고 볼 수는 없다. 그렇다면 개인의 축구 능력은 어떻게 측정할 수 있을까? 이런 상황에서는 다양한 접근법을 취하는 것이 최선이다. 선수들에게 몇 개로 나눠진 척도상에서 자신의 전반적인 능력을 평가해 달라고 부탁하는 것도 한 방법이다. 평가 척도는 '재능은 없으나 열정적임'에서 시작해서 '국가 대표로 선발될 정도의 실력을 갖춤'에 이르기까지 능력 수준을 점차 확대해 나가면 된다. 주관적인 응답을 할 가능성에 대한 문제를 해결하기 위해서는 동료 선수들이나 주장이나 코치 등 다른 사람들한테 선수들의 능력 수준을 평가해 달라고 부탁하면 될 것이다. 또 다른 방법도 있다. 축구 능력을 스피드, 지구력, 패스 및 볼 컨트롤 등으로 세분하여 분석하는 것이다. 스피드 같은 특성은 양적으로 측정될 수 있겠지만 다른 특성들은 또다시 판단의 문제가 될 것이다.

나는 로건 테일러(Rogan Taylor)와 함께 앞에서 설명한 것과 비슷한 방법으로 세 차례의 조사 연구를 한 적이 있다.[5] 첫 번째 연구에서는 128명의 젊은이들에게 좋아하는 스포츠에 대해 그들의 능력을 평가해 달라고 요청했다. 평가 척도는 1단계부터 10단계까지 있었는데, 친목 차원에서 참여하는 정도인 1단계를 시작으로 조직적인 스포츠 모임에 참여하는 중간 단계를 거쳐 지역 대표, 국가 대표 수준의 10단계까지 있었다. 참가자들은 모두 아마추어 선수들로 달리기 선수가 45퍼센트, 축구 선수가 14퍼센트, 격투기 선수들이 10퍼센트였다. 조사 결과 0.92에서 0.94에 이르는 카사노바형의 손가락 비율을 가진 남자들이 뛰어난 운동 실력을 갖춘 것으로 나타났다. 여성형 손가락 비율을 가진 사람들은 스스로를 운동에 큰 소질이 없다고 평가하는 경향이 있었다. 이 표본 조사는 달리기나 축구처럼 심장혈관계 기능이 중요시되는 운동에 대한 경향을 보여 준다는 점에 주목해야 할 것이다.

두 번째 조사에서는 손가락 비율과 시공간 판단력 사이의 관계를 평가했다. 축구는 공의 표면과 공에 닿는 발 부분에 대한 섬세한 판단력을 필요로 한다. 비스듬히 공을 차면 공이 비스듬한 각도로 날아갈 것이고, 발이 공에 닿는 위치에 변화를 줌으로써 날아가는 공의 궤도를 바꿀 수도 있다. 따라서 의도한 방향으로 공이 가게 하려면 뛰어난 기술이 필요하다. 그리고 형태를 정확히 파악하는 시각 능력도 도움이 될 것이다. 125명의 젊은 남자들을 대상으로 한 이 표본 조사에서는 '심적 회전 검사'를 통해서 시공간 지각 능력을 테스트했다. 심적 회전 검사란 도형들을 다양한 각도로 회전시켜 놓고 같은 모양을 찾아 짝을 짓도록 하는 것이다. 심적 회전 검사 결과 카사노바형의 손가락 비율을 가진 남자들이 여성형 손가락 비율을 가진 남자들보다 더 높은 점수를 얻은 것으로 나타났다.

마지막 세 번째 조사는 304명의 프로 축구 선수들과, 취미로 축구를 하는 533명의 젊은 남자들로 구성된 표본들의 손가락 비율을 측정한 것이었다. 프로 축구 선수들은 1998년과 1999년 시즌에 영국의 프로 축구팀에서 경기를 한 적이 있거나 지금도 하고 있는 선수들이었다. 물론 그 선수들이 모두 영국인은 아니었다. 축구 선수들로 구성된 표본 안에는 프리미어리그에 올라 있는 리버풀과 코벤트리 시티에 소속된 선수들도 있었고, 디비전 1부에 속하는 선덜랜드와 트랜미어 로버스의 선수들도 있었다. 또한 디비전 2부에서는 프레스톤 노스 엔드와 올드햄 애슬레틱 선수들을 대표로 추출했으며,

디비전 3부에서는 케임브리지 유나이티드와 로치데일 소속 선수들을 추출했다. 뛰어난 활약을 했던 선수들이 은퇴 후 프로 축구팀의 코치를 맡는 일이 종종 있는데, 운 좋게도 그런 코치들 21명의 손가락 비율도 측정할 수 있었다. 코치들 그룹에는 수비수로 활약했던 리버풀 팀의 필 톰슨과 론 예이츠, 더비 카운티 팀의 로이 맥팔랜드, 그리고 공격수로 활약했던 에버턴 팀의 피터 리드와 케빈 시디가 포함되어 있었다.

게다가 어느 날 저녁, 나는 잊을 수 없는 한 기념 행사장에서 최고의 축구 선수들 29명의 손가락 길이를 측정하는 행운을 얻기도 했다. 그 행사는 영국 리그 챔피언십 100주년을 기념하는 자리였다. 게스트 명단은 영국 축구 리그의 실력이 얼마나 대단한지를 실감케 했다. 영국 축구 100주년을 기념하기 위해 전설적인 선수들 열 명의 이름도 명단에 포함되어 있었다. 축구 역사 초기의 '리그 레전드'들 중엔 유명을 달리한 선수들도 있었지만, 수십 년 동안 축구 팬들의 마음속에 남아 있으면서 뛰어난 기술을 보였던 전설적인 선수로 회자되는 이들이 여전히 많이 있었다. 모두들 정말이지 대단한 선수들이었다. 그럼에도 그들이 경기장에서 보여 준 기량은 참으로 다양하고 풍부했다. 그들의 손가락 비율은 어떨까?

표본수가 많은 비선수 그룹과 프로 선수 그룹의 평균 손가락 비율은 차이가 크게 났다. 비선수들의 평균 손가락 비율은 0.98이었고, 프로 축구 선수들의 평균 손가락 비율은 0.94에서 0.955의 분포를 보였다. 프로 축구 선수들의 평균 손가락 비율도 리그 사이에 큰 차이가 없었다. 그런데 프로 선수들의 자료를 평가하는 데 있어서 한 가지 문제가 있었다. 프로 팀들의 순위가 오르락내리락하는 것이었다. 처음 조사를 시작할 때, 프리미어리그에 속했던 코벤트리는 지금은 '챔피언십'으로 명칭이 바뀐 디비전 1부로 떨어졌고, 선덜랜드는 프리미어십으로 올라갔다가 다시 디비전 1부로 떨어졌으며, 선덜랜드와 같이 디비전 1부에 속했던 트랜미어는 (요즘의 '1부 리그'인) 디비전 2부로 내려갔다. 그리고 디비전 2부에 속했던 프레스톤은 디비전 1부로 올라갔고, 케임브리지는 축구 리그에서 완전히 탈락했다. 그렇지만 프로 축구팀들을 종합적으로 검토했을 때, 제1팀의 주전 선수들이 예비 선수들보다 더 극단적인 카사노바형의 손가락 비율을 갖고 있는 것으로 나타났다. 그런 결과는 제1팀에 올라가기 위한 경쟁이 남성형 손가락 비율을 가진 재능 있는 선수들을 확인하는 수단이 된다는 것으로 해석할 수 있다. 그들의 낮은 손가락 비율을 통해서 그런 것을 알 수 있다.

청소년 팀 선수들의 손가락 비율은 전반적으로 중간 수준이었다. 평균적으로 제1팀의 주전 선수들보다는 높았고, 예비 선수들보다는 낮았다. 그것은 청소년 팀에는 제1팀으로 발탁될 가능성이 있는 선수들과, 후보로 남게 될 선수들, 그리고 축구 리그 팀에서 완전히 탈락될 선수들이 뒤섞여 있기 때문일 것이다. 또한 예상한 바대로 전체 표본 중 가장 남성화한 손가락 비율을 보여 준 그룹은 선수 출신 코치들과 '리그 레전드'들이었다. 그들의 평균 손가락 비율은 0.94에 가까웠다. 국가 대표 팀을 선발할 때에는 남성형 비율을 가진 선수들을 식별해야 할 필요성이 더욱더 크다. 전체 표본 중에서 잉글랜드, 스코틀랜드, 웨일스, 북아일랜드, 에이레 등 홈 팀에서만 경기를 한 선수들은 서른일곱 명이었다. 국제 경기 경험이 없는 이 선수들의 평균 손가락 비율은 0.95였다. 그에 비해 국제 경기 출전 경험이 있는 선수들의 평균 비율은 0.94로 더 낮았다. 그리고 국제 경기 경험이 많은 선수들일수록 특히 낮은 남성형 손가락 비율을 갖고 있는 경향마저 있었다.

이런 모든 관찰 결과는 코치들과 국제 경기 출전 선수 선발위원들, 그리고 그 외 다른 사람들의 판단에 따른 것이다. 피터 번드레드, 로건 테일러와 함께 진행했던 조사 연구는 71명의 아마추어 영국 선수들을 대상으로 했는데, 약간 다른 방법을 채택했다. 선수들의 능력을 평가함에 있어서 선수들 자신과 같은 팀의 동료 다섯 명에게 평가를 요청한 것이다. 선수들이 자신의 능력에 대해 인지하는 것과 동료 선수들의 판단은 거의 일치했다. 그러나 그보다 더 중요한 것은 두 종류의 평가 결과 모두 선수들의 손가락 비율과 관계가 있었다는 점이다. 카사노바형의 손가락 비율을 가진 선수들은 선수 자신의 판단을 통해서도, 동료 선수들의 판단을 통해서도 뛰어난 축구 능력을 갖고 있는 것으로 나타났다.

영국 축구 리그 선수들을 대상으로 한 첫 번째 연구에서, 우리는 손가락 비율이 축구 능력의 예측 변수가 된다는 증거를 찾아냈다. 그런데 놀랍게도, 아직은 나도 그 이유를 완전하게 파악하지 못했지만 특히 왼손의 비율이 축구 능력과 밀접한 관계가 있었다. 세계적인 축구 강국, 브라질에서 실시한 두 번째 연구에서도 똑같은 경향이 발견되었다.

브라질은 진정한 축구의 본고장으로 일컬어지곤 한다. 월드컵 예선 통과에 실패한 적이 한 번도 없으며, 2002년 한일 월드컵 우승을 포함해 월드컵에서 다섯 번이나 우승하는 기록을 세웠다. 브라질의 그처럼 대단한 성적을 어떻게 설명해야 할까? 브라질 축구의 경기 구성을 살펴보면, 수준에 상관없이 너무나 많은 경기를 용인하고 심지어 조장하기까지 하는 시스템이라는 것을 알 수 있다. 그런 시스템에서는 선수들이 부상을 당할 가능성이 높고 받는 스트레스 또한 클 것이다. 그렇다면 브라질의 축구 실력이 그토록 뛰어난 건 축구 팀 운영 덕택은 확실히 아닐 것이다.

　로건 테일러와 수석 코치인 후앙 파울루 메디나(João Paulo Medina)와 함께한 연구에서는 운 좋게도 브라질 축구 1부 리그 팀 중 하나인 'SC 인터내셔널 포르투 알레그레'(줄여서 '인터내셔널') 소속 선수들의 손가락 비율을 측정할 수 있었다. 우리는 99명의 선수들의 손을 촬영했는데, 그중 33명이 시니어 팀 선수들이었다. 이 그룹에 속한 선수들의 왼손 평균 손가락 비율은 0.93으로 영국 축구의 '리그 레전드'들보다 더 남성화된 비율을 갖고 있었다. 20명의 1군 선수들의 평균 비율은 0.92로, 심지어 시니어 팀 선수들보다 더 낮은 손가락 비율을 갖고 있었다. 그리고 예비 선수들 13명의 평균 손가락 비율은 0.96이었다. 1군 선수들 중에는 놀랍게도 0.90 이하의 낮은 손가락 비율을 가진 선수가 6명이나 있었다. [그림 8.3]은 그 여섯 명 중 한 명의 왼손으로 손가락 비율이 0.88이다. 이 그룹에는 1천2백만 달러가 넘는 이적료를 받고 바르셀로나로 이적한 공격수도 있었는데, 그의 손가락 비율은 0.885였다.

　우리는 인터내셔널 팀의 코치들에게 지구력, 페이스, 패스, 드리

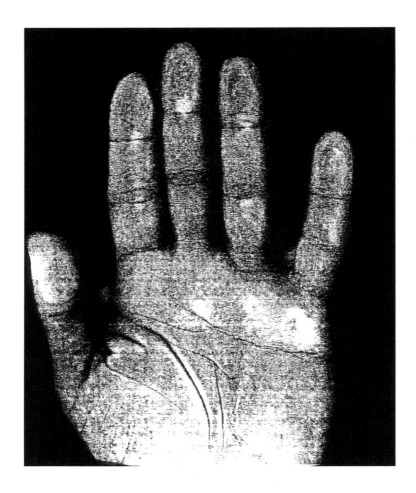

[그림 8.3]

브라질 축구 선수의 왼손. 이 뛰어난 실력의 미드필더는 검지에 비해 상대적으로 긴 약지를 갖고 있다. 이 미드필더의 손가락 비율은 극단적인 남성형으로 0.88이다(검지의 길이 75.20밀리미터를 약지의 길이 85.15밀리미터로 나눈 값).

블 등의 능력에 따라 선수들을 평가해 달라고 부탁했다. 평가 척도
는 가장 높은 능력을 나타내는 1단계에서 4단계까지 있었고, 선수
각각의 능력에 대한 종합 점수는 네 가지 특성을 평가한 점수를 합
해서 얻었다. 조사 결과 특히 왼손의 손가락 비율이 낮은 선수들이
포괄적인 능력에 대한 이 평가에서 높은 점수를 얻었다. 네 가지 특
성을 개별적으로 고려했을 때, 손가락 비율과 가장 밀접한 관계가
있는 것은 지구력 평가 점수로 나타났다. 이 연구 역시 손가락 비율
이 축구 능력의 예측 변수가 될 수 있다는 것을 보여 준다. 축구 능
력 중 손가락 비율로 가장 정확하게 예측할 수 있는 것이 지구력이
라는 확신을 얻기 위해서는 앞으로 좀 더 연구가 필요할 것이다. 그
렇지만 손가락 비율이 축구 능력의 한 가지 면만이 아니라 여러 면
과 상관관계가 있다는 것은 확실해 보인다.

앞에서 태아기의 테스토스테론 수치는 민족 집단에 따라 차이가
있다는 것에 대해 논한 적이 있다. 그리고 손가락 비율도 인구 집단
사이에 차이가 있음을 살펴본 바 있다. 그런 것들이 브라질 같은 국
가가 축구 강국의 기쁨을 누리는 것에 대한 설명이 될 것이다.

한편, 영국 축구 리그를 대상으로 한 연구 표본에는 13명의 흑인
선수들이 포함되어 있었다. 그 흑인 선수들의 평균 손가락 비율은
0.93으로 백인 동료 선수들보다 낮았다. 백인 선수들의 평균 손가락
비율은 0.95였다. 영국 축구 리그에는 흑인 선수들의 등장이 크게
늘었다. 런던 임페리얼 칼리지의 스테판 지만스키(Stefan Szymanski)
교수는 1974년에서 1993년까지 영국의 39개 프로 축구 팀에서 활
약한 흑인 선수들에 대해 조사했다.[6] 1974년에 영국 프로 축구 팀에

서 뛴 흑인 선수는 4명뿐이었고, 그들이 경기에 출전한 횟수는 모두 합해서 77회 정도였다. 그런데 1993년 즈음에는 흑인 선수들이 98명으로 늘었고, 경기 출전 횟수는 총 2,033회에 달했다. 그런 추세는 프리미어리그로까지 이어졌다. 최근의 프리미어십 우승 팀들은 모두 흑인 선수들의 활약에 힘입은 바가 컸다. 아스날 FC는 한 경기에 흑인 선수들을 9명이나 선발한 적도 있었다. 1978년에 비브 앤더슨(Vivian Anderson)이 흑인으로선 처음으로 영국 국가 대표 팀에 발탁된 이후, 영국 국가 대표 팀에도 흑인 선수들이 꾸준히 늘고 있다.

그런 추세는 사회적 소수 인종에게 공평한 기회를 주기 위한 차원이나, 흑인 선수에게 연봉을 더 적게 주는 방침 따위와는 하등 관계가 없다. 프로 팀 경영자에게 고용 보장 따위는 별 의미가 없다. 모든 선수들이 실력에 따라 기용된다. 그렇다고 해서 손가락 비율이 낮은 선수들을 선발하면 그들이 모두 뛰어난 능력을 발휘하리라고 기대할 수 있다는 뜻은 아니다. 무엇보다 정정당당하게 의욕적으로 경기에 임하고 축구에 열정이 있는 선수들을 선택해야 할 것이다. 다만 그런 선수들 중에서 왼손의 손가락 비율이 카사노바형인 선수들이 최고의 선수로 성장할 가능성이 높다는 것이다. 다른 모든 조건이 동등하다면, 축구 국가 대표 팀의 선발 기준은 태아기의 남성화 수준의 영향을 받을 가능성이 있다. 직접적인 증거는 없지만, 다민족으로 구성된 브라질 국민들은 출생 전에 다량의 테스토스테론에 노출됨으로써 크게 남성화했을 것이다. 물론 브라질이 축구 최강국이라는 명성을 얻는 것은 그와 더불어 축구에 대한 뜨거운 열정이 있기 때문일 것이다. 즉, 브라질에서는 축구에 흥미가 있으면서 손가락 비율이 낮은 남자아이들을 찾기가 어렵지 않을 거라는 말이다.

여성형 손가락 비율을 가진 영국 국민들에게 그런 말이 의미하는 것은 무엇일까? 영국이 또다시 월드컵에서 우승할 기회는 없다는 걸까? 그렇지는 않을 것이다. 카사노바형 손가락을 가진 남성들의 비율은 낮지만 축구에 대한 열정과 인구 기반이 높으니 말이다. 타고난 재능을 가진 축구 선수는 드물지 모르지만, 어린아이의 인구에 비추어 볼 때 훌륭한 선수들이 나올 가능성은 얼마든지 있다. 영국에는 뛰어난 능력을 가진 어린 선수들이 충분히 있다. 일찍이 그런 어린 선수들을 발굴해서 실력을 쌓도록 한다면 막강한 월드컵 팀을 구성할 수 있을 것이다.

손가락 비율로 잠재된 축구 능력을 예측할 수 있다면

축구는 경쟁이 치열한 스포츠이다. 그래서 프로 팀들은 재능 있는 어린 선수들을 되도록 일찍 찾아내려고 애쓴다. 그런 과정에서 그들은 성숙도의 차이 때문에 생기는 문제와 직면하게 된다. 나이가 똑같이 열두 살인 A와 B라는 두 소년이 있다고 가정해 보자. 프로 코치들은 A를 B보다 더 높이 평가했다. 그렇지만 8년의 시간이 흐른 뒤, 두 소년이 성인이 되었을 때도 여전히 A가 B보다 뛰어날까? 그 질문에 확신을 갖고 답할 수는 없다. 왜냐하면 우리가 알고 있는 것은 두 소년의 생활 연령[2]이지 발달 연령이 아니기 때문이다. 예를 들어 A는 발달 면에 있어서 B보다 6개월, 아니 심지어 12개월까지 앞

섰을 수 있다. 그것은 타고난 능력에 의해서가 아니라 성숙도에 의해 결정되는 축구 능력 평가에서 A에게 이점이 될 것이다. 그렇지만 둘 다 성숙해지면, 그런 이점은 없어지고, 상황이 역전될 수도 있다. 그러므로 청소년 팀에서 뛰어난 활약을 하는 선수들이 자동적으로 성인 팀에 올라가는 것도 아니고, 또 성인 팀으로 올라간다고 해서 반드시 뛰어난 선수가 되는 것도 아니다. 그렇다고 열두 살짜리 선수들에 대한 코치의 판단은 믿을 수 없고, 스무 살짜리 선수들에 대한 판단은 믿을 수 있다는 말이 아니다. 단지 열두 살짜리 선수들에 대한 판단이, 그들이 스무 살이 되었을 때 내려질 판단의 신뢰할 만한 예측 변수는 아니라는 말이다. 손가락 비율을 활용해서 소년들의 축구 능력을 판단하는 데 초점을 맞춘 연구를 두 차례 한 적이 있다. 그 연구들은 잉글랜드의 찰튼 애슬레틱 축구 아카데미와 브라질의 SC 인터내셔널의 청소년 팀을 대상으로 진행되었다.

잉글랜드 프리미어리그 프로 축구팀, 찰튼 애슬레틱은 청소년 선수들을 발굴하고 육성하기 위한 체계적인 시스템을 갖추고 있다. 마이클 브라운(Michael Brown)이 지휘하는 축구 아카데미가 바로 그것이다. 손가락 비율과 축구 능력의 관계를 알아보기 위한 이 연구에서 오른손과 왼손의 사진으로 청소년 선수들의 손가락 비율을 측정했고, 측정자들에게 선수들의 신원은 밝히지 않았다. 찰튼 애슬레틱 축구 아카데미에는 16명의 선수들로 구성된 12세 팀, 12명의 선수

---

2 출생을 기점으로 한 달력상의 나이.

들로 구성된 13세 팀, 16명의 선수들로 구성된 14세 팀, 16명의 선수들로 구성된 15세 팀, 8명의 선수들로 구성된 16세 팀, 그리고 30명의 선수들로 구성된 17세 팀이 있었다. 선수들의 능력 평가는 다음과 같은 방법으로 진행됐다. 17세 팀에는 청소년 지역 대표 선수로 활약한 적이 있는 선수가 여섯 명 있었다. 그 여섯 명이 최고 실력의 선수들을 대표한다고 가정한 후, 아카데미 코치들이 나머지 선수들의 능력을 평가하고 각 팀에서 최고 선수 여섯 명을 가려냈다. 또한 코치들의 평가 점수를 보지 않은 상태에서 손을 촬영한 사진으로 선수들의 손가락 비율을 측정했다.

소년들의 축구 능력을 예측하는 변수로써 손가락 비율을 조사할 경우, 우리의 기대치를 명확히 할 필요가 있다. 우리가 확인해야 하는 것은 10대 후반 선수들의 경우 손가락 비율로 코치들의 평가를 예언할 수 있지만, 10대 초반의 선수들의 경우에는 그럴 수 없다는 것이다. 성숙도의 차이가 없는 10대 후반 선수들의 경우에만, 손가락 비율이 최종적인 성인 능력의 신뢰할 만한 예측 변수가 되기 때문이다. 우리는 찰튼 애슬레틱의 자료를 가지고, 손가락 비율로 판단했을 때 최고 선수로 평가받은 여섯 명의 선수가 코치가 평가한 최고 선수 여섯 명에 몇 명이나 포함되는지를 조사했다. 12세 팀과 13세 팀에서는 각각 한 명만이 손가락 비율로 판단한 최고 선수 그룹에도 속하고 코치들이 평가한 최고 선수 그룹에도 속했다. 14세 팀과 15세 팀에서는 그런 선수가 두 명으로 늘었고, 16세 팀과 17세 팀에서는 네 명으로 늘었다. 17세 팀에서, 손가락 비율로 판단했을 때 최고인 선수들 중 네 명이 코치가 평가한 최고의 선수들 여섯 명에 우연히 낄 확률은 오백 명에 한 명꼴이었다. 그러므로 우연일 가능성은 거의 없다. 그것은 손가락 비율을 통해 축구 능력을 예측할 수 있을 확률이 아주 높다는 것이다. 특히 코치들의 축구 능력 평가에 있어서. 이와 같이 손가락 비율에 의한 축구 능력 판단과, 코치들의 평가에 의한 축구 능력 판단은 14세 선수 그룹에서 17세 선수 그룹으로 갈수록 일치하는 비율이 높아진다. 그것은 코치들의 판단은 최소한 17세가 된 선수들에 대한 것이어야 성인기의 능력과 일치하는 면을 보이지만, 손가락 비율은 어떤 나이에서든 성인이 된 후의 능력을 나타낸다는 가설을 뒷받침한다.

찰튼 애슬레틱 청소년 팀 선수들의 경우에도 왼손의 손가락 비율이 오른손 비율보다 축구 능력을 더 잘 예측해 주는 변수인 것으로 나타났다. 손가락 비율과 코치들의 평가 사이의 관계에서도 마찬가지였고, 20미터 달리기 속도에서도 왼손의 손가락 비율이 좀 더 확실한 예측 변수였다. 20미터 달리기의 경우, 왼손의 손가락 비율이 좀 더 분명한 예측 변수라는 사실은 놀랍다. 달리기 속도는 왼손보다 오른손의 손가락 비율로 더 잘 예측되는 것으로 보이기 때문이다. 축구나 20미터 달리기의 경우는 태아기의 테스토스테론이 우리가 보통 잘 쓰지 않는 쪽, 즉 왼쪽에 영향을 미쳤음을 암시한다. 그것은 아마도 천부적 재능을 타고난 축구 선수들의 특성일 것이다.

한 가지 덧붙이자면, 관찰한 10대 선수들의 손가락 비율은 영국이 국제 대회에서 선전하기를 바라는 사람들에게 희망을 주는 것이었다. 각 10대 선수 팀의 평균 손가락 비율은 0.92에서 0.94 정도였다. 그것은 평균적으로 손가락 비율이 높은 영국 국민들 사이에서, 손가락 비율이 낮은 청소년들을 잘 찾아냈다는 것을 뜻한다.

브라질의 SC 인터내셔널 청소년 팀에 대한 연구에서도, 사진 촬영한 손들로 선수들의 손가락 비율을 측정했다. 브라질 표본은 평균 나이가 14.6세인 15세의 이하의 선수들 21명과 평균 나이가 19.5세인 16세 이상의 선수들 51명으로 구성되었다. 코치들은 이 선수들의 페이스, 지구력, 드리블, 패스에 대한 축구 능력을 평가했다. 평가 척도는 1단계에서 4단계까지 있었는데, 1단계가 가장 높은 능력을 가리켰다. 그리고 각 요소의 점수를 합산해서 종합적인 축구 능력 점수를 얻었다. 6점에서 8점 사이에는 각 팀에서 최고로 평가받는 선수들 7명이 포함되어 있었다. 16세 이상의 팀에서는 코치들의 평가에서 높은 점수를 받은 선수들이 낮은 점수를 받은 선수들보다 손가락 비율이 낮았다. 구체적으로, 코치들로부터 높은 평가를 받은 선수들의 손가락 비율은 0.91, 낮은 평가를 받은 선수들의 비율은 0.94였다. 이것은 16세 이상 팀에서 손가락 비율이 낮으면 코치들의 평가가 높았다는 것을 암시한다. 나아가 좀 더 어린 선수들 팀에서는 반대의 상황이 나타났다. 6점에서 8점을 얻은 선수들의 평균 손가락 비율은 0.94였다. 그러나 9점 이상의 점수를 받은 선수들의 평균 손가락 비율은 0.91로 낮았다. 찰튼 애슬레틱의 자료와 마찬가지로 10대 후반의 선수들에 대한 평가에 있어서는, 손가락 비율에 의한 판단과 코치들에 의한 판단이 일치했다. 그러나 10대 초반 선수들의 경우에는 일치하지 않았다.

앞서와 같이 이런 조사 결과는 손가락 비율이 성인이 된 후의 축구 능력을 예측해 준다고 해석될 수 있다. 손가락 비율은 출생 전에 거의 결정되기 때문에 어떤 나이에서든 손가락 비율로 축구 능력을 예측할 수 있다. 코치들의 평가는 평가를 하는 시점에서는 정확하겠지만, 그 이후의 능력을 예언하지는 못한다. 어린 선수들의 능력은 성숙도의 정도에 큰 영향을 받는다. 그렇기 때문에 코치들의 평가는 현재의 능력만을 반영하는 것이지, 장차 성인이 된 후의 능력까지 예언하지는 못하는 것이다.

이 장에서는 남성의 운동 능력이 태아기의 테스토스테론 수치와 손가락 비율과 관계가 있다는 점에 대해 살펴보았다. 남성의 운동 능력이 여자들을 얻기 위한 육체적 경쟁과도 연관이 있다고 주장했는데, 그것은 그런 틀 안에서 남성의 운동 능력을 가장 잘 이해할 수 있다고 생각됐기 때문이다. 다음 장에서는 여성에게 보이는 남성의 과시 행동에 대해 논하고자 한다.

9장 손가락과 성적 매력

노먼 게슈빈트는 태아기의 테스토스테론이 발육 중인 태아의 뇌 조직을 바꾼다고 주장했다. 태아기의 테스토스테론이 우뇌 부분의 형성은 촉진하고, 좌뇌와 관련된 부분의 발달은 억제한다는 것이다. 음악적 재능을 지배하는 쪽은 우뇌이다. 그러므로 태아기에 고환이 능률적으로 제 기능을 한다면, 성인기의 생식력이 높아지고 음악적 재능을 이끄는 우뇌가 발달할 거라고 게슈빈트는 말한다. 좋은 음악을 많이 만드는 남자들이 건강한 정자를 많이 만든다는 것이다.

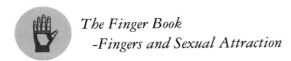

The Finger Book
-Fingers and Sexual Attraction

매력적인 약지는 공작새의 화려한 깃털

지금까지 손가락 비율이 성, 계층, 민족성, 가족의 크기, 성격, 발달 장애, 전염병, 운동 능력 등과 어떻게 연관되어 있는지 살펴보았다. 이들 중 많은 것들이 바람직한 배우자의 특성과 관련되어 있다. 바람직한 성격은 따뜻하고 자상하며 상대가 필요로 하는 것에 섬세한 주의를 기울이는 한편, 부드럽고 온화한 성격일 것이다. 거기에 더불어 여성은 독립적이고 적극적이며 경쟁심이 강한 남성적 특성들을 원하고, 남성은 매력적인 몸매나 젊음을 강조할 수도 있을 것이다.

매력적인 특성은 광범위하고 또한 변하기도 한다. 그러나 이 장에서 관심을 갖고 다룰 부분은 높은 생식 능력이나 건강함을 나타내는 생물학적 특성들과 관계가 있는 것들이다. 배우자의 생식 능력은 진화적 필요, 즉 생식에 대한 욕구와 관계가 있다. 건강하다는 것은 장기간에 걸쳐 자녀에게 시간과 노력을 투자할 수 있다는 뜻이고, 그러므로 유전자 복사체가 온전하게 후대로 이어져 많은 후손을 갖게 될 수 있음을 뜻한다.

손가락 비율에는 생식기의 발달에 대한 정보들이 담겨 있다. 음경과 그에 관련된 생식 도관, 나팔관과 자궁의 형성에 대한 정보들 말이다. 또한 손가락 비율에는 자녀에 대한 투자를 방해할 수 있는 주요 질병들에 대한 감수성을 나타내는 정보도 담겨 있다. 그러므로 상대가 적합한 배우자인지 판단하려면 손가락들을 주의 깊게 살펴보는 게 바람직할 것이다. 생식 능력이나 건강함을 나타내는 징후가 손에 담겨 있으니 말이다. 그렇지만 늘 쉽게 손을 들여다볼 수 있는 건 아니다. 그러므로 사람들은 거리를 두고서도 판단할 수 있는 단서들에 반응한다. 이런 단서들도 역시 손가락 비율과 관계가 있을 것이다. 지금부터 이런 추측에 대한 증거들을 찾아보기로 하자.

내 생각으로는 손가락들 중에서 가장 매력적인 손가락은 네 번째 손가락, 즉 약지이다. 약지는 다섯 손가락 중에서 움직임이 가장 적다. 주먹을 쥔 채 다른 손가락들을 움직이지 않고 검지나 중지 혹은 새끼손가락을 펴기는 쉽다. 그러나 주먹을 쥔 상태에서 약지를 펴는 것은 어려울뿐더러 아프기까지 하다. 한 가지 측면에서 그 이유를 쉽게 찾을 수 있다. 약지는 다른 손가락에 비해 근육이 적기 때문이다. 신체의 구조와 기능이 서로 연관되어 있다는 점을 고려한다면, 약지의 움직임에 제한이 따르는 건 약지가 손을 놀리거나 무언가를 움켜잡는 데 있어서 그다지 중요하지 않다는 것을 암시한다. 그렇다면 약지의 주 기능은 무엇일까? 이상하게 들리다 못해 우습게 들릴 수도 있겠지만 나는 약지가 공작새의 꼬리처럼 과시를 하기 위한 구조일 수 있다고 생각한다. 이런 주장을 뒷받침할 수 있는 몇 가지 사실들을 생각해 보기로 하자.

1장에서 언급했듯이 약지는 흔히 반지를 끼는 손가락으로 일컬어진다. E. 코브햄 브루어(E.Cobham Brewer)는 그의 저서『경구 · 속담 사전(Dictionary Phrase and Fable)』(1898)에서, 이집트인들은 왼손의 넷째 손가락이 섬세한 신경으로 심장과 이어져 있다고 믿었다는 이야기를 들려준다. 여러 문화권에서 심장을 사랑의 자리로 여긴다. 그러니 결혼반지를 끼기에 약지보다 더 좋은 손가락이 어디 있겠는가? 헨리 스윈번(Henry Swinburne)은 그의 저서『혼례의 책(Treatise of Spousals)』(1680)에서 박식한 해부학자들이 약지에서 심장으로 이어지는 것은 신경이 아니라 혈관, 즉 사랑의 혈관임을 발견했다고 주장한다. 그렇다면 결혼반지를 약지에 끼는 것은 신경 때문일까? 혈관 때문일까?

아마 둘 다 관련이 없을 것이다. 가장 아름답고 발달된 형태의 인간을 묘사하는 것에 관심을 가졌던 예전의 예술가들은 긴 약지를 먼 옛날 인류 출현 이전의 원시적인 형태로 간주했다. 아돌프 슐츠(Adolph Schultz) 같은 해부학자들도 인간의 약지와 유인원의 넷째 손가락을 비교함으로써 긴 약지는 원시적인 형태라는 결론을 내렸다.[1] 일반적으로 약지에 털이 가장 많이 나는 것을 실례로 들면서 같은 결론을 내린 이들도 있었다. 상대적으로 약지에 털이 많은 것은 테스토스테론과 그 수용체 분자들 때문일 수 있다. 약지의 뼛속에 있는 수용체들과 약지의 결합 조직을 에워싸고 있는 수용체들은 모낭의 성장과 발달을 자극함으로써 테스토스테론에 반응한다. 만일 테스토스테론 수용체의 수가 약지, 중지, 소지, 검지 순으로 적어진다면, 그런 사실을 통해 왜 약지가 여성에게서는 볼 수 없는 남성의 출생 전 발육의 증거를 보여 주는 것인지, 왜 약지에 털이 가장 많이 나고 검지에는 가장 적게 나는지에 대해 이해할 수 있을 것이다.

내 추론이 옳다면, 약지는 정말로 인간의 과시적 특성일 수 있다. 비록 공작의 긴 꼬리나 금조의 깃털에 비하면 크기도 작고 모양도 보잘것없지만, 남자도 여자도 일반적으로 긴 약지를 매력적이고 섹시하다고 생각한다. 지금부터 그 증거들을 살펴보도록 하겠다.

손은 섹시함이나 매력적인 특성과 관련된 어떤 정보를 갖고 있을까? 물론 손가락의 길이는 키와 관계가 있다. 그리고 키가 큰 남자들이 작은 남자들보다 결혼할 가능성이 더 많고, 또 키가 큰 남자들이 대가족을 이룰 가능성이 많다는 것은 잘 알려진 사실이다. 그러므로 긴 손가락이 남자의 큰 키와 관련이 있다는 것만으로도 여자들은 긴 손가락을 매력적으로 생각할 수 있다. 손가락 길이는 또한 사춘기의 시작과도 관련되어 있다. 사춘기가 빨리 시작되면 손가락의 발육이 그만큼 빨리 중단되고, 사춘기가 늦게 시작되면 손가락이 그만큼 길어질 것이다. 사춘기의 시작에 영향을 주는 요인들에 대해서는 여러 가지 주장이 있지만, 가족 구조가 불안정하고 가족 내에 아버지가 없으면 사춘기가 빨리 시작된다는 증거가 있다.[2] 그런 요인들은 좋은 배우자의 조건이 아니기 때문에, 긴 손가락을 가진 사람을 선택하는 게 유리할 것이다.

개인의 체중은 손가락에 살이 많은 정도와 관련이 있을 수 있다. 비만인 사람은 생식 능력이 떨어지는 경우가 종종 있다. 그러므로 남녀 모두에게 마른 손가락이 매력적으로 보일 것이다. 나이 또한 고려해야 한다. 피부는 나이가 들어 가면서 탄력이 없어지고 색이 거무스름해진다. 여자의 생식 능력은 나이에 크게 의존하기 때문에, 남자가 나이 든 여자의 손을 매력이 없는 것으로 인식한다고 해도 놀라운 일이 아니다. 손을 보고 한눈에 손가락 비율을 계산할 수는 없다. 그러므로 손가락 길이가 매력적인지 아닌지를 판단하는 중요한 요인이 될 수 있다.

최근에 데이비드 크론(David Crone)과 함께한 연구에서 손가락 비율이 매력적인 특성과 관계가 있는지에 대해 알아본 적이 있다. 연구를 위한 표본은 남자 대학생 60명과 여자 대학생 91명으로 구성되었다. 우리는 참가자들의 오른손 손등과 손바닥을 사진 촬영한 후, 다섯 명의 남학생과 다섯 명의 여학생에게 각각의 사진들을 무작위로 나눠 주고 평가를 부탁했다. 그들은 손의 모양을 보고 매력적인 정도, 섹시한 정도, 자기주장이 강해 보이는 정도, 지적인 정도 등을 7단계 척도상에서 평가했다. 우리는 적절한 통계법을 이용해서 키, 체중, 나이, 검지의 길이 등 다른 변수들의 영향은 제거하고, 약지의 길이와 섹시한 정도 사이의 관계를 검토했다. 조사 결과, 큰 키에 뚱뚱하지 않고 약지가 긴 남학생들의 손이 가장 매력적이면서 섹시하다는 평가를 받은 것으로 나타났다. 젊고 날씬하며 약지가 긴 여학생들의 손 또한 매력적이고 섹시하다는 평가를 받았다. 매력적인 특성들과 섹시한 특성들은 서로 독립적이었다는 것을 분명히 밝히는 바이다. 예를 들어 긴 약지는 그 손을 가진 사람의 나이, 키, 체중과 관계없이 매력적인 것으로 평가되었다. 이는 약지가 정말로 남녀 모두에게 과시적 특성일 수 있다는 점을 암시한다. 또한 남녀 모두 긴 약지를 매력적으로 인식했다는 점도 주목할 가치가 있다.

약지가 길면 그 손이 매력적이고 섹시해 보이는 관계는 캐럴라인 브래들리(Caroline Bradley)와 함께한 연구에서도 발견됐다. 이 연구의 실험 대상은 남성들로, 여성들이 그들의 손을 평가했다. 게다가 피임약을 먹는 여성들과 먹지 않는 여성들로 나누어서 평가를 부탁했다. 피임약을 먹지 않는 여성들은 역시 약지가 긴 손을 선호했다. 그렇지만 피임약을 먹는 여성들은 검지가 긴 손을 좋아했다. 그것은 여성이 남성의 손가락의 매력 정도를 평가하는 데 있어서 피임약이 어느 정도 영향을 미친다는 것을 암시한다.

연애 기간 동안 사람들이 손을 어떻게 평가하는지, 얼굴을 비롯한 다른 특성들과 관련해서 손이 얼마나 중요한지에 대해선 거의 알려진 바가 없다. 사람들은 배우자가 될 가능성이 있는 파트너와 교제할 때 파트너의 얼굴, 몸, 손을 보는 데 얼마나 많은 시간을 쓸까? 신체 크기와 관련된 손가락 길이나, 나이와 관련된 피부의 결과 탄력성을 감지하기 위해 사람들은 손을 잡아 볼까? 손을 잡아 보는 식의 평가는 매력의 정도를 인지하는 데 있어서 중요할 수도 있다. 그러나 그런 것은 파트너와 가까운 사이일 때만 가능하다. 손을 잡을 정도가 되려면 먼저 매력을 확인할 수 있는 다른 방법이 필요하다. 배우자가 될 가능성이 있는 파트너의 손을 평가하는 또 다른 방법들이 있을 수 있다. 그런 점에서 생식 능력이 좋고 건강하다는 것을 멀리서도 알아볼 수 있도록 광고할 필요가 있다. 그런 것 또한 손가락 비율과 관계가 있는데, 음악도 그런 광고 중 하나가 될 수 있다.

음악적 재능과 손가락 비율

음악은 장르를 불문하고 큰 즐거움을 준다. 그런데 왜 인간 사회에서는 음악이 보편적인 것일까? 음악을 진화론적 틀 안에서 설명할 수 있을까? 언뜻 보기에 음악과 자연 선택 사이에는 아무런 관계가 없어 보인다. 찰스 다윈은 "일상적인 생활 습관과 관련해서 인간에게 가장 유용하지 않은 재능은 음악을 만드는 기쁨이며 능력이다. 그러므로 음악은 인간이 부여받은 것들 중 가장 알 수 없는 것으로 분류되어야 한다."고 말했다.

음악을 만드는 일에는 많은 시간과 에너지가 필요하다. 음악은 약탈자들을 피하거나 없애는 데 아무런 도움이 되지 않고, 전염병에 대한 저항력을 높여 준다는 증거도 없으며, 먹을 것을 찾는 일에 직접적으로 도움이 된다는 증거도 없다. 음악은 인간이 생존하거나 환경에 적응하는 데 별 도움이 되지 않는다. 시간과 노력의 희생을 수반하는 것 외에 음악은 자연 선택과 아무런 관계가 없는 것으로 보인다.

그렇지만 또 다른 종류의 선택, 성 선택이 있다. 이것 역시 다윈이 주장한 이론이다.[3] 인간만이 음악처럼 소모적인 것이나 시각 효과만을 노린 값비싼 장식에 빠져서 에너지와 시간을 낭비하는 종은 아니다. 소리 또한 중요하다. 다윈은 그 점을 간파하고 인간의 음악과 새, 원숭이, 고래들의 노래 사이에 유사점이 있다는 것을 지적했다.

어떤 동물들은 화려하게 꾸민 자태와 소리가 하나로 어우러지는 기막힌 장면을 연출하기도 한다. 공작새의 화려한 꼬리와 그 꼬리의 깃털들이 만들어 내는 소리가 바로 그것이다. 공작의 몸 뒷부분에서 자라는 긴 꼬리는 120개에서 160개 정도의 깃털로 이루어져 있다. 그 깃털들 중 대다수의 것들이 잘 알려진 눈알 무늬 구조로 끝마무리가 되어 있다. 그러나 15개에서 20개 정도의 유난스레 긴 깃털들의 끝은 V자 형태, 다시 말해 물고기의 꼬리 모양이다. 암공작이 나타나면 과시 행동이 시작된다. 수공작은 암공작에게 등을 돌리고 긴 꼬리를 세운다. 암공작이 달아나지 않으면 수공작은 다시 웅장한 꼬리를 활짝 펴 보이고, 깃털들을 떨면서 소리를 내기 시작한다. 그렇게 하는 데는 많은 에너지가 요구된다. 그래서 수공작은 과시 행동을 끝내고 숨을 몰아쉬며 헉헉거린다. 암공작은 그저 수공작 가까이에 있기만 하면 된다. 그러면 수공작은 암공작이 자신의 노력에 감복했다는 신호로 받아들이고, 큰 소리로 울면서 암공작에게 기세 좋게 달려든다. 그리고 마침내 짝짓기를 한다.

수공작이 건강 상태가 안 좋으면, 멋지게 꼬리를 펼치거나 깃털들을 떨어 소리를 내는 과시 행동을 할 수 없다. 그러므로 활짝 펼친 꼬리와 깃털 떠는 소리는 수공작의 건강 상태가 양호함을 보여 주는 표시이다. 그렇지만 환경에 대한 적응력이 높아지는 것 같지도 않은데 수공작은 왜 그토록 힘겨운 과시 행동을 하도록 진화한 걸까? 다윈은 수공작이 꼬리를 펼치고 깃털을 떨어 소리를 내는 과시 행동을 하도록 진화한 것은, 암공작이 그런 행동을 거뜬히 해낼 수 있는 힘을 가진 화려한 수공작을 좋아하기 때문이란 점을 명확하게 인식했다. 수공작의 과시 행동이 암공작에게 무엇을 드러내 보이는지는 아직 명확하게 밝혀지지 않았지만, 아마도 수공작이 생식 능력이나 기생충에 대한 저항력이 높고, 우수한 유전자를 갖고 있거나, 혹은 그러한 점을 두루 갖추고 있다는 점을 나타내는 걸로 볼 수 있다.

이제 인간의 음악이 여성의 관심을 끄는 남성적 특성을 숨김없이 드러내는 신호라는 가설을 검토해 보자. 이런 주장을 처음으로 한 사람은 다윈이었다. 근래에는 뉴멕시코 대학교의 제프리 밀러(Geoffrey Miller)가 그런 주장을 옹호했다.[4] 인간에게 있어서 음악은 남성의 건강 상태를 보여 주는 신호는 아닐 것이다. 작사와 작곡을 하는 데 엄청난 에너지가 필요하진 않기 때문이다. 그렇다면 남성의 생식 능력을 암시하는 것에 여성들이 관심을 갖는다고 가정해 보자.

여성의 관건은 남성들이 거짓으로 꾸밀 수 없는 신뢰할 만한 표시를 찾는 일이 될 것이다. 그런 표시는 남자 태아가 발육기에 생식 계통이 완전하게 형성됐음을 나타내 주는 것으로서, 쉽게 알아볼 수 있는 것이라야 한다. 태아의 고환이 처음으로 만들어 내는 것들 중 하나가 테스토스테론이고, 테스토스테론은 약지의 성장을 자극한다. 그러므로 약지는 남성의 생식 능력을 판단하는 데 있어서 신뢰할 수 있는 표시로 볼 수 있다. 그렇지만 멀리서는 약지의 상태를 알아보기가 어렵다.

그러나 노먼 게슈빈트(Norman Geschwind)가 이 문제에 대한 해결책을 찾아냈다.[5] 그는 태아기의 테스토스테론이 발육 중인 남자 태아의 뇌 조직을 바꾼다고 주장했다. 좀 더 구체적으로 말하면, 태아기의 테스토스테론이 우뇌 부분의 형성은 촉진하고, 좌뇌와 관련된 부분의 발달은 억제한다는 것이다. 게슈빈트는 음악적 재능을 지배하는 쪽은 우뇌라고 주장했다. 그러므로 태아기에 고환이 능률적으

로 제 기능을 한다면, 성인기의 생식력이 높아지고 음악적 재능을
이끄는 우뇌가 발달할 것이다. 간단히 말해서, 좋은 음악을 많이 만
드는 남자들이 건강한 정자를 많이 만든다는 것이다.

　그런 주장을 뒷받침하는 몇몇 증거들이 있다. 7천 장 이상의 재즈,
록, 클래식 앨범을 살펴본 결과 남성 음악가들이 여성 음악가들보다
열 배나 많았다. 그리고 남성 음악가들의 작품 수는 30세 정도에 절
정에 달했다. 어느 정도는 사회적인 요인 때문이라고 할 수도 있겠
지만, 그런 패턴은 젊은 음악가들의 생식력을 광고하는 표시라고 볼
수 있을 것이다.

　나는 슬러밍(Sluming)과 함께 심포니 오케스트라 단원들을 대상으
로 음악과 남성의 성적 신호 사이의 관계를 알아보기 위해 보다 직
접적인 테스트를 한 적이 있다.[6] 그 표본은 영국의 유명한 심포니
오케스트라의 남성 단원 54명과 여성 단원 16명으로 구성되었다.
예상대로 남성이 압도적으로 많았다. 남성 단원들의 평균 손가락 비
율은 낮았다. 왼손의 평균 비율이 0.96, 오른손의 평균 비율이 0.92
였다. 그것은 리버풀 지역의 일반 남성들로 구성된 표본의 평균 비
율보다 낮은 수치였다. 일반 남성들의 평균 손가락 비율은 오른손과
왼손 모두 0.98이었다. 민족적 배경으로는 오케스트라 단원들의 손
가락 비율이 더 낮은 이유를 명확하게 설명할 수 없었다. 스칸디나
비아 출신의 단원 두 명을 제외한 오케스트라 단원들은 모두 백인
영국인이었기 때문이다. 두 명의 스칸디나비아 출신을 표본에서 제
외시킨 후에도 음악가들의 평균 손가락 비율은 리버풀의 일반 남자
들의 평균 비율보다 낮았다. 그런 결과는 남성 음악가들이 태내에서

발육되는 동안 다량의 테스토스테론에 노출되었고, 그로 인해 음악적 능력이 발달했음을 의미한다. 그렇다고 해서 훌륭한 음악가들이 또한 뛰어난 달리기 선수이거나 축구 선수들이라는 것은 아니다. 음악가들이나 운동선수들이나 출생 전에 다량의 테스토스테론에 노출된 건 마찬가지이지만, 음악가들의 경우에는 테스토스테론이 음악 능력의 발달에 중요한 뇌 부분에 특별히 영향을 미쳤을 것이다.

단 한 번의 표본 조사 결과를 가지고 섣불리 일반화를 해서는 안 된다. 우리가 얻은 자료에 대해서도 또 다른 해석들이 가능하다. 만일 긴 약지가 악기를 연주하는 데 유리한 점이 있다면, 그 때문에 남성형 손가락 비율을 가진 음악가들이 많은 거라고 볼 수도 있다. 그러나 긴 약지가 어떤 특정한 악기들을 연주하는 데 유리하다는 주장은 논란의 여지가 있다. 실제로 현악기 연주자와 비현악기 연주자의 손가락 비율에는 아무런 차이가 없었다.

손가락 비율과 음악적 능력 사이에 직접적인 관계가 있을 가능성은, 오케스트라 구조에 단원들의 손가락 비율이 반영되어 있다는 것을 발견했을 때 더욱 확실해졌다. 오케스트라 각각의 파트에는 음악적 능력에 따라 할당된 자리들이 있다. 우리가 연구한 오케스트라에는 팀파니처럼 연주자가 한 명뿐인 파트도 있었고, 두 명 이상의 연주자가 있는 파트도 있었다. 연주자가 두 명 이상인 파트의 연주자들은 39명이었다. 우리는 그들의 손가락 비율을 측정하고, 오케스트라 단원들의 평가에 따라 그들을 최고와 중간 정도의 실력을 가진 그룹과 중간 이하의 실력을 가진 두 그룹으로 나누었다. 손가락 비율을 조사했을 때, 수준이 높은 그룹이 낮은 그룹에 비해 더 낮은 손가락 비율을 갖고 있는 것으로 나타났다. 왼손의 경우 수준이 높은 그룹의 평균 손가락 비율은 0.95, 수준이 낮은 그룹의 평균 비율은 0.97이었다.

모든 악기 그룹 중에서 규모가 가장 큰 파트는 바이올린 파트였다. 열네 명의 바이올린 연주자들의 손가락 비율을 측정한 결과, 최고 수준의 실력을 가진 연주자들은 손가락 비율이 대단히 낮았다. 이런 연구 결과를 통해서 음악 능력과 태아기의 테스토스테론 사이에 관계가 있다고 볼 수 있다. 또한 태아기에 테스토스테론에 더 많이 노출될수록 음악적 재능은 더 커진다고 볼 수도 있다.

인간과 다른 동물들을 비교해 보면, 동물의 집단적 구애 행동과 인간의 오케스트라 밴드 사이에 놀라울 정도의 유사성이 있다는 점을 발견할 수 있다.[7] 수많은 종의 동물들은 공동체를 이루어 구애 행동을 한다. 그런 동물들은 집단 구혼장, 다시 말해 과시 행동을 하기 위한 장소에 모인다. 수컷들은 그곳에서 각자 작은 영역을 차지하고, 밝은 색의 깃털을 뽐내거나 큰 울음소리를 내거나 과장된 몸짓 등으로 구애 행동을 한다. 집단 구혼장은 오랜 시간에 걸쳐 동물들이 계속해서 찾는 전통적인 곳으로, 눈에 잘 띄는 곳에 위치한다. 예를 들어 뇌조들의 집단 구혼장은 평평한 공터이다. 또 숲의 바닥에 있는 나뭇잎들을 치우고 구애 행동을 펼치는 동물들도 있다. 한편 극락조들은 나무 꼭대기에서 구애 행동을 한다. 그러면 암컷들이 날아와서 조심스레 주변을 맴돌다가 마침내 짝짓기를 할 수컷을 선택한다. 그런 동물들의 경우, 수컷이 정자를 제공하긴 하지만 어버이로서 새끼를 돌보는 역할은 하지 않는다. 그러므로 암컷들은 생식력과 좋은 유전자를 갖고 있음을 나타내는 수컷의 특성들을 찾으려고 애쓴다.

인간의 음악 공연을 살펴보면, 동물들의 집단 구혼과 비슷한 점을 찾을 수 있다. 유명한 많은 음악가들이 하나의 그룹을 이루어 잘 알려진 콘서트홀에서, 성적인 분위기가 가득한 가운데 공연을 한다. 클래식 연주회에서는 그런 분위기가 잘 드러나지 않는다. 팝 콘서트에 비해 음악가들이나 청중들의 나이가 좀 더 많은 경향이 있기 때문이다. 모두들 진지하게 복잡한 클래식에 심취한 듯 보이지만, 보이는 것이 전부는 아니다.

클래식 연주회에서 무대에 가까운 좌석에는 남성들에 비해 여성들이 많다. 슬러밍과 나는 무려 열한 번이나 연주회에 가서, 무대 앞 첫 번째 줄에서 네 번째 줄 사이에 앉은 청중 820명을 주의 깊게 살펴보았다. 그들 중 69퍼센트가 여성이었다. 그다음 다섯 째 줄에서 여덟 째 줄까지 앉은 청중은 모두 다해서 930명이었는데, 그들 중 51퍼센트가 여성들이었다. 오케스트라 무대 가까운 곳에 여성들이 그렇게 많은 건, 앞자리와 뒷자리의 입장료 차이로는 설명이 되지 않는다. 우리가 조사한 연주회들 중 몇몇 경우는 모든 좌석의 값이 똑같았기 때문이다. 그렇다면 연주회장 안에서도 성 선택이 존재하고 있다고 볼 수 있을 것이다. 하지만 그런 결론은 억지스러워 보일 수 있으므로 앞줄에 앉은 여성들 중 폐경 전 여성들의 비율을 알아본다거나 하는 더 많은 연구가 필요할 것이다. 이것을 계기로 품위를 중시하는 클래식 음악계가 재평가를 통해 이익을 얻게 될 수도 있을 것이다.

이 장에서 논한 자료는 손가락과 성적인 매력 사이에 밀접한 관계가 있음을 보여 준다. 그렇지만 배우자를 선택한다는 건 복잡한 일이다. 너무 복잡해서 의식적인 판단만을 따를 수도 없다. 우리가 매력적인 특성을 판단하기 위해서 이용하는 많은 것들의 기능을 우리는 잘 모르고 있다. 손가락 비율을 통해 매력적인 특성을 알아볼 수있다는 우리의 연구 결과는 배우자 선택의 기초가 되는 것들이 얼마나 많고 또 얼마나 복잡한지 여실히 보여 준다. 그러나 지금까지 관심을 갖고 다룬 것은 이성애 관계에 국한된 것이었다. 동성애도 손가락 비율을 이용해서 설명할 수 있을까?

10장 손가락과 동성애

숫양은 지칠 줄 모르는 교미 능력과 몸 크기에 비해 큰 고환으로 유명하다. 고환이 크다는 것은 막대한 수의 정자를 생산함을 의미한다. 숫양은 보통 하루에 다섯 마리의 암양과 짝짓기를 하고, 그때마다 약 3억 마리의 정자를 사정한다. 그러나 짝짓기를 할 상대를 제대로 알아야 한다. 암양과 짝짓기를 하면 직접 적응도가 향상되지만, 숫양들끼리 짝짓기를 한다면 그건 정자 낭비일 뿐이다. 이렇게 가장 기본적인 형태의 차이를 분간해야 하는 선택 기준이 그토록 강력함에도 불구하고, 숫양의 약 8퍼센트가 다른 숫양들과 교미한다는 것을 오리건 보건과학 대학교의 찰스 로셀리가 발견했다. 그들의 직접 적응에 더욱 치명적인 것은 그런 숫양들이 다른 숫양들하고만 교미를 한다는 점이다.

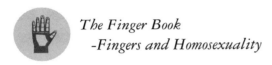

The Finger Book
-Fingers and Homosexuality

동성애는 생물학적 요인에 의해 결정된다

생식은 자연 선택의 핵심에 있다. 자신의 유전자 복사체를 다음 세대로 이어지게 하는 가장 확실한 방법이기 때문이다. 임시변통이긴 하지만 개체의 적응도를 평가하는 가장 좋은 방법은 성숙하게 자란 자식의 수를 세어 보는 것이다. 직접 적응을 확실하게 하기 위해서는 구애 행동, 배우자 선택, 그리고 배우자와의 결합과 같은 생식을 위한 사전 준비가 중요하다. 그러므로 동성애는 자연 선택의 견지에서는 설명하기가 쉽지 않다.

요즘은 남녀를 불문하고 동성애가 꽤 흔하다. 서구 사회에서는 남성의 1퍼센트에서 4퍼센트 정도가 동성애자이다. 반면 동성애자 여성(레즈비언)의 비율은 남성의 절반 정도에 해당한다. 동성애가 성 행동을 지배하는 유전자의 손상이나 돌연변이 때문에 생기는 것이라고 보기는 어렵다. 일반적으로 돌연변이는 극히 드물기 때문이다. 동성애자들, 특히 게이들은 이성애자들보다 자녀를 더 적게 두는 경향이 있다. 벨(Bell)과 와인버그(Weinberg), 그리고 해머스미스(Hammersmith)가 진행한 연구에 따르면 게이들의 자녀 수는 이성애자들의 5분의 1 정도밖에 안 되는 것으로 나타났다.[1] 이성애 유전자가 동성애 유전자로 돌연변이를 일으키는 비율이 극히 낮은 데다 가족의 크기가 축소됨으로써 유전자의 손실이 큼에도 불구하고, 어떻게 동성애가 현재의 비율로 유지될 수 있는지를 파악하는 것은 쉬운 일이 아니다. 동성애가 줄지 않는 이유로 제기되는 것 한 가지는, 인간이 이제는 자연 선택의 영향에서 벗어났고 그 결과의 하나로 동성애가 퍼졌다는 설이다. 그러나 다른 동물들에게도 동성애가 흔히 있다는 사실에 의해 그런 주장은 타당성을 잃는다.

숫양은 지칠 줄 모르는 교미 능력과 몸 크기에 비해 큰 고환으로 유명하다. 숫양은 보통 하루에 다섯 마리의 암양과 짝짓기를 한다. 고환이 크다는 것은 막대한 수의 정자를 생산함을 의미한다. 숫양은 짝짓기를 할 때마다 약 3억 마리의 정자를 사정한다. 숫양 한 마리가 만들어 내는 정자 수는 하루 평균 50억 마리에 이르는 것으로 추정된다. 정자 경쟁[1]에서 유리하려면, 숫양의 입장에서는 엄청난 수의 정자들을 만들어 낼 필요가 있을 것이다. 이는 한 마리의 암양 주변에 두 마리 이상의 숫양들이 있을 때, 그 암양의 생식관에는 두 마리 이상의 숫양으로부터 나온 정자들이 있을 수 있다는 것을 의미한다. 실제로 암양의 생식관 안에서는 정자들의 경주가 벌어진다. 그 경주의 우승자는, 막대한 수의 정자들을 만들어 내고 또 자주 짝짓기를 하는 숫양들이다. 그러므로 번성을 누리는 숫양들은 타고난 정자 생산자들이다.

그렇지만 숫양들에게는 정자 생산 이상의 것이 필요하다. 짝짓기를 할 상대를 제대로 알아야 하는 것이다. 암양과 짝짓기를 하면 직접 적응도[2]가 향상되지만, 숫양들끼리 짝짓기를 한다면 정자 낭비일 뿐이다. 이런 가장 기본적인 형태의 차이를 분간해야 하는 선택 기준이 그토록 강력함에도 불구하고, 숫양의 약 8퍼센트가 다른 숫양들과 교미한다는 것을 포틀랜드에 있는 오리건 보건과학 대학교의 찰스 로셀리(Charles Rosselli)가 발견했다. 그들의 직접 적응에 더욱 치명적인 것은 그런 숫양들이 다른 숫양들하고만 교미를 한다는 점이다. 그러므로 그들은 배타적인 동성애자들이다.

동성애와 연관된 뇌 구조에 있어 숫양과 남성은 유사점이 있는 것으로 보인다. 1991년에 사이먼 르베이(Simon LeVay)는, 게이와 이성애자 남성은 '시상하부의 제3의 간질핵' 혹은 INAH3이라고 하는 뇌의 특정 부분이 다르다는 것을 발견했다.[2] 이성애자들의 경우 INAH3는 여자들보다 남자들의 것이 더 크다. 그러나 게이들의 INAH3의 크기는 이성애자 여성들의 것과 비슷하다. 찰스 로셀리는 동성애자 숫양들과 이성애자 숫양들의 INAH3 크기에서도 인간과 비슷한 차이를 발견했다. 그리고 쥐의 INAH3 크기도 암컷과 수컷 사이에 차이가 있다는 것이 연구들을 통해 발견됐다. 그런 발견은 인간의 동성애와 다른 동물들의 동성애 사이에 놀라운 유사점이 있다는 것을 암시한다.

---

1 다른 수컷의 정자를 배제하고 자기의 정자로 난자를 수정시키고자 하는 경쟁.
2 직접적인 번식을 통해 유전자들이 다음 세대로 얼마나 많이 전달되었는지를 나타내는 척도.

강한 번식력 때문에 양들이 돌연변이를 일으키게 되어 그런 곤혹스런 성 행동이 더 흔해진 것일까? 이 질문에 대한 답은 십중팔구 '그렇지 않다.' 이다. 그런 돌연변이는 후대로 전해지지 않고 곧 제거되기 때문이다. 게다가 동성애가 인간과 가축에만 있는 것이 아니라 다른 여러 종의 포유동물과 조류에도 있다는 것이 밝혀졌다. 브루스 베이지밀(Bruce Bagemihl)은 고릴라와 회색곰에서 플라밍고에 이르기까지 190종의 동물들이 동성애를 나눈다는 사실을 입증해 보였다.[3] 그런 동성애를 어떻게 설명할 수 있을까?

성적 지향이 단지 생활방식에 따른 선택일 뿐이라면, 인간의 동성애를 설명하는 데 있어서는 문제가 간단할 수도 있다. 그러나 동성애, 특히 남자의 동성애는 생활방식의 선택이라기보다는 생물학적 요인에 의해 결정된다는 증거가 속속 나오고 있다. 남성의 동성애는 유전이다. 동성애자 남성의 형제들은 이성애자의 형제들보다 동성애자가 될 가능성이 네 배나 많다. 그것은 동성애가 가족들이 채택한 생활방식과 관계가 있기 때문일지도 모른다. 하지만 유전적 요인들이 남자들의 성적 지향에 영향을 준다는 증거가 있다.[4]

그런 맥락에서 한 가족 내에서 아주 비슷한 생활방식을 경험하는 쌍둥이들이 중요하다. 그렇지만 일란성 쌍생아들과 이란성 쌍생아들은 유전적 유사성의 정도에 있어서 차이가 있다. 일란성 쌍생아들은 하나의 수정란으로부터 생기므로 유전적으로 동일하다. 이란성 쌍생아들은 두 개의 다른 수정란으로부터 생긴다. 그러므로 그들의 유전자는 50퍼센트만 같다. 만일 일란성 쌍생아 중 한 명이 게이라면, 그의 쌍둥이 형제가 동성애자가 될 가능성은 대략 40퍼센트에 이른다. 그렇지만 이란성 쌍생아일 경우, 그 쌍둥이 형제가 동성애 자가 될 가능성은 약 20퍼센트이다. 이란성 쌍생아들에 비해 일란성 쌍생아들의 성적 지향이 더 비슷한 것은 아마도 그들의 유전자 구조 가 비슷하기 때문일 것이다. 그러므로 유전자가 개인의 성적 지향에 상당한 영향을 미친다고 할 수 있다. 이러한 연구들은 주로 게이의 성적 지향과 유전자의 관계를 집중적으로 다루어 왔기에 레즈비언 과 유전자의 관계는 그다지 명확하게 밝혀진 바가 없다. 그렇지만 뉴욕 대학교 의과 대학의 린 홀(Lynn Hall) 같은 학자들의 연구 결과 는 유전적 요인이 여자들의 성적 지향에도 영향을 미친다는 증거를 제공한다.[5]

일란성 쌍생아들의 성적 지향이 늘 같은 것은 아니다. 이는 개인 이 이성애 생활방식을 택하거나 동성애 생활방식을 택하는 데 있어 서 환경적 요인이 영향을 미친다는 것을 뜻한다. 동성애가 유전적 영향과 환경적 영향을 모두 받는 것으로 밝혀졌기 때문에, 면역 체 계가 성적 지향에 미치는 영향에 대해서도 알아봐야 할 것이다. 면 역 체계가 성적 지향과 관계가 있다는 증거 중 하나가 '큰형 효과 (big brother effect)'이다.

동성애와 확실하게 연관된 것들은 거의 없다. 그렇지만 남자의 경 우 동성애자가 될 가능성에 영향을 주는 것으로 알려진 요인이 한 가지 있다. 바로 형들의 수이다. 그런 놀라운 사실을 발견한 사람은 토론토에 있는 중독 및 정신건강 센터의 심리학자, 레이 블랜처드 (Ray Blanchard)이다. 블랜처드의 첫 연구는 320명의 게이들과 같은 수의 이성애자 남성들로 구성된 표본 조사로 이루어졌다. 그는 게이들이 평균 1.3명의 형을 갖고 있는 데 반해, 이성애자 남성들은 평균 0.96명의 형을 갖고 있다는 점을 발견했다. 누나들이나 남동생들 그리고 여동생들은 게이가 될 가능성에 아무런 영향도 미치지 않았다. 그런 결과는 캐나다, 미국, 유럽에서도 확인됐다. 블랜처드의 추정에 따르면, 남자가 동성애자가 될 가능성은 형 한 명당 33퍼센트 정도 높아진다.[6] 이런 수치는 놀라울 정도로 높은 것이다. 남자가 게이가 될 가능성이 오십 명에 한 명꼴이라고 가정한다면, 게이 일곱 명 중 한 명은 성적 지향에 있어서 '큰형 효과'의 영향을 받는다는 것이다.

'큰형 효과'가 나타나는 원인을 알아낼 수 있다면, 동성애자들이 왜 동성애자가 됐는지 그 이유가 밝혀질지도 모른다. 블랜처드는 어머니의 면역 체계가 발육 중인 태아에게 영향을 미친다고 주장하면서, 면역성에 초점을 맞추어 동성애자가 되는 이유를 설명하기 위한 시도를 했다. 태아의 세포들은 태반을 넘나들 수 있고 심지어 얼마 동안 어머니의 혈액 속에 머무를 수도 있다. 어머니의 면역 체계가 태내에서 자라는 아들의 면역반응을 높여 주지만, 딸에게는 영향을 미치지 않는다고 가정해 보자. 그리고 그다음 아들이 임신되어 발육될 때, 면역 체계가 그것을 기억하고 있다고 가정해 보자. 그러면 어머니의 면역반응이 발육 중인 아들의 뇌 발달에 영향을 주고, 그 아들의 성적 지향을 변화시킬 수 있을지도 모른다. 어머니와 동성애자인 아들 사이에 그런 보기 드문 상호작용이 일어난다는 증거가 실제로 있다. 나중에 태어난 아이들은 첫 번째로 태어난 아이들보다 출생 시 체중이 좀 더 무거운 경향이 있다. 그렇지만 형이 있으면 그런 효과가 감소한다. 그래서 두 명의 형을 둔 남자아이는 첫 번째로 태어난 형보다 출생 시 체중이 더 가벼울 수도 있다. 위로 형들이 있는 남자아이는 맏형보다 더 큰 태반을 갖고 있다는 사실이 관찰됨으로써 어머니와 발육 중인 태아 사이에 대립이 있다는 주장은 더욱 설득력을 얻게 됐다. 태반은 태아가 어머니로부터 영양물을 공급받는 통로이다. 게이 남성은 태내에서 어머니로부터 영양물 공급이 줄어들어 고통을 겪고, 그 반응으로 태반을 더 크게 발달시키는 것일까? 영양 공급이 줄어들기 때문에 성 지향성을 지배하는 뇌의 부분이 영향을 받게 되는 것일까? 그런 것은 알 수 없지만, 형들이 있는 남자들은 태내에서 어머니와 상호작용을 경험하지만 첫째로 태어난 남자아이는 그런 경험을 하지 않는다는 것이 밝혀졌다. 그런 상호작용은 어머니의 면역 체계와 어느 정도 관련이 있을 수 있다.

호모섹슈얼리티를 둘러싼 손가락의 비밀

동성애자들은 종종 이성애자들의 전형적인 행동 양식과는 다른 능력과 특성을 보여 준다. 런던 메트로폴리탄 대학교의 제프 샌더스(Geoff Sanders)의 연구에 따르면, 형태 판단 능력과 시공간 지각 능력에 관한 테스트에서, 이성애자 남성들은 이성애자 여성들보다 더 높은 점수를 받는 경향이 있다고 한다.[7] 그러나 게이들의 점수는 이성애자 여성들의 점수와 거의 비슷하다. 언어 능력 평가에서도 비슷한 결과가 나타난다. 이성애자 여성들과 게이들은 이성애자 남성들에 비해 언어 능력이 뛰어나다. 시공간 지각 능력과 언어 능력은 태아기와 성인기의 성호르몬에 영향을 받을 수 있다. 그러므로 게이들은 이성애자 남성들에 비해 테스토스테론의 수치는 낮고 에스트로겐의 수치는 높을 거라고 추측할 수 있다. 이런 주제에 관한 증거들은 지독하게 혼란스럽지는 않다 해도 상당히 복잡하게 얽혀 있다.

사실 게이들이 이성애자 남성들보다 테스토스테론의 수치가 더 높을 수 있음을 보여 주는 연구 결과들도 있다. 예를 들어 테스토스테론은 태아, 갓 태어난 아기, 사춘기에 접어든 남자아이들의 음경을 발육시키는 책임을 맡고 있다. 앤서니 보거트(Anthony Bogaert)는 4,200명에 이르는 남자들로 구성된 표본을 수차례 조사함으로써 게이들의 음경이 이성애자 남성들의 것보다 더 길고 두껍다는 사실을 발견했다.[8]

게이들이 태아기에 높은 수치의 테스토스테론에 노출됐음을 보여 주는 보다 확실한 표시는 왼손잡이들이 많다는 사실이다. 왼손잡이는 여자들보다 남자들에게 더 흔하다. 그런 성차는 아이들에게서도 발견된다. 왼손을 선호하는 것은 남성형 손가락 비율과 관계가 있다. 그것은 태아기의 높은 수치의 테스토스테론과 왼손잡이 사이에 관계가 있음을 암시한다. 마르탱 라뤼미에르(Martin Lalumière), 레이 블랜처드, 켄 주커(Ken Zucker)는 최근의 연구를 통해 이성애자 남성보다 게이들에게 왼손잡이가 더 많다는 사실을 밝혔다.[9] 이상과 같이 게이들은 언어 능력이나 시공간 지각력 등의 일부 능력에서는 여성화된 증거들을 보여 주지만, 음경의 길이나 왼손잡이 성향 같은 면에서는 남성화되어 있음을 보여 준다.

손가락 비율과 동성애와 관련해서 지금까지 발표된 연구 논문은 네 개가 있다. 그중 두 논문은 영국에서, 나머지 두 논문은 미국에서 발표됐다. 우선 영국 자료를 살펴보자. 나는 동료인 사이먼 로빈슨 (Simon Robinson)과 함께 스스로 동성애자 혹은 양성애자라고 밝힌 88명의 영국 남자들로부터 손가락 비율을 얻었다.[10] 그들은 자신들의 성 경험과 성적 공상에 대해 이야기했다. 조사에 응한 사람들 대다수가 성적 파트너와의 관계에서 배타적인 동성애자이거나 거의 배타적인 동성애자들이었다. 이런 조사 결과는 동성애자 남성에 대한 연구 논문과도 일치했다. 양성애자 남성은 드물다.

　　동성애자 남성들의 손가락 비율을 조사한 바에 따르면, 그들은 극심한 카사노바형의 손가락 비율을 갖고 있었다. 오른손의 평균 손가락 비율은 0.97이었고, 왼손의 평균 비율은 0.96이었다. 그리고 이들의 손가락 비율과 성 지향성을 밝히지 않은 영국의 일반 남성들로 구성된 표본의 손가락 비율을 비교해 보았다. 그 결과 일반 남성들로 구성된 표본이 동성애자들보다 높은 손가락 비율을 갖고 있는 것으로 나타났다. 일반 남성들 표본의 평균 손가락 비율은 양손 모두 0.98이었다. 이런 조사와 비교를 바탕으로 우리는 놀라운 결론에 이르게 됐다. 표본 조사에 응한 동성애자 남성들이 일반인에서 추출한 남자들보다 태아기에 더 높은 수치의 테스토스테론을 경험했다는 것이다.

　　영국 런던에서 발표된 두 번째 논문에서도, 동성애자들의 손가락 비율이 더 남성형이라는 비슷한 결론을 내렸다. 그 연구 논문의 저자들인 런던 대학교 킹스 칼리지의 콰지 라흐먼(Qazi Rahman)과 글렌 윌슨(Glenn Wilson)은 게이들뿐만 아니라 레즈비언들까지 연구했다.[11] 그들은 게이, 이성애자 남성, 레즈비언, 이성애자 여성들이 각각 60명씩 총 240명으로 구성된 표본을 조사했다. 그리고 이성애자 남성들에 비해 게이들이, 이성애자 여성들에 비해 레즈비언들이 더 낮은 손가락 비율을 갖고 있다는 점을 발견했다. 이렇듯 영국에서 발표된 논문에서는 게이나 레즈비언들이 이성애자들보다 더 낮은 남성형 손가락 비율을 가진 것으로 나타났다. 그러나 미국의 연구 결과는 달랐다.

손가락 비율과 동성애에 관한 논문을 처음으로 발표한 사람은 캘리포니아 대학교의 마크 브리드러브였다.[12] 그는 샌프란시스코에서 열린 게이들의 거리 축제에서 720명의 표본을 추출했다. 그 표본은 게이 277명, 이성애자 남성들 108명, 레즈비언 164명, 이성애자 여성들 146명으로 구성되었다. 여자들에 대한 조사 결과는 놀라울 것이 없었다. 레즈비언들의 손가락 비율이 이성애자 여성들보다 더 낮았다. 그러나 남자들의 경우, 게이들과 이성애자들의 평균 손가락 비율 사이에 큰 차이가 없었다. 그것은 샌프란시스코 지역의 게이들과 이성애자 남성들 모두 출생 전에 비슷한 양의 테스토스테론과 에스트로겐에 노출되었음을 나타내는 것이다.

마지막으로, 러트거스 대학교의 자넬 토어토리스(Janel Tortorice)는 손가락 비율과 레즈비언들 사이의 관계에 대해 연구했다.[13] 이 연구의 흥미로운 점 한 가지는 레즈비언들을 남성 역할을 하는 부치(butch)와 여성 역할을 하는 펨(femme)으로 나눈 것이었다. 토어토리스의 연구 결과는 레즈비언들의 손가락 비율이 이성애자 여자들의 비율보다 더 낮다는 것을 보여 줬다. 그것은 브리드러브의 연구 결과와 라흐먼과 윌슨의 연구 결과를 뒷받침하는 것이었다. 그렇지만 부치 레즈비언들의 손가락 비율이 펨 레즈비언들의 비율보다 더 낮은 것으로 나타났다. 펨 레즈비언들의 손가락 비율은 이성애자 여성들의 비율과 비슷했다. 레즈비언과 여성 이성애자의 손가락 비율이 차이 나는 것은 부치 레즈비언들의 남성형 손가락 비율에서 기인하는 것으로 보였다. 그런 결론은 브리드러브의 연구에 의해 더욱 확실해졌다. 그의 연구는 오클랜드의 '게이 프라이드 마르디 그라[3]'에 참가한 레즈비언들을 대상으로 한 것이었다.[14]

지금까지 레즈비언들의 성역할 분담은, 이성애자들의 성역할을 반영한 것으로써 생물학적 근거가 없는 사회적 구조물로 해석되어 왔다. 그러나 토어토리스의 연구는 그런 해석이 잘못되었음을 암시한다. 부치 레즈비언들이 펨 레즈비언들이나 이성애자 여성들보다 태아기에 더 높은 수치의 테스토스테론과 더 낮은 수치의 에스트로겐에 노출된 걸로 나타난 것이다. 그러므로 레즈비언들의 성역할은 태아 발달 초기에 결정되며, 생물학적 차이를 기반으로 한 사회적 구조물이라고 볼 수 있다. 그런 면에서 레즈비언들의 성역할도 인간의 여러 가지 성차들과 비슷하다.

이성애자들과 동성애자들의 손가락 비율에 차이가 있는 것은 무엇 때문일까? 남자들에게 있어서 손가락 비율과 성 지향성 사이의

---

3 동성애자들의 축제.

관계는 복잡하다. 영국에서 진행된 연구에서는 게이들의 손가락 비율이 이성애자 남성들보다 더 낮은 것으로 나타났다. 그러나 캘리포니아에서 진행된 연구에서는 두 그룹의 출생 전 테스토스테론 수치가 비슷한 것으로 나타났다. 여기에 더해서, 최근에 발표된 데니스 맥패든(Dennis McFadden)과 리처드 리파(Richard Lippa)의 연구 자료는 상황을 더욱더 복잡하게 만든다. 미국인들을 대상으로 한 그들의 연구는 게이들이 이성애자 남성들에 비해 좀 더 여성화한 손가락 비율을 갖고 있음을 보여 준다.

이런 복잡한 상황을 이해하기 위해서는 이성애자들과 동성애자들로 구성된 국제적 차원의 대규모 표본을 통한 연구가 필요하다. 최근 BBC 인터넷은 성 지향성에 대한 조사를 위해 200여 개국에서 255,116명의 참가자들을 모집했다. 참가자들은 두 번째 손가락과 네 번째 손가락의 길이를 측정했다. 그리고 이성애자인지, 동성애자인지, 혹은 양성애자인지 자신의 성적 지향을 밝혔다. 우리는 이런 대규모 표본 조사를 통해 얻은 통계 자료들이 사실과 크게 다르지 않다는 것을 확신할 수 있었다. 성 지향성에 관한 조사 결과, 백인 게이들은 이성애자 남성들보다 더 높은 좀 더 여성화한 손가락 비율을 갖고 있는 것으로 나타났다. 미국과 영국을 포함해서 여러 나라에서 같은 결과가 나왔다. 그것은 이전의 많은 연구들이 불완전한 측정 기법을 따랐기에 오류가 생겼을 수도 있음을 암시한다. 그런데 손가락 비율과 성 지향성의 관계가 모호한 민족 집단들도 있었다. 그러므로 게이들이 이성애자 남성들에 비해 보다 여성화된 높은 손가락 비율을 갖고 있다고 결론을 내리기 전에 흑인 그룹이나 동양인 그룹을 대상으로 좀 더 광범위한 표본 조사를 해야 할 것이다. 한편, BBC 조사는 여자들의 경우에 부치 레즈비언과 펨 레즈비언을 구별해서 조사하지는 않았다. 그러므로 아직은 부치 레즈비언들의 손가락 비율이 펨 레즈비언들의 비율보다 더 낮다고 단정할 수 없다. 그렇지만 현재까지 나온 증거들은 부치 레즈비언들이 태아기에 다량의 테스토스테론에 노출되었음을 암시한다.

태내의 성호르몬과 성 지향성

동성애가 설명하기 어려운 행동 양식이라는 것은 두말할 여지가 없다. 동성애는 유전자의 영향을 받는 것으로 보이지만, 게이들은 특히 이성애자들보다 자녀를 더 적게 둔다. 그런데 왜 자연 선택은 인간 사회로부터 동성애 유전자를 제거하지 않은 것일까? 동성애 문제는 인간에게만 국한된 것이 아니다. 동성애는 다른 종의 동물들 사이에도 널리 퍼져 있다. '왜 동성애가 비교적 흔한가?'라는 질문에 대한 우리의 답은 다음 사실을 인정해야 한다는 것이다.

동성애가 어떻게든 적응할 가능성은 없어 보인다. 가족의 크기가 줄어드는 진화론적 손실을 무력화시킬 만한 이점이 없어 보이기 때문이다. 동성애는 가족의 수를 늘리기는커녕 감소시킨다. 게다가 가족의 행복 증진을 위해 이성애자들이 하지 못하는 뭔가를 한다는 증거도 전혀 없다. 그러므로 인간의 성 지향성을 결정하는 메커니즘에 오류가 곧잘 일어나서 동성애가 발생하는 거라고 생각할 수도 있다.

물론 그런 생각은 자연 선택이 어째서 그런 오류를 줄이고 결국엔 사라지도록 하지 않았는가 하는 의문을 증폭시킨다. 아마도 그 답은 발육 중인 태아의 뇌에 미치는 성호르몬의 영향을 살펴봄으로써 찾을 수 있을 것이다. 태아기에 소량의 테스토스테론에 노출된 유전자는 남자 태아의 생식 기능에 불리하게 작용해서 동성애를 초래할 수 있다. 그러나 여자 태아에게는 유리하게 작용해서 이성애자가 되도록 한다. 한편 태아기에 다량의 테스토스테론에 노출된 유전자는 남자 태아에게 유리하게 작용해서 이성애자가 되게 할 수 있고, 여자 태아에게는 불리하게 작용해서 동성애자가 되게 할 수도 있다. 그런 유전자들은 성별에 따라 상반되는 작용을 한다. 그리고 자연 선택에 의해 쉽게 제거되지도 않는다. 성별에 따라서 이로운 것이 되기도 하고 해로운 것이 되기도 하기 때문이다. 이와 같이 남자의 동성애는, 여자에게는 생식적으로 이롭게 작용하고 남자에게는 불리하게 작용하는 유전자들로 인해 생기는 것일 수 있다.

인간의 성 선택적 관점에서 동성애에 대한 고찰을 마무리하는 것으로, 손가락 비율과 태아기의 성호르몬, 질병 소인, 운동 경기, 남성의 과시 행동 등과의 관계를 밝혀 온 우리의 여행도 이제 막바지에 접어들었다. 그런데 마지막으로 한 가지, 인류의 진화에 미친 태아기 호르몬에 대한 질문이 더 남아 있다. 이 역시 손가락 비율을 살펴봄으로써 새로운 지식을 얻을 수 있을 것이다. 다음 장에서 논할 주제는 손가락 비율과 인간의 기원 사이의 관계이다.

11장 여성화한 유인원

 동물원에 가서 침팬지 같은 유인원들이 어떤 손을 주로 쓰는지 주의해서 보자. 그들의 절반 정도가 왼손보다 오른손을
더 많이 쓰는 경향이 있음을 발견할 것이다. 반면 나머지 절반 정도는 오른손보다 왼손을 더 자주 사용할 것이다. 그런
동물들은 오른손잡이종이라고 볼 수 없다. 그다음엔 고개를 돌려서 유인원들을 구경하는 사람들을 살펴보자. 어느 손
으로 방향을 가리키는지, 어느 손에 아이스크림을 들고 있는지, 또는 어느 손으로 머리를 긁는지 유심히 살펴보라. 대
부분 오른손으로 그런 일들을 할 것이다. 이것이 우리 인간과 인간의 친척뻘인 영장류와의 근본적인 차이다.

The Finger Book
-Fingers, Schizophrenia and the Feminised Ape

손가락 속의 살아 있는 화석, 손가락 비율

검지와 약지의 성차는 그렇게 크지 않다. 그런 손가락 비율을 통해서 인간의 주요 질병, 성 지향성, 피부색에 관한 까다로운 문제들에 대해 중요한 통찰력을 얻을 수 있다고 보기는 어렵다. 그렇지만 출생 전 성차의 발생은 그야말로 중요한 과정이다. 그러므로 출생 전 성차의 표시인 손가락 비율을 이용해서 또 다른 난해한 문제를 조명할 수 있다. 손가락들 안에 인간의 종(種)의 기원에 대한 정보가 담겨 있기 때문이다.

손가락 비율은 인간의 초기 발달 단계인 개체 발생[1]에 대한 기록으로써, 살아 있는 화석이라고 할 수 있다. 특히 초기 발생[2] 과정 안

---

1 생물의 개체가 수정란이나 포자에서 완전한 성체로 성장하는 과정. 배아의 발달을 뜻한다.
2 개체 발생 시 수정에서 난할을 끝낸 배형성까지의 시기.

에 인간의 진화, 즉 계통 발생[3]에 대한 단서들이 담겨 있다는 것은 생물학의 기본 전제이다. '개체 발생은 계통 발생을 반복한다.' 는 말도 이런 사실에서 유래한 것이다. 생물학에서 중요시되는 여러 일반론들과 마찬가지로, 이 원칙 역시 많은 진실을 담고 있지만 신중하게 이용되어야 할 것이다.

손가락 비율은 태아기의 테스토스테론과 에스트로겐의 비율을 보여 주는 증거이다. 손가락 속의 살아 있는 화석, 즉 손가락 비율에는 인류의 기원을 이끈 사건의 흔적들 또한 담겨 있다. 손가락 비율은, '현생 인류의 발생' 이라는 너무나도 중대한 결과를 가져온 유전적 혁신을 암시하는 확실한 증거일 수 있다.

현생 인류는 10만 년에서 20만 년 전 사이에 동아프리카에서 발생했다. 물론 인간과 흡사했던 그 이전의 조상들도 사람속(屬)으로 분류되었다. 그들은 직립 보행을 했고 뇌가 컸다. 하지만 인간의 본질적인 속성 한 가지가 결여돼 있었다. 뇌의 오른쪽 부분과 왼쪽 부분이 어느 정도 독립적으로 기능하는 능력이 부족했던 것이다. 우뇌와 좌뇌를 독립적으로 쓸 수 있을 만큼 혁신적으로 진화했을 때, 인류는 비로소 현대 인간의 세 가지 보편적인 특성을 갖출 잠재력을 갖게 되었다. 세 가지 보편적 특성이란 오른손을 쓰는 경향, 정교한 언어 능력, 정신분열증에 걸리기 쉬운 성향을 말한다.

인간의 보편적 특성에 한쪽 손을 자주 쓰는 것과 언어가 포함된다는 것은 조금도 놀랄 일이 아니다. 그러나 어째서 정신분열증 같은 심신을 쇠약하게 하는 정신병이 인간의 보편적 특성이라는 것인가? 옥스퍼드 대학교 정신의학과의 팀 크로(Tim Crow)와 스코틀랜드의 스털링에 있는 랙스데일 연구소의 데이비드 호로빈(David Horrobin)은 인류의 기원을 이해하기 위해서는 왜 정신분열증이 존재하는지, 그리고 왜 그것이 비교적 흔한지를 먼저 이해해야 한다고 주장했다.

정신분열증에는 '양성 증상'과 '음성 증상'이 있다. 양성 증상의 예로는 실제 나지 않는 소리가 들리는 환청, 종교 문제에 대한 지나친 관심, 편집증적 경향, 사고의 분열 같은 것들이 포함된다. 음성 증상에는 기쁨을 느끼지 못하는 것과 충동적인 행동 경향 등이 있다. 정신분열증은 종종 심각한 정신병으로 발전하기도 한다. 그래서 환자들, 특히 남자 환자들은 가족의 크기가 축소되는 결과를 낳는다. 가족의 크기가 줄어드는 문제는 잠시 짚고 넘어가야 할 문제이다. 정신분열증은 널리 퍼져 있으며, 비교적 흔하고, 유전자의 영향을 받기 때문이다.

정신분열증은 모든 문화권에서 발견된다. 서구 사회에서 자연 선택의 완화로 인해 생겨난 것이 아니다. 정신분열증 비율은 산업 사회나 전통 사회 모두에서 전체 인구의 약 1퍼센트에 해당한다. 그것은 누구나 일생에 한 번은 정신분열증에 걸릴 가능성이 있다는 말이다. 그러나 실제로 부모 중 한쪽이 정신분열증을 앓았다면 발병 가능성은 높아진다. 그것은 부모에 의한 사회화의 결과 때문일까? 이 질문에 답하기 위해서는 부모 중 어느 한쪽이라도 정신분열증이 있는 가족으로부터 입양된 아이와, 부모 모두 정신분열증을 앓지 않는

---

3 한 생물의 무리가 원시 상태에서 현재까지 발전해 온 과정. 종의 진화적 발달을 뜻한다.

가족으로부터 입양된 아이들을 비교해 봐야 할 것이다. 부모 중 한 쪽이라도 정신분열증이 있는 가족으로부터 입양된 아이들은 정신분열증, 조울병, 알코올 의존증, 범죄 행위 등의 흔적을 보일 가능성이 더 많다. 그렇지만 한편으로는 창의력과 음악적 재능, 그리고 종교에 대한 강한 관심 또한 정신병의 흔적과 관계가 있다. 그러한 정신 기능 장애 패턴들을 살펴보기 위해서 입양아들을 연구할 필요는 없을 것이다. 아이슬란드인을 대상으로 정신분열증에 대해 상세하게 연구한 자료가 있기 때문이다.

칼슨(Karlsson)은 이주민이 거의 없는 아이슬란드인들을 집중적으로 연구했다.[1] 지난 2백 년간의 기록을 살펴보면, 정신분열증이 광기나 창의력과 관련이 있는가 하면, 다른 한편으로는 별다른 일을 하지 않고 침체되어 있는 것과 관련이 있는 걸로 나타난다. 여기서 자연 선택이 정신분열증이나 조울증을 초래하는 정신병 유전자들을 제거하지 않은 이유를 파악할 중요한 단서를 찾을 수 있다. 그 이유는 바로 정신병 유전자를 제거하면 인간의 창의력의 원천 또한 제거되기 때문이었다. 그렇다 하더라도 정신분열증 때문에 초래되는 적응력의 손실이나 가족의 크기가 줄어드는 손실을 상쇄하려면 창의력 이상의 이유가 필요하다. 정신분열증을 일으키는 유전자들의 이점과 단점을 명확히 하려면 인간의 본질적인 특성, 다시 말해서 오른손의 발달, 언어, 정신분열증을 초래하는 돌연변이의 속성을 규명해야 한다.

우리를 부싯돌로 손도끼를 만들고 나무로 무기를 만들 수 있는 동물에서, 정교한 종교와 기술을 갖추고 전쟁에 임하는 인간으로 이끈 가장 최근의 엄청난 진화적 혁신은 무엇이었을까? 제한된 범위의 지식을 가진 종에서 현재의 능력을 가진 인간으로 말이다. 그런 생물학적 혁신은 인간 돌연변이의 기나긴 역사 선상에서 가장 마지막에 일어난 일이었을 것이다. 그런 돌연변이에는 태아기의 에스트로겐의 증가와, 테스토스테론 테스토스테론에 대한 민감도의 감소가 포함된다. 인간은 '털 없는 원숭이'도, '두 발 원숭이'도, '던지는 원숭이'도, '사냥하는 원숭이'도 아니다. 인간의 특징은 태아기의 높은 수치의 에스트로겐과 낮은 수치의 테스토스테론이다. 인간은, '에스트로겐화한 원숭이'인 것이다.

오른손잡이, 발달된 언어 능력, 정신분열증

인간이 에스트로겐화한 증거를 찾아보기 위해서 다시 손가락 비율 이야기로 돌아가자. 우선 오른손잡이 경향을 살펴보자. 인간과 마찬가지로 침팬지들도 손가락에 대해 특별한 조정력을 갖고 있다. 침팬지들은 먹이를 따 먹고 물건을 던지고 서로의 몸을 긁거나 가다듬어 준다. 또 먹고 마실 것을 얻기 위해 나뭇잎이나 나뭇가지, 혹은 돌멩이들을 사용하기도 한다. 흔히 침팬지들은 그런 행동을 할 때 어느 한쪽 손을 더 잘 쓴다. 그러므로 침팬지들도 잘 쓰는 손이 있음을 보여 준다고 할 수 있다.

작은 실험을 하나 해 보라. 동물원에 가서 침팬지 같은 유인원들이 어떤 손을 주로 쓰는지 주의해서 보자. 그들의 절반 정도가 왼손보다 오른손을 더 많이 쓰는 경향이 있음을 발견할 것이다. 반면 나머지 절반 정도는 오른손보다 왼손을 더 자주 사용할 것이다. 그런 유인원들은 오른손잡이종이라고 볼 수 없다. 그다음엔 고개를 돌려서 유인원들을 구경하는 사람들을 살펴보자. 어느 손으로 방향을 가리키는지, 어느 손에 아이스크림을 들고 있는지, 또는 어느 손으로 머리를 긁는지 유심히 살펴보라. 대부분 오른손으로 그런 일들을 할 것이다. 이것이 우리 인간과 인간의 친척뻘인 영장류와의 근본적인 차이다.

성별 또한 어느 쪽 손을 잘 쓰는가에 중요한 영향을 미친다. 오른손잡이가 인간의 당연한 특징은 아니다. 오른손잡이는 여성들에게 더 많다. 여느 사회 집단을 막론하고 여성들의 약 93퍼센트가 오른손잡이라는 것이 관찰됐다. 남성들의 경우 오른손잡이의 비율은 91퍼센트 가까이 된다. 그것은 남자들이 여자들보다 27퍼센트 정도 왼손을 더 자주 쓴다는 것을 의미한다. 이런 성차를 상식적으로 뒷받침할 수 있는 설명은 태아기의 에스트로겐화에 있다. 출생 전, 다량의 에스트로겐과 소량의 테스토스테론에 노출되면 오른손잡이가 될 가능성이 많다. 우리의 손가락들은 그 점에 대해 무엇을 말해 줄까?

5세에서 11세에 이르는 285명의 자메이카 어린이들을 대상으로 손가락 비율과 잘 쓰는 손에 대해 연구를 한 적이 있다.[2] 표본 추출은 자메이카 남부의 시골 지역에서 실시했다. 우리는 판에 나무못을 꽂는 테스트를 통해서 아이들의 양쪽 손의 속도를 산출했다. 테스트 절차는 간단했다. 각각 한쪽 손만을 이용해서 한 줄의 구멍들에 꽂혀 있는 나무못들을 뽑아 다른 줄의 구멍들로 옮기는 것이었다. 일반적으로 사람들은 이 일을 왼손으로 할 때보다 오른손으로 할 때 시간이 더 적게 걸린다. 다시 말해서 인간은 오른손의 속도가 더 빠른 종이라는 것이다. 이 연구에서 오른손의 민첩함은 남자아이들보다 여자아이들에게 더 강한 것으로 나타났으며, 예상대로 여자아이들의 손가락 비율은 여성형이었고 남자아이들의 손가락 비율은 카사노바형이었다. 더 중요한 것은, 남녀 아이들 모두 여성형 손가락 비율을 가진 아이들이 왼손보다 오른손의 속도가 더 빨랐다는 점이다. 그런 사실은 출생 전 높은 수치의 에스트로겐이 오른손잡이로 발달하는 것과 관계있고, 인간이 오른손잡이로 진화한 것과도 관계가 있다는 점을 나타낸다. 그렇다면 언어의 경우는 어떠할까?

언어 학습 능력은 아동기 초기에 일찍 발달한다. 아이들은 보통 정식 교육을 받지 않고도 그들이 속한 사회에서 쓰이는 어휘와 문장 구조를 쉽게 터득한다. 요컨대 아이들의 뇌가 그들의 언어 고유의 문법을 추론할 수 있도록 프로그램화되어 있는 것이다. 이를 포함한 언어 습득의 또 다른 특성들을 설명하기 위해서, 놈 촘스키(Noam Chomsky)와 그의 동료들은 뇌 안에 '심층 구조'가 있다고 주장했다. 심층 구조는 현대 인간들의 뇌의 기본적인 양상이며, 모든 언어에 보편적인 형태로 존재한다.[3]

그러나 모든 인간의 언어 능력이 똑같은 것은 아니다. 언어 능력에는 성차가 있다. 언어의 여러 가지 면에서 여성이 남성보다 우월한 것으로 나타난다. 언어의 유창성을 예로 들어 보자. 피실험자들에게 A와 F, 그리고 S로 시작하는 단어들을 가능한 한 많이 적게 해 보라. 단어를 생각해 내는 정도에 있어서 개인마다 상당한 차이가 있음을 발견하게 될 것이다. 그 차이는 대부분 성별과 관계가 있다. 예상하겠지만 여자들은 음운 체계에 중점을 둔 유창성에서 남자들보다 뛰어나다. 그렇다면 단어의 의미와 관련 있는 테스트에서는 어떤 결과가 나올까? 이번에는 피실험자들에게 음악가, 동물, 정치인, 운동선수들과 연관되는 단어들을 떠올리도록 해 보자. 그런 것을 '발리 테스트(Varley test)'라고 한다. 의미에 중점을 둔 유창성에서도 또다시 여자들이 우월한 결과를 보일 것이다. 그러므로 평균적으로 태아기에 높은 수치의 에스트로겐에 노출된 사람들, 즉 여자들은 언어의 유창성에서 뛰어난 경향이 있다.

각각의 성별 안에서, 언어의 유창성에 영향을 주는 것이 정말로 높은 수치의 에스트로겐과 낮은 수치의 테스토스테론이라는 증거를 손가락 비율을 통해 찾을 수 있을까? 그런 의문을 바탕으로 표본 조사를 한 적이 있다. 100명의 여자와 100명의 남자들을 대상으로 한 표본 조사 결과, 여성형 손가락 비율을 가진 사람들이 의미에 기초한 언어의 유창성에서 우월한 것이 발견되었다.[4] 태아기의 높은 수치의 에스트로겐은 개인적인 측면에서는 언어 능력과 관계가 있고, 인간이라는 종의 측면에서는 언어의 진화와 관계가 있을 것이다. 이런 결론은 우리들을 정신분열증에 대한 연구로 이끈다.

정신분열증 발병률에 일반인들 사이에서 발견되는 성격 이상이나 신경과민 증세의 빈도가 반영되는 것은 아니다. 잠재성 정신분열증 환자들 사이에는 주위 사람들에게 스트레스를 주는 정신병질자들이 많이 있다. 또한 치료될 기미조차 없이 의사들만 번거롭게 하는 신경증 환자들도 많이 있다. 괴벽스러운 행동, 대인 기피, 종교에 대한 지나친 집착, 누군가가 자신의 머릿속을 지배한다는 망상, 환청, 의심, 편집증 등과 같은 성향을 보이는 사람들은 우리 주변에 흔히 있다. 물론 그런 증세들을 보이는 사람들을 모두 정신병 환자로 간주하지는 않는다. 하지만 그런 '정신분열형 장애'는 엄밀한 의미에서 본격적인 정신분열증에 앞서 나타난다. 또한 정신분열증 환자의 가족 내에서 흔히 나타난다. 예를 들어 입양아에 대한 연구를 살펴보면, 정신분열증이 있는 부모에게서 태어난 아이들이 정신분열형 특성을 보일 확률은 20퍼센트 정도인 것으로 나타난다. 그러나 정신적으로 건강한 부모에게서 태어난 아이들이 정신분열형 특성을 보일 확률은 6퍼센트 정도이다. 이것은 정상에 가까운 많은 사람들이 정신분열증을 초래하는 유전자를 보유하고 있다는 걸 의미한다.

정신분열 성향은 설문 조사를 통해 측정할 수 있다. 그런 조사법 중 하나가 O-LIFE(Oxford-Liverpool Inventory of Feeling and Experiences)이다. 이 설문지는 마술적 사고, 주의력 결핍, 충동적 성향, 친구 관계 결핍 등의 경향을 밝히기 위해 고안된 104개의 질문들로 구성되어 있다. 그중에는 '마술적인 특별한 힘을 갖고 있다고 느낀 적이 있는가?', '여러 가지 일이 동시에 일어나면 금방 혼란스러워지는가?', '너무 독립적이어서 다른 사람들과 관계를 맺기가 어려운가?', '종종 뭔가를 깨뜨리거나 부수고 싶은 충동을 느끼는가?' 등의 질문들이 포함되어 있다. 마술적 사고와 주의력 결핍은 대개 양성 증상으로 분류된다. 그리고 충동적 성향이나 친구 관계 결핍은 음성 증상으로 분류된다. 아직 논문을 발표하진 않았지만, 내가 이끄는 연구팀이 460명을 대상으로 손가락 비율과 정신분열증 사이의 관계를 밝히기 위한 조사를 한 적이 있다. 정신분열 성향에 대한 O-LIFE 설문 조사에서 높은 점수를 받은 사람들이 여성형 손가락 비율을 갖고 있는 것이 발견되었다. 그 관계의 정도는 여성들이 더 강했고 양성 증상들과 상호 관련이 컸다. 이런 결과는 정신분열 성향이나 정신분열증이 출생 전에 높은 수치의 에스트로겐에 노출된 것과 관계가 있다는 것을 암시한다. 또한 높은 수치의 에스트로겐과 정신분열증의 기원 사이에 있는 진화적 관계를 뒷받침한다.

여성형 손가락 비율, 태아기의 에스트로겐, 오른손 발달, 언어 능력, 정신분열 성향 및 정신분열증은 인간의 종 분화 사건 속에서 서로 뒤얽혀 있다. 그렇지만 이런 관계들은 정신분열증을 이해하도록 우리를 이끈다. 실제로 정신분열증을 일으키는 메커니즘의 속성은 무엇일까? 오리건 보건과학 대학교의 제니스 스티븐스(Janice Stevens)가 그 해답이 될 만한 의견을 제시했다.[5]

스티븐스는 성호르몬과 정신분열증이 밀접하게 연관되어 있음을 지적한다. 예를 들어 정신분열증의 발병은 보통 생식이 가능한 시기에서 일어난다. 다시 말해서 20세에서 24세에 절정에 이른다. 사춘기가 시작될 때와 생식력이 절정에 이르는 시기에, 뇌는 성호르몬의 홍수에 노출된다. 그런 성호르몬에는 에스트로겐과 테스토스테론, 그리고 두 호르몬의 생성을 자극하는 호르몬들이 포함된다. 일반적으로 생식 호르몬에는 '신경 흥분' 효과가 있어서 뇌의 특정 부분들을 자극한다. 그러면 뇌가 성호르몬의 효과에 압도되는 것을 막기 위해 도파민[4]이나 세로토닌[5] 같은 억제 인자[6]들이 생산되거나, 그런 억제 인자들에 대한 민감도가 높아진다. 이것은 정신 건강을 유지하기 위해서는 흥분과 억제 사이의 균형이 잘 맞아야 한다는 것을 의미한다. 스티븐스는 정신분열증을 치료하려면 억제를 유발하는 뇌의 수용체들을 표적으로 하는 방법이 가장 효과적이라고 지적한다. 또한 억제를 높이는 LSD[7]나 암페타민[8] 같은 약품에 의해서도 정신분열증이 유발될 수 있다고 지적한다. 그렇다면 정신분열증 환자들의 뇌 속에는 에스트로겐 억제 인자들이 지나치게 많아 에스트로겐의 활동을 막을 가능성이 있다.

뇌 속에 있는 억제 수용체들의 수가 태아기 초기에 에스트로겐 수치에 대한 반응으로 결정된다고 가정해 보자. 에스트로겐 수치가 높으면 억제 수용체가 많아지고, 에스토로겐의 수치가 낮으면 억제 수용체가 줄어든다. 그러므로 에스트로겐 수치가 높은 태아는 억제 인자의 수치도 높아질 것이다. 그것은 태아가 성인이 된 후 높은 수치의 호르몬에 대처하는 데 도움이 될 수 있다. 그렇지만 태아기와 성인기의 에스트로겐 수준 사이에 균형이 맞지 않는다면 어떻게 될까? 만일 성인기의 에스트로겐 수치가 낮다면, 그 결과는 정신분열증이 될 수도 있다. 이런 논리는 특히 여자들의 경우에, 정신분열증을 치료하려면 도파민이나 세로토닌 같은 억제 인자 수용체들을 차단하는 약품과 에스트로겐을 함께 써야 한다는 것을 암시한다.

---

4 뇌 안의 신경 전달 물질.
5 포유동물의 혈액, 뇌 속에 있는 혈관 수축 물질.
6 세포의 화학 반응, 성장 등 생물학적 활성을 저해하는 물질.
7 소량만 섭취해도 정신분열병 증상과 유사한 환각이나 자아의식 장애가 나타나는 환각제.
8 중추 신경을 자극하는 각성제.

에스트로겐은 인간의 종의 기원을 이야기하는 한 측면에 불과하다. 인간은 영장류 중에서 테스토스테론에 가장 둔감하다. 테스토스테론에 대한 둔감함 역시 중요한 진화적 혁신일 수 있다. 3장에서 이야기했듯이, 안드로겐 수용체는 테스토스테론으로 하여금 폭포 효과를 일으키게 할 수 있다. 그래서 테스토스테론이 유전자들을 발현시키고, 발현된 유전자들이 또 다른 유전자들을 발현시키게 된다. 인간은 누구나 X염색체에 하나의 안드로겐 수용체 유전자를 갖고 있다. 그것이 있기에 우리가 안드로겐 수용체를 만들 수 있는 것이다. 남자들은 하나의 X염색체를 가지고 있다. 그러므로 어머니로부터 한 개의 안드로겐 수용체 유전자 복사체를 물려받는다. 여성들은 두 개의 X염색체를 가지고 있다. 그래서 두 개의 안드로겐 수용체 유전자 복사체를 갖게 된다. 하나는 어머니로부터, 다른 하나는 아버지로부터 물려받은 것이다. 그러나 여성이 갖고 있는 두 개의 X염색체 중 하나는 발육 초기에 비활성화된다. 그래서 여자들 역시 활성 안드로겐 수용체 유전자는 하나만 갖게 된다.

안드로겐 수용체는, 수용체 분자에 존재하는 글루타민의 단위 수를 결정하는 반복 부위를 가지고 있다. 앞에서 살펴본 것처럼 글루타민의 단위 수는 테스토스테론에 대한 민감도를 결정한다. 이 점에 관해서 인간과 다른 포유류를 비교해 보자. 쥐나 생쥐는 모두 똑같은 수의 안드로겐 수용체를 갖고 있다. 그리고 모든 쥐는 안드로겐 수용체에 하나의 글루타민 단위를 가지고 있다. 그것은 테스토스테론에 대한 민감도가 높다는 것을 의미한다.

인간과 같은 영장목(目)에 속하는 영장류 중에서 인간과 가장 가까운 친척은 유인원이다. 유인원에는 나무에 사는 긴팔원숭이, 몸집이 좀 더 크고 인간과 좀 더 비슷한 오랑우탄, 고릴라, 침팬지들이 포함된다. 런던에 있는 해머스미스 병원의 필리프 디안(Philippe Djian)과 그의 동료들은 유인원들이 안드로겐 수용체 분자 속에 있는 글루타민의 수에서 차이를 보인다는 사실을 밝혔다.[6] 긴팔원숭이들은 개체에 따른 차이 없이 네 개의 글루타민을 가지고 있다. 반면에 고릴라들은 6~17개의 글루타민을 가지고 있고, 침팬지들은 8~14개의 글루타민을 가지고 있다. 인간은 안드로겐 수용체 안에 평균 21개의 글루타민을 가지고 있다. 그리고 분포 범위는 11개에서 31개에 이른다. 이런 수치들은 작은 원숭이에서 인간과 비슷한 큰 원숭이를 거쳐 인간에 가까워질수록 테스토스테론에 대한 민감도가 낮아진다는 증거를 보여 준다. 인간이 유인원보다 테스토스테론에 둔감한 것은 종의 분화 과정을 거치면서 획득된 것이라고 할 수 있을 것이다. 또한 그와 함께 태아기의 테스토스테론 수치는 감소하고 에스트로겐 수치는 증가했을 것이다. 안드로겐 수용체 안에 있는 글루타민 단위의 수가 많은 것이 오른손잡이, 언어의 유창성, 정신분열 성향과 관계가 있다는 증거는 아직 없다. 그렇지만 손가락 비율이 안드로겐 수용체 유전자의 구조와 관계가 있다면, 그와 관련된 것들을 찾아봄으로써 그 증거들을 찾을 수 있을 것이다.

손가락과 안드로겐 수용체 사이에 관계가 있다고 가정했을 때, 수용체 안에 있는 글루타민 수가 적고, 남성형 손가락 비율을 가지고 있다면, 남자들은 정자 생산 능력이 높아 그 덕분에 대가족을 이루게 될 것이고, 반면에 여자들은 생식 능력이 낮아 가족의 크기가 줄어들 것이다. 반대로 안드로젠 수용체 안에 있는 글루타민 수가 많고 여성형 손가락 비율을 가지고 있다면, 남자는 생식력이 낮을 것이고, 여자는 생식력이 높을 것이다. 6장에서 아내를 얻기 위해 치열한 경쟁을 해야 하는 사회 집단의 남자들은 테스토스테론 수치가 높고 남성형 손가락 비율을 가졌으며, 질병에 대한 저항력이 낮고 검은색 피부를 갖는 경향이 있다고 밝힌 바 있다.

안드로젠 수용체가 종족에 따라 다르다는 증거는 테스토스테론에 대한 높은 민감도와 검은색 피부 사이의 관계를 뒷받침해 준다. 루이지애나 주립대학교에서 테스토스테론에 대한 민감도와 검은색 피부 사이의 관계를 밝히기 위한 연구를 실시했다.[7] 65명의 미국 흑인들로 구성된 표본의 평균 글루타민 수는 19개였다. 그리고 130명의 미국 백인들로 구성된 표본의 평균 글루타민 수는 21개였다. 두 표본을 전반적으로 조사했을 때, 20개 이하의 글루타민을 가지고 있는 흑인들이 백인들보다 두 배나 많은 것으로 나타났다. 따라서 흑인들이 백인들보다 테스토스테론에 더 민감하다고 결론지을 수 있다.

그러나 이런 연구는 아직 시작 단계에 와 있을 뿐이다. 또한 우리가 여기서 관심을 갖는 것은 인종에 따른 차이가 아니다. 흑인, 백인, 동양인의 범주를 초월해서 남자 대 남자의 치열한 경쟁에 따른 차이를 알아보고자 하는 것이다. 어쨌든 나는 아내를 얻기 위해 치열한 경쟁을 해야 하는 남자들과 남성형 손가락 비율, 테스토스테론에 대한 높은 민감도, 그리고 검은색 피부 사이의 전반적인 관계가 곧 드러날 것이라고 믿어 의심치 않는다.

인간은 에스트로겐화한 원숭이다

이제 태아기의 성호르몬과 손가락 비율에 관련해서 인간의 종의 기원에 대해 논하고자 한다. 나는 인간이 고릴라 – 침팬지 – 인간으로 이어지는 진화 선상에서 분리된 이후, 계속적인 돌연변이가 인간의 진화를 이끌어 왔다고 생각한다. 그런 돌연변이를 통해서 태아기의 테스토스테론이 감소하고 테스토스테론에 대한 민감도가 낮아졌으며, 에스트로겐은 증가했다고 말이다. 그와 함께 우리의 손가락 비율도 카사노바형에서 여성형으로 바뀌어 왔다.

인간의 가장 가까운 친척인 몸집이 큰 유인원들인 오랑우탄, 고릴라, 침팬지들과 인간을 비교해 보자. 인간은 신체적 특징에 있어서 전반적으로 유인원보다 가냘프다. 또 앞으로 튀어나와 있던 안와상융선[9]과 턱은 안으로 들어가고 더 작아졌다. 그래서 얼굴이 평평한 편이다. 또 치아의 수가 줄고, 두개골은 크고 둥근 아치형이며, 팔다리의 골격이 가늘다. 유인원과 비교했을 때 인간이 어린아이처럼 보인다고 하는 사람들도 있다. 그래서 일부 사람들은 인간을 유형 성숙[10] 유인원이라고 주장하기도 한다. 즉, 어린아이의 특성들 중 많은 것들을 그대로 갖고 있으면서 성적 성숙에 이른 동물이라는 말이다.

나는 인간-어린이-유인원의 비교에 대해 다른 접근법을 제안하

---

9 눈구멍 위의 돌출된 부분.
10 유아기의 특성이 오랫동안 지속되는 것으로서, 개체의 발생 중 일정 단계에서 성장이 정지하고 생식소만 성숙하여 번식하는 현상.

고자 한다. 우리는 어린아이 같은 유인원이 아니라 여성화한, 다시 말해서 에스트로겐화한 유인원이다. 상대적으로 안와상융선과 턱이 작으며 골격이 가는 것은 모두 남성적 특징이라기보다는 여성적 특징이다. 남성은 여성에 비해 안와상융선이 두껍고 턱이 크며, 골격도 더 크고 단단하다.

그렇지만 남성의 그런 특성들이 몸집이 큰 유인원들을 능가하진 못한다. 유인원들이 인간에 비해 매우 남성화한 손가락 비율을 갖고 있음을 보여 주는 증거들이 있다. 그러나 그런 자료가 유인원과 인간의 손가락 비율에 대해 무엇을 말해 주는지는 아직 모른다. 유인원에 비해 인간의 특성이 여성화하는 추세에 있다는 것만 확인했을 뿐이다. 그런 면에서 예외 중 하나가 긴팔원숭이다. 긴팔원숭이는 유인원 중에서 가장 작고, 거의 늘 나무에서만 산다. 그리고 일부일처제에 기반을 둔 가족 그룹 안에서 산다. 긴팔원숭이는 크기나 체형에 있어서 암수 간에 차이가 별로 없다. 암컷을 얻기 위한 수컷들의 경쟁이 약하기 때문일 것이다. 그러므로 긴팔원숭이들의 손가락 비율은 인간의 것과 비슷할 거라고 추측할 수 있다.

5백만 년에서 1천만 년 전 사이에 인간과 유인원이 분화된 이후, 인간의 골격이 점점 가늘어지는 과정은 에스트로겐이 증가하는 경향과 일치한다. 그런 진화 선상의 초기에 존재했던 것이 오스트랄로피테쿠스속(屬)의 원인(猿人)이다. 그들의 뇌는 작았고, 유인원과 비슷한 동물로 직립 보행을 했다. 아파렌시스와 아프리카누스는 3백9십만 년에서 2백만 년 전 사이에 아프리카에 존재했다. 아파렌시스는 두꺼운 안와상융선, 돌출된 턱, 큰 어금니를 포함해서 유인원과 비슷한 두개골 형상을 가지고 있었다. 그러나 송곳니는 침팬지에 비해 작은 편이었다. 아파렌시스의 몸집은 남녀가 크게 달랐다는 증거가 있다. 그것은 여자를 얻기 위한 남자들 사이의 경쟁이 치열했음을 뜻하는 것이다. 그런 것을 통해 이 원시인류의 손가락 비율은 남성형이었을 거라고 짐작할 수 있다. 어금니는 여전히 컸지만 송곳니가 작아지는 추세는 아프리카누스에서도 계속됐다. 아파렌시스와 아프리카누스는 골격이 가늘고 왜소한 오스트랄로피테쿠스로 알려져 있다.

한편 에티오피쿠스, 로보스투스, 보이세이 등은 골격이 크고 건장한 오스트랄로피테쿠스로 알려져 있다. 그것들은 두개골이 컸고 치아도 컸다. 크고 건장한 오스트랄로피테쿠스종들보다 왜소한 종들이 인간과 좀 더 비슷했다. 그렇지만 왜소한 오스트랄로피테쿠스종들도 현생 인류에 비하면 몸집이 훨씬 컸다.

현생 인류로의 진화는 호모 하빌리스의 등장과 함께 계속된다. 아프리카에 존재했던 호모 하빌리스는 최초의 사람과(科)로 도구를 사용한 흔적이 있다. 그다음으로 나타난 호모 에렉투스도 골격이 가늘어지고 왜소해지는 추세를 계속 이어 갔다. 그러나 현생 인류에 비하면 그들의 체격은 훨씬 더 크고 건장했다. 현생 인류와 같은 종인 호모 사피엔스는 약 50만 년 전에 나타났다. 원시 인간형인 호모 사피엔스의 골격, 치아, 두개골은 호모 에렉투스보다는 크거나 단단하지 않았지만 현대 인간보다는 크고 단단했다. 현생 인류로 분류되는 호모 사피엔스 사피엔스는 약 12만 년 전에 나타났다. 그들의 골격은 매우 가늘었고, 턱은 작았으며, 안와상용선은 크게 줄거나 아예 없어졌다.

크고 단단한 두개골이 오랜 시간에 걸쳐 작아지는 추세는 여기서 끝나지 않지만 약 3만 년 전 인간의 얼굴, 치아, 턱은 현대 인간보다 30퍼센트 정도 더 크고 단단했다. 그리고 약 1만 년 전의 인간은 10퍼센트에서 15퍼센트 정도 더 크고 단단했다. 오늘날의 인간은 고대 선조들에 비해서 가냘픈 체형을 가지고 있다고 할 수 있다. 치아의 크기에 있어서도 어느 정도 차이가 있다. 그것은 오랜 역사를 거치면서 인간이 먹는 음식물의 형태가 변한 것과 관련이 있을 것이다. 그러나 전반적으로 우리의 골격에는 태아기의 테스토스테론 수치는 낮아지고, 에스트로겐 수치는 높아진 흔적이 담겨 있다.

태아기의 에스트로겐은 증가하고 테스토스테론은 감소됨으로써 해로운 결과도 많이 나타났다. 그런 부정적인 결과들은 대부분 남자들에게 영향을 미치는 경향이 있다. 따라서 남성의 골격과 근력이 줄고, 심장과 혈관의 기능이 저하되며, 정자의 수와 질이 낮아지는 경향을 예상할 수 있다. 남성의 경쟁력과 생식력이 저하됨에도 불구하고, 인간의 종은 왜 그런 돌연변이가 계속되는 것을 감수해야 했을까?

인간은 오랑우탄이나 고릴라나 침팬지보다 몸집이 크거나 힘이 세지는 않다. 그러나 더 영리해졌다. 이제 결론이 분명해진 듯싶다. 인간은 점진적으로 에스트로겐화하면서 더욱더 많은 손재주를 갖게 되었고, 도구를 만들어 쓸 수 있게 되었다. 그리고 정교한 언어를 만들었다. 요컨대 에스트로겐화한 유인원은 영리한 유인원이다.

태아기의 성호르몬의 수치와 관련해서 현대 인간을 간략하게 살

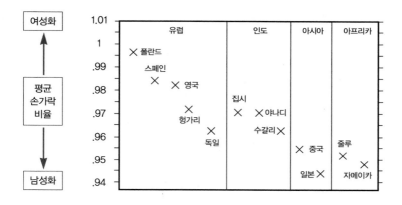

[그림 11.1]
세계의 네 지역과 여러 동성애 인구 집단의 개괄적인 평균 손가락 비율. 몇몇 예외가
있지만 유럽인들은 대체로 여성형 손가락 비율을 가지고 있다. 인도 부족과 집시들의
평균 손가락 비율은 중간 정도이며, 동아시아, 자메이카 흑인, 아프리카 그룹은 카사노
바형의 손가락 비율을 가지고 있다.

펴보는 것으로 마무리를 할까 한다. 인간은 하나의 종으로서 가장
가까운 친척인 유인원이나 선조들보다 더 여성화했다. 그렇지만 인
간이라는 종의 범위 안에서도, 손가락 비율이 태아기에 에스트로겐
과 테스토스테론에 노출된 양이 지리적으로 다르다는 것을 보여 준
다. 〔그림 11.1〕은 10개국의 평균 손가락 비율을 나타낸 것이다. 이
미 앞에서 살펴본 바 있는 국가들의 손가락 비율도 포함되어 있다.
편의상 10개국의 표본을 네 그룹으로 나누었다. 첫 번째 그룹은 폴
란드, 스페인, 영국, 헝가리, 독일을 포함하는 유럽 그룹이고, 두 번
째 그룹은 야나디와 수갈리 부족, 그리고 인도의 부족으로부터 파생

된 헝가리 집시들을 포함하는 인도 그룹이다. 세 번째 그룹은 베이징에서 추출한 중국의 한족과 도쿄에서 추출한 일본인들을 포함하는 동아시아 그룹이고, 마지막 그룹은 줄루족과 자메이카의 흑인들로 구성된 그룹이다.

유럽 그룹은 여성형 손가락 비율을 갖고 있는 것으로 발견됐지만, 그룹 내 국가들 사이에는 상당한 차이가 있다. 폴란드, 스페인, 영국 사람들이 독일 사람들보다 더 에스트로겐화되었음을 알 수 있다. 인도와 동아시아 그룹은 중간치의 손가락 비율을 가지고 있다. 그리고 아프리카와 자메이카의 흑인 그룹은 다른 그룹들보다 출생 전에 더 많이 테스토스테론화한 경향을 보여 준다. 이렇게 눈에 띄는 손가락 비율의 차이를 통해서, 남녀 사이에도 일관적인 차이가 있다는 것이 발견됐다. 그러나 성차보다는 종족 간의 차이가 더 컸다.

7장에서도 논했지만 전통적인 결혼 제도를 살펴보면, 손가락 비율의 민족 간 차이에 대해 어느 정도 의문을 풀 수 있을 것이다. 유럽에서 가장 흔한 결혼 제도는 일부일처제이다. 그런 결혼 제도하에서는 여자들을 얻기 위한 남자 대 남자의 경쟁이 치열하지 않다. 그것을 확인시켜 주듯, 유럽 사람들은 인간종 중에서 가장 에스트로겐화한 경향을 보여 준다. 유럽 그룹의 평균 손가락 비율은 0.96에서 1.00 사이이다.

인도 반도와 동아시아 국가들은 일부일처제와 일부다처제가 뒤섞인 결혼 제도를 채택하고 있다. 자료를 통해서 보면, 이들의 에스트로겐화 수준은 중간 정도임을 알 수 있다. 이 그룹의 평균 손가락 비율은 0.95에서 0.97 사이이다. 중국과 일본 사람들로 구성된 동아시아 그룹은 남성형 손가락 비율을 가지고 있음을 보여 준다. 중국 북쪽의 산둥 지역에는 일부일처제가 일반적이다. 그러나 남쪽의 밍족은 일부다처제를 허용하고 있다. 일본 표본은 가장 놀라운 결과를 보여 줬다. 그들의 평균 손가락 비율이 0.95로 낮게 나온 것이다. 일부일처제 결혼 제도를 채택하고 있는 사람들로서는 극히 낮은 수치라고 할 수 있다. 그럼에도 중국과 일본 사람들 모두 태아기에 테스토스테론 수치는 높고, 에스트로겐 수치는 낮다는 증거가 있다. 낮은 심장병과 유방암 발생률이 그것이다.

남아프리카의 줄루족과 자메이카 흑인들의 평균 손가락 비율은 0.95로 아주 낮다. 사하라 이남의 거의 모든 부족들처럼, 줄루족도 일부다처제의 결혼 제도를 가지고 있다. 수차례 말했지만 일부다처제 사회에서는 태아기의 테스토스테론 수치가 높다. 사하라 이남의 많은 원주민들은 자외선 강도만을 고려했을 때 예상보다 더 검은 피부를 가진 것으로 밝혀졌다. 검은색 피부는 일부다처제, 낮은 위도, 낮은 손가락 비율과 밀접한 관계가 있는 것으로 보인다. 자메이카의 흑인들 역시 손가락 비율이 매우 낮다. 영국의 흑인 축구 선수들 또한 백인 선수들보다 더 낮은 손가락 비율을 가지고 있다. 흑인 원주민들이나 흑인 이주민들은 전형적으로 낮은 손가락 비율을 보이는 경향이 있다. 그런 가설은 안드로겐 수용체 유전자에 있는 글루타민 수의 차이에 대한 연구 자료로 뒷받침할 수 있다. 미국의 흑인 남자들은 안드로겐 수용체 안에 있는 글루타민 수가 백인들보다 더 적다. 그것은 흑인이 백인보다 테스토스테론에 민감함을 뜻하는 것이다. 흑인들은 태아기의 테스토스테론 수치도 높고, 테스토스테론에 대한 민감도도 높다. 그래서 효율적인 심혈관계를 가지고 있고, 달리기 속도가 빠르며, 운동 능력이 발달했고, 정자 수가 많을 가능성이 크다. 그러나 그런 이점에 반해 테스토스테론은 면역 체계 발달에 해로운 영향을 미치기도 한다. 그러므로 일부다처제를 채택하고 있는 흑인 사회 집단은 면역성이 낮은 경향이 있고, 박테리아, 균류, 기생충에 의해 유발되는 전염병에 감염될 위험률이 높다.

지금까지의 결론은 5백만 년 전쯤 유인원 선조들로부터 종의 분화를 거친 후, 인간에게 어떤 일들이 일어났는지를 말해 주는 단서들이 우리의 손가락 안에 있다는 것이다. 현대 인간과 유인원, 그리고 현대 인간에 이르기까지 나타났던 원시 인류들을 비교해 보면, 우리는 지금 점진적으로 인간의 여성화를 초래한 사건들의 긴 연속선상의 끝 부분에 있다는 것을 알 수 있다. 계속적인 여성화 과정을 거치면서 인간은 보다 많은 손재주를 갖게 되었고, 언어를 만들어 사용하게 되었으며, 더욱더 영리하고 지혜로워졌다. 그렇지만 한편으로는 남자들의 경쟁력이 약화되었고, 심혈관계의 효율성이 저하되었으며, 정자의 수와 생존력이 줄어드는 결과도 초래되었다. 한마디로, 인간은 지능이 높은 여성화한 유인원이다. 지금도 인간의 지능은 오랫동안 성공적으로 존재하는 데 중대한 결과를 미치는 방향으로 계속 진화하고 있다.

• 옮긴이의 말 •

요즘 전 세계적으로 가장 인기 있는 스포츠를 꼽으라면 대부분의 사람들이 축구를 떠올릴 것이다. 축구 선수 박지성은 거의 국가적 영웅으로 대우받으며 명성을 누리고 있으며, 수많은 축구 꿈나무들이 제2, 제3의 박지성을 꿈꾸며 피나는 노력을 기울이고 있다. 그들 중 최고의 선수로 대성할 만한 잠재력을 가진 아이들을 일찌감치 가려낼 수는 없을까? 요즘 사교육 문제와 입시 문제, 그리고 취업 문제가 사회적 이슈로 크게 대두되고 있는데, 전공이나 진로를 선택함에 있어서 남들보다 뛰어나게 잘할 수 있는 특성을 미리 알아낼 수는 없을까? 건강한 삶을 누리는 것 또한 사람들이 지대한 관심을 갖는 문제이다. 끊임없이 우리 생명을 위협하는 질병들에 걸릴 확률이 높은지 낮은지 미리 알아낼 수는 없을까? 단지 손가락 길이를 살펴보는 것만으로 그런 것들을 미리 알 수 있다고 주장하는 사람이 있다. 인체생물학자들 중에서 가장 독창적이고 진보적인 사람으로 손꼽히는 이 책의 저자, 존 매닝이다.

존 매닝은 행동 습성, 질병 소인, 성 지향성, 음악적 재능, 스포츠 능력 등에 있어서 왜 남녀 간에 성차가 생기는지 의문을 갖는다. 꼬리에 꼬리를 물고 이어지는 의문들에 대한 답을 찾기 위한 탐구 여정에서 그런 차이들을 만드는 것은 태내 성호르몬들의 상대적 양의 변화라는 결론에 이르게 되고, 태내 성호르몬들의 영향하에 형성되는 손가락들에 주목한다.

태아의 손가락은 임신 9주 무렵 형성되기 시작하는데, 특히 약지의 길이는 남성호르몬인 테스토스테론의 영향하에 형성되고 검지의 길이는 여성호르몬인 에스트로겐의 상대적 양에 좌우된다. 그때 형성된 손가락 비율이 출생 후 성인기에 이르기까지 계속되므로 손가락 속에 태내의 환경과 관련된 중요한 정보들이 담겨 있다는 것이다. 손가락 비율은 검지의 길이를 약지의 길이로 나눈 값으로 검지가 약지보다 길면 1.0 이상이 되고, 약지가 더 길면 1.0보다 적은 값이 나온다. 그런데 여성들이 검지가 긴 경우가 많기 때문에 1.0 이상의 손가락 비율을 여성형이라 하고, 1.0 미만의 비율을 남성형이라 한다.

존 매닝의 표본 조사 결과에 따르면 약지가 길수록 남성적 특성이 강해서 수학이나 물리학, 공학 등에서 좋은 실력을 보이고 축구나 달리기 같은 스포츠 능력이 뛰어나며, 검지가 길수록 언어 능력과 같은 여성적 특성이 강하다고 한다. 손가락 비율은 그 외에도 경제적 수준, 성격, 피부색, 성적 취향, 생식 능력, 성적 매력, 여러 가지 전염병과 자폐증, 심장병, 유방암, 에이즈 같은 치명적인 질병 소인들을 비롯해 인간의 진화 과정에 대한 정보까지 담고 있다. 가히 손가락 길이를 알면 인생이 보인다고 할 수 있지 않을까.

존 매닝은 앞에서 열거한 것들이 손가락 비율과 관계가 있다는 가설을 세운 뒤 표본 조사를 통해 가설을 검증하고 이론 체계를 확립한다. 하지만 공식적으로 검증이 되지 않아 논란의 여지가 있는 것들이 있을 뿐더러 존 매닝 또한 그의 주장들이 대규모 표본에 적용할 때는 무리가 없지만, 개개인에게 대입할 때는 일반적인 것에서 특수한 것으로 변하기 때문에 수많은 예외가 생길 수 있음을 염두에 둬야 한다고 강조한다. 맹목적으로 받아들이지 않고 미래를 설계하는 데 참고하는 정도로 이용한다면 이 책은 유용하면서도 흥미로운 자료가 될 것임을 믿어 의심치 않는다.

2009년 8월
이은숙

미주

1. 두 손가락 이야기

1) Collaer, M. L., and Hines, M., 1995. 'Human Behavioral Sex Differences: a Role for Gonadal Hormones during Development?' *Psychological Bulletin*, 118: 55-107.
2) Casanova, G., 1984. *History of My Life*, Vol.11, translated into English in accordance with the original French manuscript by Willard R. Trask. London: Longman.
3) Bain, J., and Siminowski, K., 1993. 'The Relationship among Height, Penile Length, and Foot Size'. *Annals of Sex Research*, 6: 231-5.
4) Spyropoulos, E., Borousas, D., Mavrikos, S., Dellis, A., Bourounis, M., and Athanasiadis, S., 2002. 'Size of External Genital Organs and Somatometric Parameters among Physically Normal Men Younger than 40 Years Old'. *Urology*, 60: 485-9.
5) Sorell, W., 1968. *The Story of the Human Hand*. London: Weidenfeld and Nicholson.

2. 손가락과 성별, 계층, 민족

1) Manning, J, T., Scutt, D., Wilson, J., and Lewis-Jones, D. I., 1998. 'The Ratio of 2nd to 4th Digit Length: a Predictor of Sperm Numbers and Levels of Testosterone, LH and Oestrogen'. *Human Reproduction* 13: 3000-4.
2) Danforth, C. H., 1921. 'Distribution of Hair on the Digits in Man'. *American Journal of Physical Anthropology* 4: 189-204.
3) Garn, S. M., 1951. 'The Use of Middle Phalangeal Hair in Population Studies'. *American Journal of Physical Anthropology* 9: 325-33.
4) Jamison, C. S., Meier, R. J., and Campbell, B. C., 1993. 'Dermatoglyphic Asymmetry and Testosterone Levels in Normal Males'. *American Journal of Physical Anthropology* 90: 185-98.
5) Kondo, T., Zakany, J., Innis, J., and Duboule, D., 1997. 'Of fingers, Toes and

Penises'. *Nature* 390: 29.

6) Coates, M., 1996. 'The Devonian Tetrapod *Acanthostega Gunnari Jarvik:* Postcranial Anatomy, Basal Tetrapod Interrelationships and Patterns of Skeletal Evolution'. *Transactions of the Royal Society of Edinburgh-Earth Sciences* 87: 363-72.

7) Runciman, W. G., 1998. *The social Animal.* London: HarperCollins.

8) Herrnstein, R. J., and Murray, C., 1994. *The Bell Curve: Intelligence and Class Structure in American Life.* New York: Simon and Schuster.

9) Manning, J. T., 2000. *Digit Ratio: A Pointer to Fertility, Behaviour and Health.* New Brunswick: Rutgers University Press.

10) Winkler, E. M., and Christiansen, K., 1993. 'Sex Hormone Levels and Body Hair Growth in !Kung San and Kavango Men from Namibia'. *American Journal of Physical Anthropology* 92: 155-64.

11) Ellis, L., and Nyborg, H., 1992. 'Racial/Ethnic Variations in Male Testosterone Levels: a Probable Contributor to Group Differences in Health'. *Steroids* 57: 72-5.

3. 손가락과 성호르몬

1) Singh, D., and Young, R. K., 1995. 'Body Weight, Waist-to-Hip Ratio, Breasts and Hips: Role in Judgements of Female Attractiveness and Desirability for Relationships'. *Ethology and Sociobiology* 16: 483-507.

2) Okten, A., Kalyoncu, M., and Yaris, N., 2002. *Early Human Development* 70: 47-54.

3) Brown, W. M., Hines, M., Fane, B. F., and Breedlove, S. M., 2002. 'Masculini-sed Finger Length Patterns in Human Males and Females with Congenital Adrenal Hyperplasia'. *Hormones and Behavior* 42: 380-6.

4) Manning, J. T., Barley, L., Lewis-Jones, I., Walton, J., Trivers, R. L., Thornhill, R., Singh, D., Rhode, P., Bereckzei, T., Henzi, P., Soler, M., and Sved, A., 2000. 'The 2nd to 4th Digit Ratio, Sexual Dimorphism, Population Differences and Reproductive Success: Evidence for Sexually Antagonistic Genes'. *Evolution and Human Behavior* 21: 163-83.

5) Wood, S. J., Vang, E., Manning, J. T., Walton, J., Troup, S., Kingsland, C. R., and Lewis-jones, I. D., 2003. 'The ratio of 2nd to 4th Digit Length in Azoospermic Males Undergoing Surgical Sperm Retrieval: Predictive Value for Sperm Retrieval and on Subsequent Fertilisation and Pregnancy Rates in IVF/ICSI Cycles'. *Journal of Andrology* 24: 871-7.

6) Manning, J. T., Bundred, P. E., Newton, D. J., and Flanagan, B. F., 2003. 'The 2nd to 4th Digit Ratio and Variation in the Androgen Receptor Gene'. *Evolution and Human Behavior* 30: 579-88.

4. 손가락과 성격

1) Williams, J. H. G., Greenhalgh, K, D., and Manning, J. T., 2003. 'Second to Fourth Finger Ratio and Possible Precursors of Developmental Psychopathology in Pre-School Children'. *Early Human Development* 72: 57-65.

2) Budaev, R, R., 1999. 'Sex Differences in the Big Five Personality Factors: Testing an Evolutionary Hypothesis'. *Personality and Individual Differences* 26: 801-13.

3) Fink, B., Manning, J. T., and Neave, N., 2004. 'Second to Fourth Digit Ratio and the "Big Five" Personality Factors'. *Personality and Individual Differences* 37: 495-503.

4) Austin, E. J., Manning, J. T., McInroy, K., and Mathews E., 2002. 'An Investigation of the Associations between Personality, Cognitive Ability and Digit Ratio'. *Personality and Individual Differences* 33: 1115-24.

5) Wilson, G. D., 1983. 'Finger Length as an Index of Assertiveness in Women'. *Personality and Individual Differences* 4: 111-12.

6) Bem, S. L., 1981. Bem Sex Role Inventory: *Professional Manual*. Consulting Psychological Press.

7) Csatho, A., Osvath, A., Bicsak, E., Karadi, K., Manning, J. T., and Kallai, J., 2003. 'Sex Role Identity Related to the Ratio of Second to Fourth Digit Length in Women'. *Biological Psychology* 62: 147-56.

8) Banks, T., and Dabbs, J. M., 1996. 'Salivary Testosterone and Cortisol in a Delinquent and Violent Urban Subculture'. *Journal of Social Psychology* 136: 49-56.

9) Archer, J., 1994. 'Testosterone and Aggression'. *Journal of Offender Rehabilitation* 21: 3-25.

10) Trivers, R. L., Manning, J. T., Thornhill, R., and Singh, D., 1999. 'The Jamaican Asymmetry Project: a Long-Term Study of Fluctuating Asymmetry in Rural Jamaican Children'. *Human Biology* 71: 417-30.

11) Baron-Cohen, S., Wheelwright, S., Stott, C., Bolton, P., and Goodyer, I., 1997. 'Is There a Link between Engineering and Autism?' *Autism* 1: 101-9.

12) Baron-Cohen, S., 2002. 'The Extreme Male Brain Theory of Autism'. *Trends in Cognitive Sciences* 6: 248-54.

13) Manning, J. T., Baron Cohen, S., Wheelwright, S., and Sanders, G., 2001. 'The 2nd to 4th Digit Ratio and Autism'. *Development Medicine and Child Neurology* 43: 160-4.

5. 손가락과 성인병

1) Rosano, G. M. C., 2000. 'Androgens and Coronary Heart Disease: a Sex Specific Effect of Sex Hormones?' *European Heart Journal* 21: 868-71.

2) Levy, E. P., Cohen, A., and Fraser, F. C., 1973. 'Hormone Treatment during Pregnancy and Congenital Heart Attacks'. *Lancet* 1: 611.

3) Ernst, E. 1990. 'Plasma Fibrinogen—an Independent Cardiovascular Risk Factor'. *Journal of Internal Medicine* 227: 365-72.

4) Boyd Eaton, S., Pike, M. C., Short, R. V., Lee, N. C., Hatcher, R. A., Wood, J. W., Wothman, C. M., Blurton-Jones, N. G., Konner, M. J., Hill, K. R., Baily, R., and Hurtado, A. M., 1994. 'Women's Reproductive Cancers in Evolutionary Context'. *Quarterly Review of Biology* 69: 353-65.

5) Trichopoulos, D., 1990. 'Hypothesis: Does Breast Cancer Originate in Utero?' *Lancet* 335: 1604.

6) Manning, J. T., and Leinster, S. M., 2001. '2nd to 4th Digit Ratio and Age at Presentation of Breast Cancer'. *The Breast* 10: 355-7.

6. 손가락, 전염병에 관한 새로운 가설

1) Chu, H. W., Honour, J. M., Rawlinson, C. A., Harbeck, R. J., Martin, R. J., 2003. 'Effects of Respiratory Mycoplasma Pneumoniae Infection on Allergen-Induced Bronchial Hyper-Responsiveness and Lung Inflammation'. *Infection and Immunity* 71: 1520-6.

2) Low, B. S., 2000. *Why Sex Matters: a Darwinian Look at Human Behavior.* Princeton: Princeton University Press.

3) Mackintosh, J. A., 2001. 'The Antimicrobial Properties of Melanocytes, Melanosomes and Melanin and the Evolution of Black Skin', *Journal of Theoretical Biology* 211: 101-13.

4) Manning, J. T., Bundred, P. E., and Henzi, P., 2003. 'Melanin and HIV in Sub-Saharan Africa'. *Journal of Theoretical Biology* 223: 131-3.

5) De Roda Husman, A. M., and Schuitemaker, H., 1998. 'Chemokine Receptors and the Clinical Course of HIV-1 Infection'. *Trends in Microbiology* 6: 244-9.

6) Hooper, E., 1999. *The River: a Journey Back to the Source of HIV and AIDS.* London: Allen Lane.

7) Brabin, L. and Brabin, B. J., 1992. 'Parasitic Infections in Women and Their Consequences'. *Advances in Parasitology* 31: 1-81.

7. 손가락과 피부색

1) Jablonski, N. G., and Chaplin, G., 2000. 'The Evolution of Skin Coloration'. *Journal of Human Evolution* 39: 57-106.

2) Robins, A. H., 1991. *Biological Perspectives on Human Pigmentation.* Cambridge: Cambridge University Press.

3) Diamond, J., 1991. *The Rise and Fall of the Third Chimpanzee*. London: Random House.

4) Machintosh. J. A., 2001. 'The Antimicrobial Properties of Melanocytes, Melanosomes and Melanin and the Evolution of Black Skin'. *Journal of Theoretical Biology* 211: 101-13.

5) Bailey, R. C., Plummer, F. A., and Moses, S., 2001. 'Male Circumcision and HIV Prevention: Current Knowledge and Future Research Directions'. *Lancet Infectious Diseases* 1(4): 223-31.

6) Manning, J. T., Bundred, P. E., and Henzi, P., 2003. 'Melanin and HIV in Sub-Saharan Africa'. *Journal of Theoretical Biology* 223: 131-3.

7) Van den Berghe, P. L., and Frost P., 1986. 'Skin Color Preference, Sexual Dimorphism and Sexual Selection: a Case of Gene Culture Co-Evolution?' *Ethnic and Racial Studies* 9: 87-113.

8) Winkler, E. M., and Christiansen, K., 1993. 'Sex Hormone Levels and Body Hair Growth in !Kung San and Kavango men from Namibia'. *American Journal of Physical Anthropology* 92: 155-64.

9) Manning, J. T., 2002. *Digit Ratio: a Pointer to Fertility, Behavior and Health*. New Jersey: Rutgers University Press.

8. 손가락과 운동 능력

1) Manning, J. T., and Sturt, D., 2004. '2nd to 4th Digit Ratio and Strength in Men'. Forthcoming.

2) Manning, J. T., 2002. *Digit Ratio: a Pointer to Fertility, Behavior and Health*. Rutgers University Press.

3) Manning, J. T., Bundred, P. E., and Taylor, R., 2003. 'The Ratio of 2nd to 4th Digit Length: a Prenatal Correlate of Ability in Sport'. T. Reilly and M. Marfell-Jones (eds), *Kinanthropometry VIII: Proceedings of the 12th Commonwealth International Sports Conference*, pp.165-74. London: Routledge.

4) Manning, J. T., 2003. 'The Ratio of 2nd to 4th Digit Length and Performance in Skiing'. *The Journal of Sports Medicine and Physical Fitness* 42: 446-50.

5) Manning, J. T., and Taylor, R., 2001. 'Second to Fourth Digit Ratio and Male Ability in Sport: Implications for Sexual Selection in Humans'. *Evolution and Human behavior* 22: 61-9.

6) Szymanski, S., 2000. 'A Market Test for Discrimination in the English Professional Soccer Leagues'. *Journal of Political Economy* 108: 590-603.

9. 손가락과 성적 매력

1) Schultz, A. H., 1924. 'Growth Studies on Primates Bearing upon Man's Evolution'. *American Journal of Physical Anthropology* 7: 149-64.
2) Belsky, J., Steinberg, L., and Draper, P., 1991. 'Childhood Experience, Interpersonal Development and Reproductive Strategy: an Evolutionary Theory of Socialization'. *Child Development* 62: 647-70.
3) Darwin, C., 1871. *The Descent of Man, and Selection in Relation to Sex.* London: Raven Press.
4) Miller, G. F., 2001. 'Evolution of Human Music through Sexual Selection'. N. L. Wallin, B. Merker and S. Brown (eds), *The Origins of Music.* New York: MIT Press.
5) Geschwind, N., and Galaburda, A. M., 1985. 'Cerebral Lateralisation. Biological Mechanisms, Associations, and Pathology: I. A Hypothesis and a Program for Research'. *Archives of Neurology* 42 (July): 634-54.
6) Slumming, V. A.., and Manning, J. T., 2000. 'Second to Fourth Digit Ratio in Elite Musicians: Evidence for Musical Ability as an Honest Signal of Male Fitness'. *Evolution and Human Behavior* 21: 1-9.
7) Lack, D. 1978. 'The Significance of the Pair Bond and Sexual Selection in Birds'. T. H. Clutton-Brock and P. H. Harvey (eds), *Readings in Sociobiology.* San Francisco: W. H. Freeman.

10. 손가락과 동성애

1) Bell, A. P., Weinberg, M. S., and Hammersmith, S. K., 1981. *Sexual Preference: Its Development in Men and Women. Bloomington:* Indiana University Press.
2) LeVay. S., 1993. *The Sexual Brain.* Cambridge, MA: MIT Press.
3) Bagemihl, B., 1999. *Biological Exuberance.* New York: St Martins Press.
4) Bailey. M. J., and Pillar, R. C., 1991. 'A Genetic Study of Male Sexual Orientation'. *Archives of General Psychiatry* 12: 1089-96.
5) Hall, L. S., and Love, C. T., 2003. ' Finger Length Ratios in the Female Monozygotic Twins Discordant for Sexual Orientation'. *Archives of Sexual Behavior* 32: 23-8.
6) Blanchard, R., 1997. 'Birth Order and Sibling Sex Ratio in Homosexual and Heterosexual Males and Females'. *Annual Review of Sex Research* 8: 27-67.
7) Sanders, G., and Ross-Field, L., 1986. 'Sexual Orientation and Visuo-Spatial Ability'. *Brain and Cognition* 5: 280-90.
8) Bogaert, A. F., and Hershberger, S., 1999. 'The Relation between Sexual Orientation and Penile Size'. *Archives of Sexual Behavior* 28: 213-21.
9) Zucker, K. J., Beaulieu, N., Bradley, S. J., Grimshaw, G. M., and Wilcox, A.,

2001. 'Handedness in Boys with Gender Identity Disorder'. *Journal of Child Psychology and Psychiatry* 42: 767-76.

10) Robinson, S. J., and Manning, J. T., 2000. 'The Ratio of 2nd to 4th Digit Length and Male Homosexuality'. *Evolution and Human Behavior* 21: 333-45.

11) Rahman, Q., and Wilson, G. D., 2003. 'Sexual Orientation and the 2nd to 4th Finger Length Ratio: Evidence for Organising Effects of Sex Hormones or Developmental Instability? *Psychoneuroendocrinology.* 28: 288-303.

12) Williams, T. J., Pepitone, M. E., Christensen, S. E., Cooke, B. M., Huberman, A. D., Breedlove, N. J., Breedlove, T. J., Jordan, C. L., and Breedlove, S. M., 2000. 'Finger-Length Ratios and Sexual Orientation'. *Nature* 404: 455-6.

13) Tortoice, J., 2001. 'Gender Identity, Sexual Orientation, and Second-to-Fourth Digit Ratio in Females'. Paper presented at annual meeting of the Human Behaviour and Evolution Society, London, England.

14) Brown, W., Finn, C. J., Cooke, B. M., and Breedlove, S. M., 2002. 'Differences in Finger Length Ratios between Self-Identified 'Butch' and 'Femme' Lesbians'. *Archives of Sexual Behavior* 31: 123-8.

11. 여성화한 유인원

1) Karlsson, J. L., 1966. *The Biologic Basis of Schizophrenia.* Springfield, IL: Thomas.

2) Manning, J. T., Trivers, R. L., Thornhill, R., and Singh, D., 2000. 'The 2nd to 4th Digit Ratio and Asymmetry of Hand Performance in Jamaican Children'. *Laterality* 5: 121-32.

3) Chomsky, N., 1995. *The Minimalist Program.* Hong Kong: MIT Press.

4) Manning, J. T., 2002. *Digit Ratio: a Pointer to Fertility, Behavior and Health.* New Jersey: Rutgers University Press.

5) Stevens, J., 2002. 'Schizophrenia: Reproductive Hormones and the Brain'. *American Journal of Psychiatry* 159: 713-19.

6) Djian, P., hancock, J. M., and Chana, H. S., 1996. 'Codon Repeats in Genes of Associated with human Disease: Fewer Repeats in the Genes of Nonhuman Primates and Nucleotide Substitutions Concentrated at the Sites of Reiteration'. *Proceedings of the National Academy of Sciences of the USA* 93: 417-21.

7) Sartor, O., Zheng, Q., and Eastham, J. A., 1999. 'Androgen Receptor Gene CAG Repeat Length Varies in a Race-Specific Fashion in Men without Cancer'. *Urology* 53: 378-80.

찾아보기